Eduque sem Medo

Dra. Becky Kennedy

Psicóloga clínica que repensou o modo como educamos nossos filhos

Eduque sem Medo

TORNE-SE O PAI OU A MÃE QUE VOCÊ QUER SER

ALTA BOOKS
GRUPO EDITORIAL
Rio de Janeiro, 2023

Eduque sem Medo

Copyright © 2023 da Starlin Alta Editora e Consultoria Ltda.
ISBN: 978-85-508-1935-8

Translated from original Good Inside: A Guide to Becoming The Parent You Want to Be. Copyright © 2022 by Rebecca Kennedy. ISBN 978-0-06-315948-8 This translation is published and sold by permission of Haper Wave, an Imprint of Harper Collins Publishers, the owner of all rights to publish and sell the same. PORTUGUESE language edition published by Starlin Alta Editora e Consultoria Eireli, Copyright ©2023 by Starlin Alta Editora e Consultoria Eireli.

Impresso no Brasil — 1ª Edição, 2023 — Edição revisada conforme o Acordo Ortográfico da Língua Portuguesa de 2009.

Todos os direitos estão reservados e protegidos por Lei. Nenhuma parte deste livro, sem autorização prévia por escrito da editora, poderá ser reproduzida ou transmitida. A violação dos Direitos Autorais é crime estabelecido na Lei nº 9.610/98 e com punição de acordo com o artigo 184 do Código Penal.

A editora não se responsabiliza pelo conteúdo da obra, formulada exclusivamente pelo(s) autor(es).

Marcas Registradas: Todos os termos mencionados e reconhecidos como Marca Registrada e/ou Comercial são de responsabilidade de seus proprietários. A editora informa não estar associada a nenhum produto e/ou fornecedor apresentado no livro.

Erratas e arquivos de apoio: No site da editora relatamos, com a devida correção, qualquer erro encontrado em nossos livros, bem como disponibilizamos arquivos de apoio se aplicáveis à obra em questão.

Acesse o site www.altabooks.com.br e procure pelo título do livro desejado para ter acesso às erratas, aos arquivos de apoio e/ou a outros conteúdos aplicáveis à obra.

Suporte Técnico: A obra é comercializada na forma em que está, sem direito a suporte técnico ou orientação pessoal/exclusiva ao leitor.

A editora não se responsabiliza pela manutenção, atualização e idioma dos sites referidos pelos autores nesta obra.

Dados Internacionais de Catalogação na Publicação (CIP) de acordo com ISBD

K35e   Kennedy, Dra. Becky
Eduque sem medo: Torne-se o pai ou a mãe que você quer ser / Dra. Becky Kennedy ; traduzido por Eveline Machado. - Rio de Janeiro : Alta Books, 2023.
320 p. ; 15,7cm x 23cm.

Tradução de: Good Inside: A guide to becoming the parente you want to be
Inclui índice.
ISBN: 978-85-508-1935-8

1. Autoajuda. 2. Maternidade. 3. Educação. I. Machado, Eveline. II. Título.

2023-849
CDD 158.1
CDU 159.947

Elaborado por Odílio Hilario Moreira Junior - CRB-8/9949

Índice para catálogo sistemático:
1. Autoajuda 158.1
2. Autoajuda 159.947

Produção Editorial
Grupo Editorial Alta Books

Diretor Editorial
Anderson Vieira
anderson.vieira@altabooks.com.br

Editor
José Ruggeri
j.ruggeri@altabooks.com.br

Gerência Comercial
Claudio Lima
claudio@altabooks.com.br

Gerência Marketing
Andréa Guatiello
andrea@altabooks.com.br

Coordenação Comercial
Thiago Biaggi

Coordenação de Eventos
Viviane Paiva
comercial@altabooks.com.br

Coordenação ADM/Finc.
Solange Souza

Coordenação Logística
Waldir Rodrigues

Gestão de Pessoas
Jairo Araújo

Direitos Autorais
Raquel Porto
rights@altabooks.com.br

Assistente da Obra
Beatriz de Assis

Produtores Editoriais
Illysabelle Trajano
Maria de Lourdes Borges
Paulo Gomes
Thales Silva
Thiê Alves

Equipe Comercial
Adenir Gomes
Ana Claudia Lima
Andrea Riccelli
Daiana Costa
Everson Sete
Kaique Luiz
Luana Santos
Maira Conceição
Nathasha Sales
Pablo Frazão

Equipe Editorial
Ana Clara Tambasco
Andreza Moraes
Beatriz Frohe
Betânia Santos
Brenda Rodrigues

Caroline David
Erick Brandão
Elton Manhães
Gabriela Paiva
Gabriela Nataly
Henrique Waldez
Isabella Gibara
Karolayne Alves
Kelry Oliveira
Lorrahn Candido
Luana Maura
Marcelli Ferreira
Mariana Portugal
Marlon Souza
Matheus Mello
Milena Soares
Patricia Silvestre
Viviane Corrêa
Yasmin Sayonara

Marketing Editorial
Amanda Mucci
Ana Paula Ferreira
Beatriz Martins
Ellen Nascimento
Livia Carvalho
Guilherme Nunes
Thiago Brito

Atuaram na edição desta obra:

Tradução
Eveline Machado

Copidesque
Caroline Suiter

Revisão Gramatical
Alessandro Thomé
Carolina Oliveira

Diagramação
Cristiane Saavedra

Editora afiliada à:

ALTA BOOKS
GRUPO EDITORIAL

Rua Viúva Cláudio, 291 — Bairro Industrial do Jacaré
CEP: 20.970-031 — Rio de Janeiro (RJ)
Tels.: (21) 3278-8069 / 3278-8419
www.altabooks.com.br — altabooks@altabooks.com.br
Ouvidoria: ouvidoria@altabooks.com.br

*Ao meu marido, que é o porto
seguro em minha vida,*

*e a meus filhos, que me ensinaram
mais do que eu jamais os ensinaria.*

Sobre a Autora

A Dra. Becky Kennedy é psicóloga clínica e mãe de três crianças, eleita a "Encantadora de Pais do Milênio" pela revista *Time*, a pessoa que reformulou como educamos nossos filhos. É especialista em pensar profundamente sobre o que acontece com as crianças e traduzir essas ideias em estratégias simples e úteis para os pais usarem em casa. O objetivo da Dra. Becky é empoderar os pais para se sentirem mais resistentes e preparados para lidar com os desafios da paternidade.

A Dra. Becky reuniu uma comunidade fiel e altamente engajada, com mais de 1 milhão de seguidores no Instagram, criou uma biblioteca de workshops populares para pais, lançou um podcast de alta qualidade, além de uma newsletter, e publicou um guia do troninho. *Eduque Sem Medo* é seu primeiro livro.

Seu podcast semanal, Good Inside with Dr. Becky [O Bem Dentro de Nós com a Dra. Becky, em tradução livre] logo se tornou o número um na lista Kids & Family de Podcasts da Apple em abril de 2021. Também figurou a cobiçada lista New and Noteworthy, ocupou o 26º lugar na lista iTunes Top Podcasts em junho de 2021 e está na lista Best Shows de 2021 dos Poscasts da Apple. Toda semana ela encara as perguntas difíceis dos pais e oferece uma orientação prática, tudo em episódios curtos, porque ela sabe que o tempo é difícil para um pai/mãe.

Ela é bacharel em Psicologia e Desenvolvimento Humano, faz parte da Phi Beta Kappa com honra ao mérito, na Universidade Duke, e é doutora em Psicologia Clínica na Universidade Columbia.

Para saber mais, acesse: www.goodinside.com (conteúdo em inglês).

Sumário

Introdução XI

PARTE 1   **PRINCÍPIOS PARENTAIS DA DRA. BECKY**

CAPÍTULO 1	O Bem Dentro de Nós 03
CAPÍTULO 2	Duas Coisas São Verdade 13
CAPÍTULO 3	Conheça o Seu Papel 27
CAPÍTULO 4	A Importância dos Primeiros Anos 37
CAPÍTULO 5	Não É Tarde Demais 49
CAPÍTULO 6	Resiliência > Felicidade 59
CAPÍTULO 7	O Comportamento É uma Janela 69
CAPÍTULO 8	Reduza a Vergonha, Aumente a Conexão 83
CAPÍTULO 9	Fale a Verdade 93
CAPÍTULO 10	Autocuidado 103

PARTE 2 — CRIANDO CONEXÃO E LIDANDO COM OS COMPORTAMENTOS

CAPÍTULO 11	Criando o Capital de Conexão	115
CAPÍTULO 12	Não Ouvir	137
CAPÍTULO 13	Birras Emocionais	145
CAPÍTULO 14	Birras Agressivas (Bater, Morder, Jogar Coisas)	153
CAPÍTULO 15	Rivalidade Entre Irmãos	163
CAPÍTULO 16	Grosseria e Rebeldia	173
CAPÍTULO 17	Choradeira	181
CAPÍTULO 18	Mentir	189
CAPÍTULO 19	Medos e Ansiedade	199
CAPÍTULO 20	Hesitação e Timidez	207
CAPÍTULO 21	Intolerância à Frustração	215
CAPÍTULO 22	Comida e Hábitos Alimentares	223
CAPÍTULO 23	Consentimento	231
CAPÍTULO 24	Lágrimas	239
CAPÍTULO 25	Desenvolvendo Confiança	245
CAPÍTULO 26	Perfeccionismo	253
CAPÍTULO 27	Ansiedade de Separação	261
CAPÍTULO 28	Dormir	269
CAPÍTULO 29	Crianças que Não Gostam de Falar de Sentimentos (Crianças Muito Sensíveis)	279

Conclusão 289
Agradecimentos 293
Índice 299

Introdução

> "Dra. Becky, minha filha de 5 anos está em uma fase em que ela implica com a irmã, é grosseira conosco e tem problemas na escola. Ficamos totalmente paralisados. Você pode ajudar?"
>
> "Dra. Becky, por que meu filho, que já usa o banheiro, de repente faz xixi por toda a casa? Tentamos usar recompensas e castigos, e nada muda. Você pode ajudar?"
>
> "Dra. Becky, meu filho de 12 anos nunca me ouve. É irritante. Você pode ajudar?"

Sim. Posso ajudar. Daremos um jeito.

Como psicóloga clínica com prática de longa data em consultório particular, trabalho com pais/mães que me procuram para resolver problemas em situações complicadas que os fazem se sentir frustrados, esgotados e sem esperança. Embora na superfície as situações sejam únicas — o filho de 5 anos desbocado, a criança que voltou a usar fraldas, o pré-adolescente rebelde —, o desejo latente é o mesmo: todos os pais querem fazer o melhor. Sou basicamente informada repetidas vezes: "Sei o pai/mãe que quero ser. Não sei como. Ajude-me a fechar a lacuna."

Durante nossas sessões, os pais e eu começamos destrinchando juntos um comportamento problemático. O comportamento é uma dica para o que a criança, e muitas vezes o sistema familiar inteiro, está sofrendo. Conforme investigamos os comportamentos, conhecemos melhor a criança, descobrimos do que ela precisa e quais habilidades faltam, descobrimos os gatilhos do pai/mãe e as áreas de crescimento, e passamos de "O que está errado com meu filho e você pode consertar?" para "Com o que meu filho sofre e qual é meu papel ao ajudá-lo?" E espera-se, também, "O que acontecerá COMIGO nessa situação?"

Meu trabalho com os pais se concentra em ajudá-los a sair de um lugar de desespero e frustração para um de esperança, empoderamento e até autorreflexão, tudo sem se apoiar em muitas das estratégias parentais promovidas mais comuns. Você não me verá recomendando pedidos de tempo, quadros com adesivos, castigos, recompensas ou ignorar como resposta aos comportamentos desafiadores. O que eu recomendo? Antes de tudo, compreender que esses comportamentos são apenas a ponta do iceberg e a superfície abaixo é o mundo interno completo da criança, implorando para ser entendida.

Faremos Algo *Diferente*

Quando eu cursava o programa de doutorado em Psicologia Clínica na Columbia e trabalhava no consultório, fazia terapia com crianças. Embora amasse tratar as crianças, logo fiquei frustrada com o contato limitado que eu tinha com os pais, em geral querendo que eu também trabalhasse com eles, em vez de trabalhar diretamente com a criança e conversar com os pais como coadjuvantes. Ao mesmo tempo, eu também aconselhava os pacientes adultos e fiquei fascinada por uma conexão inegável: nos adultos ficava muito claro quando, na infância, as coisas deram errado, quando as necessidades de uma criança não eram atendidas ou os comportamentos eram um pedido de ajuda que nunca foi respondido. Percebi que se eu visse do que os adultos precisavam e nunca receberam, poderia usar esse conhecimento para embasar meu trabalho com as crianças e as famílias.

Quando abri meu consultório particular, trabalhava unicamente com adultos para terapia ou orientação para pais. Após ser mãe, aumentei meu trabalho de orientação com eles, em consultas individuais ou em grupos mensais contínuos. Por fim, me inscrevi em um programa de treinamento para terapeutas que dizia oferecer uma abordagem "baseada em evidências" e "padrão ouro" da disciplina e comportamento problemático nas crianças. Os métodos ensinados pareciam lógicos e "claros", e aprendi sobre as mesmas intervenções que são regularmente promovidas por especialistas em pais atualmente. Senti que tinha aprendido um sistema perfeito para acabar com um comportamento indesejável e encorajar um comportamento mais pró-social; basicamente, um comportamento mais obediente e conveniente para os pais. Exceto por algo que me perturbou algumas semanas depois: isso parecia terrível. Sempre que eu me ouvia dar a orientação "baseada em evidências", sentia meu estômago revirar. Não conseguia me livrar da suspeita incômoda de que essas intervenções, que com certeza não pareceriam boas se alguém as usasse comigo, não podiam ser a abordagem certa a se usar com crianças.

Sim, esses sistemas tinham lógica, mas focavam acabar com os comportamentos "ruins" e reforçar a obediência às custas da relação entre pais e filhos. Os castigos, por exemplo, eram encorajados para mudar o comportamento... mas e o fato de que eles afastavam as crianças nos exatos momentos em que mais precisavam dos pais? Bem... onde estava a humanidade?

Veja o que percebi: essas abordagens "baseadas em evidências" eram fundamentadas nos princípios do behaviorismo, uma teoria de aprendizagem que se concentra em ações observáveis, em vez de estados mentais não observáveis, como sentimentos, pensamentos e anseios. Os privilégios do behaviorismo modelam o comportamento em detrimento de entender o comportamento. Ele vê o comportamento como a imagem geral, em vez de vê-lo como uma expressão das necessidades subjacentes não atendidas. Por isso, percebi, as abordagens "baseadas em evidências" pareciam tão ruins para mim; elas confundiam o sinal (o que realmente estava acontecendo com a criança) com o ruído (o comportamento). Afinal, nosso objetivo não é modelar o comportamento, mas educar pessoas.

Assim que essa percepção surgiu, não pude ignorá-la. Sabia que deveria haver um modo de trabalhar com famílias que fosse eficiente sem sacrificar a conexão entre pais e filhos. E, assim, comecei a trabalhar, pegando tudo o que sabia sobre vínculo, atenção e sistemas familiares internos, e todas as abordagens teóricas informavam minha clínica particular, traduzindo essas ideias em um método para trabalhar com os pais que era concreto, acessível e fácil de entender.

Como resultado, trocar nossa mentalidade parental de "consequências" para "conexão" não precisa significar ceder o controle da família para nossos filhos. Embora eu resista a castigos, punições, consequências e ignorar, não há nada no estilo parental que seja permissivo ou frágil. Minha abordagem promove limites firmes, autoridade parental e forte liderança, tudo mantendo relações positivas, confiança e respeito.

Pensamentos Profundos, Estratégias Práticas (e Como Usar Este Livro)

Em meu trabalho com pacientes, costumo dizer que duas coisas são verdadeiras: as estratégias práticas e baseadas em solução também promovem uma cura mais profunda. Muitas filosofias parentais

INTRODUÇÃO

obrigam os pais a fazer uma escolha: elas promovem o comportamento da criança às custas de sua relação ou podem priorizar a relação sacrificando um caminho claro para o melhor comportamento. Com a abordagem oferecida neste livro, os pais podem fazer o melhor por fora e sentir o melhor por dentro. Eles podem fortalecer sua relação com os filhos e ver um comportamento e uma cooperação melhores.

Essa mensagem subliminar, de que as duas coisas são verdadeiras, está na essência de grande parte do que você lerá. As informações são baseadas em teoria e ricas em estratégia; é uma evidência fundamentada e intuitiva de modo criativo; prioriza o autocuidado de um pai/mãe e o bem-estar da criança. Um paciente pode entrar no meu consultório procurando um conjunto de estratégias para corrigir o comportamento do filho, mas sai com muito mais: uma compreensão diferenciada do filho sob o comportamento e as ferramentas que colocam essa compreensão na prática. Espero que após ler este livro você saia pensando assim. Espero que saia com uma autocompaixão renovada, autorregulação e autoconfiança e se sinta preparado para programar seus filhos para que tenham essas qualidades importantes também.

Este livro é uma iniciação a um modelo parental que é tanto sobre o autodesenvolvimento quanto sobre o desenvolvimento da criança. Os dez primeiros capítulos consistem nos princípios dos pais que norteiam minha vida: em casa com meus três filhos, no consultório com pacientes e suas famílias, nas redes sociais, com os inúmeros pais com quem me conectei ao longo dos anos. Minha intenção com esses princípios é promover a cura em pais *e* filhos e fornecer estratégias práticas para uma experiência em família mais pacífica. E no centro desses princípios está a ideia de que, entendendo as necessidades emocionais de uma criança, os pais não só conseguem melhorar o comportamento, mas transformar como funciona toda a família e como se relacionam.

Na segunda metade do livro, primeiro você encontrará táticas para o que chamo de construir um capital de conexão. São estratégias testadas e aprovadas para aumentar a conexão e a intimidade em uma relação entre pais e filhos. Não importa o problema, mesmo que o clima pareça ruim em casa e você não consiga descobrir o motivo, é possível implementar uma dessas intervenções para começar a mudar as coisas. Depois disso, lidaremos com os problemas específicos de comportamento da infância que muitas vezes levam os pais a buscarem minha ajuda: tudo, desde rivalidade entre irmãos, birras, mentiras e ansiedade, falta de confiança e timidez. Nenhuma tática será aplicável a toda criança, apenas você sabe as necessidades individuais do seu filho, mas elas o ajudarão a pensar de modo diferente quando surgirem desafios e o capacitarão a lidar com esses momentos de modos que pareçam bons para você e seguros para seu filho.

* * *

Provavelmente não é nenhuma surpresa o fato de eu nunca ter sido uma pessoa de fazer concessões. Acredito que você pode ser firme e amoroso, delimitar e validar, focando a conexão, mas agindo como autoridade firme. E acredito que, no final, essa abordagem também "parece certa" para os pais, não apenas logicamente, mas de modo profundo em suas almas. Todos nós queremos ver nossos filhos como crianças boas, nos ver como bons pais e trabalhar para ter um lar mais pacífico. E cada uma dessas coisas é possível. Não temos que escolher. Podemos ter tudo.

PARTE 1

PRINCÍPIOS PARENTAIS DA DRA. BECKY

CAPÍTULO 1

O Bem Dentro de Nós

Quero compartilhar uma suposição que tenho sobre você e seus filhos: todos têm o bem dentro de si. Quando você chama seu filho de "malcriado", ainda tem o bem dentro de si. Quando seu filho nega ter derrubado a torre de blocos da irmã (mesmo que você tenha visto acontecer), ele ainda tem o bem dentro de si. E quando digo "o bem dentro de nós", quero dizer que todos nós, lá no fundo, somos piedosos, amorosos e generosos. O princípio do *bem dentro de nós* orienta todo o meu trabalho; acredito que pais e filhos têm o bem dentro de si, o que me permite ter curiosidade sobre o "motivo" de seus comportamentos ruins. Essa curiosidade me permite desenvolver estruturas e estratégias efetivas ao criar uma mudança. Não há nada neste livro tão importante quanto esse princípio — é a base para tudo que está por vir, pois assim que dizemos para nós mesmos "Certo, calma... tenho o bem dentro de mim... meu filho tem o bem também...", interferimos de modo diferente do que seria se permitíssemos que nossa frustração e raiva ditassem nossas decisões.

A parte complicada aqui é que é muitíssimo fácil colocar a frustração e a raiva no comando. Embora nenhum pai/mãe queira pensar em si como cínico ou negativo, pressupondo o pior de seus filhos, quando estamos no auge de um momento difícil como pais, é comum operar com a suposição (em grande parte inconsciente) de *o mal dentro de nós*. Perguntamos "Ele realmente pensa que pode escapar?" porque pressupomos que nosso filho tenta tirar vantagem de propósito.

Dizemos "Qual o problema com você?" porque pressupomos que existe uma falha dentro da criança. Gritamos "Você sabe bem!" porque imaginamos que nosso filho nos desafia e provoca por querer. E nos censuramos do mesmo modo, imaginando "Qual é o meu problema? Eu sei bem!" antes de entrar em uma espiral de desespero, autodepreciação e vergonha.

Muitos conselhos para os pais contam com perpetuar essa suposição de maldade, focando o controle das crianças, não a confiança nelas, mandando-as para seus quartos, em vez de abraçá-las, rotulando-as como manipuladoras, não como carentes. Mas eu realmente acredito que *todos temos o bem dentro de nós*. E deixe-me esclarecer: ver seu filho como tendo o bem dentro de si não desculpa o comportamento ruim nem leva a uma relação permissiva. Há o equívoco de que a relação parental de uma perspectiva do "bem dentro de nós" leva a uma abordagem "tudo pode", o que gera crianças merecedoras ou fora de controle, mas não conheço ninguém que diria: "Ah, bem, meu filho tem o bem dentro de si, então não importa se ele cospe no amigo" ou "Meu filho tem o bem dentro de si, então não importa se ele xinga a irmã". Na verdade, é exatamente o oposto. Entender que todos temos o bem dentro de nós é o que permite diferenciar *uma pessoa* (seu filho) de um *comportamento* (grosseria, bater, dizer "eu odeio você"). Diferenciar quem é uma pessoa a partir do que ela faz é o segredo para fazer intervenções que preservam sua relação, também levando a uma mudança impactante.

Pressupor a bondade permite que você seja o líder forte da sua família, porque quando você tem confiança na bondade do seu filho, acredita em sua capacidade de se comportar "bem" e fazer a coisa certa. E, contanto que acredite que ele é capaz, consegue mostrar o caminho a ele. Esse tipo de liderança é o que toda criança quer, alguém em quem ela pode confiar para conduzi-la no caminho certo. É o que a faz se sentir segura, o que permite que fique calma e o que leva ao desenvolvimento da regulação emocional e da resiliência. Dar um espaço seguro para tentar e fracassar sem se preocupar que sejam vistas como "más" é o que permitirá que as crianças aprendam e cresçam, por fim, que se sintam mais conectadas com você.

Talvez isso pareça óbvio. Claro, seus filhos têm o bem dentro de si! Afinal, você os ama; você não estaria lendo este livro se não quisesse encorajar a bondade deles. Mas operar a partir de uma perspectiva "o bem dentro de nós" pode ser mais difícil do que parece, sobretudo em momentos difíceis e com uma carga altamente emocional. É fácil, mesmo com reflexão, ter como padrão uma visão menos generosa, por dois motivos principais. O primeiro é que estamos evolutivamente conectados com uma tendência de negatividade, ou seja, prestamos mais atenção no que é difícil com nossos filhos (ou em nós, nossos parceiros, até o mundo em geral) do que naquilo que funciona bem. Segundo, as experiências de nossa própria infância influenciam como percebemos e respondemos ao comportamento de nossos filhos. Portanto, muitos de nós tivemos pais que comandavam com julgamento, não com curiosidade, com críticas, ao invés de compreensão, com punição, ao invés de conversa (imagino que eles tiveram pais que os tratavam do mesmo modo). E na ausência de um esforço intencional para o curso correto, a história se repete. Como resultado, muitos pais veem o comportamento como *a medida de quem são nossos filhos*, não como usando o comportamento como uma *pista para o que nossos filhos talvez precisem*. E se enxergássemos o comportamento como uma expressão das necessidades, não a identidade? Então, ao invés de humilhar nossos filhos por suas falhas, fazendo-os se sentir não vistos e sozinhos, poderíamos ajudá-los acessar sua bondade interna, melhorando seu comportamento ao longo do caminho. Mudar nossa perspectiva não é fácil, mas vale muito a pena.

Reprogramando o Circuito

Quero que você reflita sobre sua infância e imagine como seus pais teriam respondido em algumas situações:

- Você tem 3 anos, com uma irmãzinha nova que todos mimam sem parar. Você luta nessa transição para ser irmão, mesmo que sua família diga que deve estar feliz com isso. Você faz muitas birras, pega os brinquedos da irmã e finalmente solta: "Mande minha irmãzinha de volta para o hospital! Eu odeio ela!" O que acontece em seguida? Como seus pais respondem?

- Você tem 7 anos e realmente quer o biscoito que seu pai disse claramente que não teria. Você está cheio das imposições e de sempre receber não, então, quando está sozinho na cozinha, pega o biscoito. Seu pai o vê com a guloseima na mão. O que acontece? O que ele faz?

- Você tem 13 anos e se esforça com os trabalhos de redação. Você fala para seus pais que fez, porém, depois eles recebem uma ligação da professora dizendo que você não a entregou. O que acontece? O que seus pais dizem quando você chega em casa?

Agora consideremos isto: todos nós estragamos tudo. Todos nós, em alguma idade, temos momentos difíceis quando nos comportamos de modos abaixo do ideal. Mas os anos iniciais são especialmente poderosos, porque nosso corpo começa a programar como pensamos e respondemos aos momentos difíceis com base em como nossos pais pensam e respondem *a nós* em nossos momentos difíceis. Deixe-me explicar: como conversamos com nós mesmos quando lutamos por dentro; o diálogo interno "Não seja tão sensível", "Minha reação é exagerada", "Sou muito idiota" ou, alternativamente, "Estou dando o meu melhor", "Só quero me sentir visto" se baseia em como nossos pais falavam ou nos tratavam em nossos momentos de luta. Isso significa que pensar em nossas respostas às perguntas "O que acontece?" é essencial para entender o *circuito do nosso corpo.*

O que quero dizer com "circuito"? Bem, em nossa infância, nosso corpo aprende sob quais condições recebemos amor e atenção, compreensão e afeto, e sob quais somos rejeitados, punidos e deixados sozinhos; os "dados" coletados nessas linhas são essenciais para nossa sobrevivência, pois maximizar o vínculo com nossos cuidadores é o objetivo primário para crianças jovens e indefesas. Esses aprendizados impactam nosso desenvolvimento, porque começamos rapidamente a abraçar o que nos dá amor e atenção, e fechar e rotular como "ruim" qualquer parte que é rejeitada, criticada ou invalidada.

Agora, veja isso: nenhuma parte de nós é *realmente* ruim. Sob a frase "Mande minha irmãzinha de volta para o hospital! Eu odeio ela!" está uma criança com dor, com um medo enorme de ser abandonada e uma sensação de ameaça surgindo na família; sob o desafio de pegar o biscoito provavelmente está uma criança que se sente não vista e controlada em outras partes de sua vida; e sob a redação não feita está uma criança que está lutando e provavelmente se sente insegura. Embaixo do "comportamento ruim" sempre está uma criança boa. No entanto, quando os pais encerram cronicamente com um comportamento de forma dura *sem reconhecer a criança boa por baixo*, a criança internaliza que *ela é ruim*. E a maldade deve ser encerrada a todo custo, portanto, uma criança desenvolve métodos, inclusive um diálogo interno duro, para se punir, como um meio de matar as partes da "criança ruim" e encontrar as partes da "criança boa", ou seja, as partes que são aprovadas e têm conexão.

Como criança, o que você aprendeu que vem após o comportamento "ruim"? Seu corpo aprendeu a se programar para o julgamento, a punição e a solidão... ou para limites, empatia e conexão? Ou, simplificando, agora que sabemos que o "comportamento ruim" de uma pessoa é realmente um sinal de que ela está lutando internamente: você aprendeu a abordar suas lutas com críticas... ou compaixão? Com vergonha ou curiosidade?

Como nossos cuidadores respondiam a nós se torna como respondemos a nós mesmos, e isso prepara o terreno para como respondemos aos nossos filhos. Por isso é tão fácil criar uma herança entre gerações de "maldade interna": meus pais reagiam aos meus esforços com dureza e crítica → aprendi a duvidar da minha bondade quando tenho momentos difíceis → agora, como adulto, tenho minhas próprias lutas com autoculpa e autocrítica → meu filho, quando age assim, ativa esse mesmo circuito em meu corpo → sou levado a reagir com dureza aos esforços do meu filho → crio o mesmo circuito no corpo do meu filho, portanto, ele aprende a duvidar de sua bondade quando se esforça → e assim por diante.

Certo, uma pausa. Coloque a mão no coração e diga para si mesmo esta importante mensagem: "Estou aqui porque quero mudar. Quero ser o ponto central nos padrões entre gerações da minha família. Quero iniciar algo diferente: quero que meus filhos se sintam bem por dentro, se sintam valiosos, amados e merecedores, mesmo quando se esforçam. E isso começa... acessando de novo minha própria bondade. Minha bondade sempre esteve presente." Você não é culpado por seus padrões intergeracionais. Muito pelo contrário, se você está lendo este livro, isso me diz que assume o papel de quebra do ciclo, a pessoa que diz que certos padrões nocivos PARAM com você. Deseja assumir o peso das gerações antes de você e mudar a direção das gerações vindouras. *Uau!* Você está longe de ter culpa; você é valente, corajoso e ajuda seu filho mais do que qualquer coisa. Quebrar o ciclo é uma batalha épica, e você é incrível por fazer isso.

A Interpretação Mais Generosa (IMG)

Encontrar o bem dentro de nós costuma acontecer quando nos perguntamos algo simples: "Qual é *minha interpretação mais generosa* do que aconteceu?" Eu sempre me pergunto isso com meus filhos e amigos, e procuro perguntar mais em meu casamento e comigo mesma. Sempre que pronuncio essas palavras, mesmo internamente, noto meu corpo aliviar e eu interagir com as pessoas de um modo muito melhor.

Vejamos um exemplo: você planeja levar seu filho mais velho para almoçar, sozinho, por conta do aniversário, e decide preparar com gentileza o filho mais novo alguns dias antes. "Eu queria que você soubesse sobre os planos de sábado", você diz. "Papai e eu levaremos Nico para almoçar no aniversário dele. A vovó virá e ficará com você enquanto estamos fora por uma hora ou mais." O filho mais novo responde: "Você e papai sairão com Nico sem mim? Eu odeio vocês! Você é a pior mãe do mundo!"

Poxa, o que foi isso? E como responder? Veja algumas opções: 1) "A pior mãe? Acabei de comprar um brinquedo novo para você! Você é muito ingrato!" 2) "Quando você diz isso, deixa a mãe triste." 3) Ignore. Afaste-se. 4) "Uau, são palavras *pesadas*, deixa eu respirar... Percebo que você está chateado. Fale mais."

Gosto da última opção, pois é a intervenção que faz sentido após considerar a interpretação mais generosa do comportamento do meu filho. A primeira opção interpreta a resposta do meu filho como simplesmente mimada e ingrata. A segunda ensina a meu filho que seus sentimentos têm muito poder e são muito assustadores para serem gerenciados, que eles magoam os outros e ameaçam a segurança do vínculo com o cuidador (detalharemos mais o vínculo no Capítulo 4, mas a questão é a seguinte: focar o *impacto* que uma criança tem *em nós* define uma situação de codependência, não regulação ou empatia). A terceira opção envia a mensagem de que acredito que meu filho é injusto, suas preocupações não são importantes para mim. Mas minha IMG da resposta do meu filho é: "Hmm. Meu filho realmente deseja ser incluído nesse almoço especial. Posso entender isso. Ele está triste. Tem ciúmes. Essas sensações são tão grandes em seu corpinho que explodem na forma de palavras ofensivas, mas o que existe por baixo são sentimentos brutos de dor." A intervenção que vem em seguida, ou seja, as afirmações empáticas baseadas em ver meu filho como tendo *o bem dentro de si*, reconhece suas palavras como um sinal de dor excessiva, não como um sinal de ser uma criança ruim.

Descobrir a IMG ensina aos pais a cuidarem do que acontece dentro do filho (sentimentos, preocupações, desejos, sensações, tudo grande), ao invés do que se passa fora dele (palavras fortes ou, às vezes, grandes ações). E quando colocamos em prática essa perspectiva, ensinamos nossos filhos a fazerem o mesmo. Orientamos sua experiência interna, que inclui pensamentos, sentimentos, sensações, desejos, memórias e imagens. As habilidades de autorregulação contam com a capacidade de reconhecer a experiência interna, então, focando o que existe dentro, não o que está fora, construímos em nossos filhos a base para um enfrentamento saudável. Escolher a interpretação mais generosa do comportamento do nosso filho não significa "ser fácil" com ele, mas estruturar seu comportamento de um modo que o ajudará a criar habilidades críticas de regulação das emoções para o futuro, e você preserva sua conexão e relação íntima no processo.

Outro motivo que gosto de pensar em termos de IMG: sempre, mas em especial quando nossos filhos estão desregulados, ou seja, quando suas emoções dominam suas habilidades atuais de enfrentamento, eles contam com seus pais para entenderem: "Quem sou eu agora? Sou uma criança ruim fazendo coisas ruins... ou sou uma *criança boa em um momento difícil*?" Nossos filhos formam sua própria visão obtendo as respostas dos pais para essas perguntas. Se queremos que eles tenham uma autoconfiança real e *se sintam bem consigo mesmos*, precisamos refletir de volta para nossos filhos que eles têm o bem dentro de si, mesmo que lutem por fora.

Muitas vezes eu me lembro de que as crianças respondem à versão delas mesmas que os pais refletem de volta, agindo de acordo. Quando dizemos para nossos filhos que eles são egoístas, eles agem em seu próprio interesse. Quando dizemos para nosso filho que a irmã dele tem bons modos e ele não, adivinha? A grosseria continua. Mas o oposto é verdade também. Quando dizemos para eles "Você é um bom garoto passando por um momento difícil... estou aqui, estou bem aqui com você", é mais provável que ele tenha empatia por suas próprias lutas, o que o ajuda a regular e tomar decisões melhores. Lembro-me de certa vez ver meu filho mais velho na dúvida sobre se deveria compartilhar seu lanche com a irmã. Eu quis dizer "Sua irmã compartilharia com você! Qual é, faça uma boa ação!", mas também ouvi outra voz gritando:

"Mais generoso! Mais generoso!", e acabei dizendo para ele: "Eu sei que você tem tanta capacidade de compartilhar e generosidade quanto qualquer pessoa nesta família. Vou sair do cômodo; você e sua irmã resolvem isso." Ouvi ele dizer para a irmã que ela não ganharia a bolacha que ela pediu, mas poderia pegar outros petiscos. Um resultado perfeito? Não, mas se eu busco a perfeição, perco o crescimento... e sou muito fã do crescimento. Meu filho escolheu fazer um pequeno sacrifício. Aceito isso.

Não há nada mais valioso do que aprender a encontrar a bondade sob nossas lutas, porque isso leva a uma maior capacidade de refletir e mudar. Todas as boas decisões começam por se sentir seguro com nós mesmos e com nosso ambiente, e nada parece mais seguro do que ser reconhecido pelas pessoas boas que realmente somos. Portanto, se você não se lembrar de nada mais neste livro, lembre-se disso. Você tem o bem dentro de si. Seu filho tem o bem dentro de si. Se você voltar a essa verdade antes de iniciar todas as tentativas para mudar, estará no caminho certo.

CAPÍTULO 2

Duas Coisas São Verdade

Q uando Sara, uma mãe de dois meninos, entrou no meu consultório, ela expressava sentimentos de frustração, autoculpa e ressentimento. Ela tinha ótimas crianças e um parceiro amoroso, mas estava doente por sempre disciplinar as crianças, deixando de se divertir com elas. "Eu gostaria de ser boba, mas alguém tem que aplicar as regras e fazer as coisas acontecerem", ela me disse. Sara e eu trabalhamos (o que sempre faço com muitos pais) em reconhecer a ideia de que ela podia ter as duas coisas juntas: diversão e ser dura, boba e firme. E não só que ela *poderia* ser ambas, mas talvez se sentisse melhor se fosse ambas, e seu sistema familiar *funcionaria* melhor.

Essa ideia sustenta grande parte do meu conselho parental: não temos que escolher entre duas realidades supostamente opostas. Podemos evitar a punição e ver um comportamento melhor, podemos ser pais com expectativas firmes e ainda ser divertidos, podemos criar e colocar limites, mostrando nosso amor, podemos cuidar de nós mesmos e de nossos filhos. E do mesmo modo, podemos fazer o que é certo para nossa família e os filhos podem ficar chateados; podemos dizer não e cuidar da decepção dos nossos filhos.

Essa ideia de pluralidade, a capacidade de aceitar múltiplas realidades ao mesmo tempo, é essencial para as relações saudáveis. Quando existem duas pessoas em um ambiente, também há dois conjuntos de sentimentos, pensamentos, necessidades e perspectivas.

Nossa capacidade de manter múltiplas verdades ao mesmo tempo, as nossas e as de outra pessoa, permite que duas pessoas na relação se sintam *vistas* e *reais*, mesmo que estejam em conflito. A pluralidade é o que permite a duas pessoas conviver e ter intimidade; cada uma sabe que sua experiência será aceita como verdade e explorada como sendo importante, mesmo que as experiências sejam diferentes. Desenvolver conexões fortes conta com a suposição de que ninguém está absolutamente certo, porque *entender*, não *convencer*, é o que faz as pessoas se sentirem seguras na relação.

O que quero dizer com entender, e não convencer? Bem, quando procuramos entender, tentamos *ver* e *aprender mais sobre* a perspectiva, os sentimentos e a experiência da outra pessoa. Basicamente, dizemos para a pessoa "Tenho uma experiência e você tem uma diferente. Quero saber o que está acontecendo com você."

Não significa que você concorda nem consente (isso implicaria a perspectiva de "uma coisa é verdade"), que estamos "errados" ou nossa verdade não se mantém; significa que queremos colocar de lado nossa própria experiência por um momento para conhecer a do outro. Quando nos aproximamos de alguém com o objetivo de entender, aceitamos que não existe uma interpretação correta dos fatos, mas múltiplas experiências e pontos de vista. O entendimento tem um objetivo: conexão. E porque a conexão com nossos filhos é como eles aprendem a regular suas emoções e se sentirem bem por dentro, a compreensão aparecerá repetidas vezes como um objetivo da comunicação.

Qual é o oposto da compreensão? Para este argumento, é o convencimento. Convencer é a tentativa de provar uma realidade única, provar que "apenas uma coisa é verdade". Convencer é uma tentativa de estar "certo" e, como resultado, tornar a outra pessoa "errada". Isso se baseia na suposição de que há apenas um ponto de vista correto. Quando procuramos convencer alguém, basicamente dizemos: "Você está errado. Você interpreta, lembra, sente e vivencia mal. Deixe-me explicar por que estou certo, então verá a luz e mudará de ideia."

Convencer tem um objetivo em mente: estar certo. E veja a infeliz consequência de estar certo: a outra pessoa se sente *não vista* e *não ouvida*, a ponto de a maioria ficar furiosa e violenta, pois é como se a outra pessoa não aceitasse sua realidade ou seu valor. Sentir-se não visto e não ouvido impossibilita a conexão.

Entender ("duas coisas são verdade") e convencer ("uma coisa é verdade") são duas maneiras diametralmente opostas de abordar outras pessoas, portanto, um primeiro passo poderoso em qualquer interação é observar em qual modo você está. Quando você está no modo "uma coisa é verdade", julga e reage à experiência do outro, pois parece um assalto à sua própria verdade. Como resultado, você buscará provar seu ponto de vista, que por sua vez deixa a outra pessoa na defensiva, porque ela precisa defender a realidade de sua experiência. No modo "uma coisa é verdade", as trocas escalam com rapidez; cada pessoa acha que está discutindo sobre o conteúdo da conversa, quando na verdade está tentando defender que ela é real, uma pessoa de valor com uma experiência real e verdadeira. Por outro lado, quando estamos no modo "duas coisas são verdade", estamos *curiosos* e *aceitando* a experiência do outro, e isso parece ser uma oportunidade para conhecer melhor alguém. Abordamos os outros com abertura e, assim, abaixamos suas defesas. As duas partes se sentem vistas e ouvidas, e temos uma oportunidade para aprofundar a conexão.

Uma pesquisa sobre casamento, negócios e amizade mostrou, inúmeras vezes, que as relações são melhores quando entendemos, estamos no modo "duas coisas são verdade". Por exemplo, um pilar central do Método Gottman, uma abordagem baseada em pesquisa para um casamento bem-sucedido desenvolvido pelos psicólogos John e Julie Gottman, é aceitar que as duas perspectivas são válidas. Em um estudo de dois tipos de escuta, a psicóloga Faye Doell demonstrou como as pessoas que ouvem para entender *versus* quem ouve para *responder* têm maior satisfação na relação geral.[1] E o neuropsiquiatra Daniel Siegel, coautor do livro *O Cérebro da Criança*, costuma se referir à importância crítica do "sentimento sentido" nas relações. Ele descreve isso como "nossa mente sendo mantida dentro da mente do outro", mas basicamente fala sobre se conectar com a experiência do outro.[2] Estudos descobriram que os melhores empresários ouvem e validam seus funcionários mais do que conversam com eles, ou seja, eles querem conhecer as verdades de seus funcionários, em vez de tentar convencê-los de que a gerência sempre está certa.[3]

Também nos saímos melhores como indivíduos quando abordamos nosso monólogo interno com uma perspectiva "duas coisas são verdade". É a pluralidade que permite a uma pessoa reconhecer que posso amar meus filhos *e* querer um tempo sozinho; posso ser grato por ter um teto sobre minha cabeça *e* sentir ciúmes das pessoas que têm mais acolhimento; posso ser um bom pai/mãe *e*, às vezes, gritar com meu filho. Nossa capacidade de vivenciar muitos pensamentos e sentimentos aparentemente opostos de uma só vez, saber que você pode vivenciar inúmeras verdades simultaneamente, é o segredo de nossa saúde mental. O psicólogo Philip Bromberg disse de uma forma melhor: "Saúde é a capacidade de ficar nos espaços entre as realidades sem perder nenhuma delas, a capacidade de sentir como um, sendo muitos."[4] Somos melhores quando notamos os vários sentimentos,

---

1. DOELL, Faye. *Partners' Listening Styles and Relationship Satisfaction: Listening to Understand vs. Listening to Respond*. Tese de pós-graduação, Universidade de Toronto, 2003.
2. SIEGEL, Daniel J. e BRYSON, Tina Payne. *O Cérebro da Criança*. nVersos Editora, 2015.
3. FOLKMAN, J. e ZENGER, J. H. *The Extraordinary Leader: Turning Good Managers into Great Leaders*. Sem publicação no Brasil.
4. BROMBERG, P. M. Shadow and Substance: A Relational Perspective on Clinical Process. *In: Psychoanalytic Psychology*. Routledge, 1993, 10: p.147-68

pensamentos, desejos e sensações dentro de nós sem nenhum deles "se tornar" nós, quando podemos localizar nosso *eu* em um mar de experiências ("Noto que uma parte de mim se sente nervosa e a outra está empolgada" ou "Noto que uma parte de mim quer gritar com as crianças e a outra sabe que preciso respirar fundo"). Em outras palavras, somos pessoas mais saudáveis quando podemos ver que duas (ou mais!) coisas são verdade.

Ser pai/mãe no modo "duas coisas são verdade" pode ajudar a nos orientar para nos tornar adultos mais resistentes. Eu sempre procuro manter duas realidades ao mesmo tempo: posso ser mãe de um modo que parece bom para mim e meus filhos, o que envolve limites firmes e conexão amorosa, dando a meus filhos aquilo de que eles precisam hoje e preparando-os para a resiliência no futuro. Em um nível mais micro, o modo "duas coisas são verdade" sempre parece ser a resposta para nossos problemas: posso dizer não para o tempo de uso da tela e meu filho pode ficar chateado com isso; posso ficar zangada porque meu filho mentiu e estar curiosa sobre o que parecia assustador demais para me dizer; posso ver as ansiedades do meu filho como irracionais e ainda ter empatia em relação àquilo de que ele precisa. E talvez o mais poderoso: posso gritar e ser um pai/mãe amoroso(a), posso bagunçar tudo e consertar, posso lamentar o que disse e melhorar no futuro.

O modo "duas coisas são verdade" pode ajudar qualquer pessoa a entender um mundo que normalmente parece contraditório, mas é especialmente crítico para as crianças, que precisam sentir que seus pais reconhecem e permitem seus sentimentos *e* que seus sentimentos não dominam e afetam a tomada de decisão. E para a maioria de nós, esse é o objetivo. Como pais, podemos tomar decisões que consideramos ser melhores *e* nos importar com os sentimentos das crianças sobre essas decisões. São duas coisas totalmente separadas. Trabalhar para manter as duas verdades, trabalhar para permitir as duas realidades, isso é essencial para ter compreensão e, por sua vez, conexão com nossos filhos.

Vamos analisar essa ideia no contexto de uma relação adulta. Você teve um ótimo ano no trabalho e, na avaliação de fim de ano, lhe foi prometido um aumento, merecido há tempos. Mas na reunião, o chefe compartilha a novidade:

— Nosso orçamento foi cortado drasticamente e temos que dispensar algumas pessoas. Você ainda tem seu trabalho, mas não há meios de receber aumento neste ano. Quem sabe no próximo!

Faça uma pausa e pense consigo mesmo. Como se sente em relação ao chefe? Desapontado? Grato? Feliz? Com raiva? É confuso, certo? Minha opinião: duas coisas são verdade. "Estou feliz por ainda ter um trabalho *e* estou desapontado por não ter o aumento prometido." Vamos separar o que acontece com seu chefe e com você. Seu chefe tomou certas decisões: posso manter o emprego desse funcionário, mas não posso lhe dar um aumento este ano. Você tem certos sentimentos: desapontamento, traição, raiva e também certo alívio. Sua raiva não mudará a decisão do chefe. E mais, a lógica dele não mudará seus sentimentos. Ambos fazem sentido. Ambos são verdade.

Não temos que escolher uma única verdade. De fato, na maioria das áreas da vida, temos múltiplas realidades que não se somam exatamente. Elas simplesmente coexistem, e o melhor que podemos fazer é reconhecer todas. Sua gratidão por ainda ter trabalho não precisa dominar o desapontamento por não ter um aumento. Sua raiva sobre o salário não invalida o alívio por ainda ter um trabalho.

Continuemos. Seu chefe vê você parecendo um pouco oprimido no dia seguinte, conseguindo apenas manter *uma coisa como verdade*. Ele se aproxima e diz:

— Não foi possível lhe dar o aumento. Qual é! Seja grato por ainda ter trabalho.

Como você se sente? O que acontece internamente? Talvez note uma pontinha de culpa interna ("O que está errado comigo? Sou tão egoísta!"), culpa externa ("O que está errado com o chefe? Ele é tão egoísta!"), você pode estar fervilhando ou sentindo-se desvalorizado. Se não são tratados, esses sentimentos provavelmente levarão a ressentimento no trabalho e com o chefe, e você acabará ficando menos motivado para fazer o seu melhor. Por que uma coisa sendo verdade parece tão ruim? Por que uma coisa sendo verdade dispara uma reação em cadeia de comportamentos abaixo do ideal?

Em nossa essência, todos nós queremos que o outro reconheça nossa experiência, nossos sentimentos e nossas verdades. Quando nos sentimos vistos pelos outros, podemos administrar nosso desapontamento, nos sentimos seguros e bons o bastante por dentro para considerar a perspectiva da outra pessoa. Se seu chefe *compreendesse* sua experiência e dissesse "Eu não consegui o seu aumento... ainda, vejo que você ficou desapontado. Eu me sentiria do mesmo modo", o tom emocional do momento teria mudado por completo. O chefe nem teria que se desculpar por não lhe dar o aumento; contanto que ele apoie e reconheça explicitamente as duas verdades (que o aumento não é possível e que seus sentimentos negativos sobre isso são legítimos), você consegue seguir em frente.

A ideia "duas coisas são verdade" é um princípio parental básico porque nos lembra de ver a experiência do nosso filho ou a experiência do outro pai/mãe como real, válida e valiosa para nomear e conectar. E também nos permite manter nossa própria experiência como real, válida e valiosa para nomear e conectar. Isso nos lembra de que a lógica não vence a emoção: talvez eu tenha um motivo válido para fazer algo... *e também* a outra pessoa tenha uma reação emocional válida. Ambas são verdade.

A ideia "duas coisas são verdade" aparece em muitas dificuldades dos pais que examinaremos: como manter limites com as crianças diante do protesto, como sair das lutas por poder, como lidar com a grosseria do filho, como se posicionar quando a paternidade parece difícil, e muito mais. Veremos alguns exemplos aqui, mas espero que você comece a aplicar esse conceito em outras áreas da sua vida também. Na verdade, essa aplicação mais ampla é meu grande objetivo para você. Sim, é um livro sobre paternidade, mas na essência é um livro sobre relacionamentos. Os princípios que compartilho com você se aplicam à sua relação com os filhos, mas também com seu parceiro(a), amigos, família e talvez, mas não menos importante..., com você mesmo. Portanto, conforme lê os exemplos a seguir, faça uma pausa e se pergunte: "Onde mais em minha vida essa ideia é útil?" Confie em si para experimentar e colocar a ideia das "duas coisas são verdade" em ação onde for preciso.

"Duas Coisas São Verdade" Enquanto Mantém Limites Diante do Protesto

Veja um ponto de conflito comum: seu filho deseja ver um programa ou um filme que você considera inadequado para a idade dele. Ele fica chateado, insistindo que todos os amigos veem, que você é o pior pai/mãe, que não falará com você de novo.

> **Sua decisão:** Meu filho não pode ver esse programa/filme.
>
> **Sentimentos do seu filho:** Chateado, desapontado, com raiva, excluído.

Se apenas uma dessas coisas for verdade, então os sentimentos da criança provavelmente dominarão sua decisão. E se você diz para si mesmo que *se importar* com os sentimentos da criança deve estar vinculado à tomada de decisão, então com certeza mudará de ideia para provar para si mesmo que é um pai/mãe bom e amoroso.

Mas e se as duas coisas são verdade? Agora é possível fazer ambos: mantendo os limites de que a criança não pode ver o filme e validando que a criança se sente chateada, desapontada, com raiva e excluída.

Quando você toma uma decisão na qual acredita, mas sabe que chateará a criança, talvez diga para seu filho: "As duas coisas são verdade, amor. Primeiro, decidi que você não pode ver o filme. Segundo, você está chateado e triste comigo. Realmente triste. Vejo isso. Até entendo. Você tem permissão para ficar triste." Você não precisa escolher entre decisões firmes e validação amorosa. Não há concessão entre fazer o que parece certo para você e reconhecer a experiência bem real do seu filho. Ambos podem ser verdade.

E claro, há outro exemplo de duas coisas sendo verdade aqui: você pode se sentir ótimo com a abordagem "duas coisas são verdade" e pensar "Sim! Consegui! Estou vencendo como pai/mãe!", e seu filho ainda pode estar chateado. Afinal, não são palavras mágicas que resolverão de imediato o problema ou diminuirão a situação, mas *são* as palavras que o ajudarão a reconhecer a humanidade de seu filho e fazer uma conexão com benefícios de longo prazo. E mais, um bom pai/mãe nem sempre é recompensado com bom portamento. E então?

Digamos que você diga "Você tem permissão para ficar triste" e seu filho grite: "Bem, *estou* triste! Odeio você!" Primeiro, fique firme e valide internamente sua perspectiva ("Sei que estou tomando uma boa decisão aqui. Confio em mim"). Depois, continue e reconheça a perspectiva da criança, a verdade dela: "Nossa, eu conheço você. Sei que está realmente triste. Vejo isso." Agora, mantenha seu limite. Fique à vontade para acrescentar quando sentir uma abertura. "Há muitos outros filmes que podemos assistir, me diga se você quer escolher um deles" ou "Imagino se há outras coisas que podemos fazer à noite que sejam divertidas". Mas lembre-se, você já fez o que é necessário, para vocês dois.

"Duas Coisas São Verdade" para Sair da Luta por Poder

As lutas por poder quase sempre representam um colapso do princípio "duas coisas são verdade". São momentos eu *versus* você, ou seja, você contra seu filho. Veja uma batalha ao se arrumar para sair:

> **Pai/Mãe:** *"Você deve colocar o casaco antes de ir brincar no quintal!"*
>
> **Criança:** *"Não estou com frio, quero sair assim!"*

Talvez você pense que cada um fala sobre o problema (vestir um casaco), mas, na realidade, vocês buscam ser *vistos*. Você, como pai/mãe, deseja ser reconhecido por sua preocupação sobre o bem-estar da criança; seu filho deseja ser visto como independente e responsável pelo próprio corpo. Quando sentimos que não somos reconhecidos, não conseguimos resolver os problemas. Portanto, nesse momento de luta por poder, seu objetivo principal não deve ser resolver o problema. O primeiro objetivo é reencontrar a mentalidade "duas coisas são verdade", pois assim que nos sentimos realmente vistos em nossa experiência e desejos, podemos abaixar a guarda; afinal, como seres humanos, investimos menos em qualquer decisão específica do que no sentimento de sermos vistos. Quase sempre é o que mais importa.

Nesse cenário, assim que voltamos à ideia de que duas coisas são verdade, conseguimos trocar de uma mentalidade "eu *versus* você" para "eu e você contra um problema". Ah... É tudo. Agora estamos na mesma equipe, vendo um problema, imaginando o que podemos fazer com ele.

Vejamos de novo o exemplo:

> **Pai/Mãe:** *"Você deve colocar o casaco antes de ir brincar no quintal. Está congelando!"*

Criança: *"Não estou com frio. Estou bem, quero sair!"*

Pai/Mãe: *"Certo, um segundo. Deixe-me respirar. Verei se entendo o que está acontecendo aqui... estou preocupado(a) com você sentindo frio porque está ventando muito lá fora. Você me diz que sente que seu corpo não tem frio e tem certeza de que estará bem, certo? Acertei?"*

Criança: *"Sim."*

Agora existem muitas possibilidades. Existe uma abertura na conversa. Vamos continuar com duas opções diferentes.

Pai/Mãe: *"Hmm... o que podemos fazer? Tenho certeza de que podemos propor uma ideia que ambos aceitem..."*

Criança: *"Posso levar o casaco comigo e se sentir frio, coloco?"*

Pai/Mãe: *"Certo, é uma solução ótima."*

Quando as crianças se sentem vistas e sentem que seus pais são um colega de equipe, não um adversário, quando é pedido que elas colaborem na solução do problema... acontecem coisas boas. Agora, digamos que você insista que seu filho vista o casaco: faz dois graus lá fora, com ventos de 80km. Não é controle, mas segurança genuína.

Pai/Mãe: *"Hmm... o que podemos fazer? Como seu pai/mãe, a sua segurança é meu dever e, no momento, segurança significa usar um casaco. E mais, você gosta de tomar suas próprias decisões e se sente mal tendo um pai/mãe dizendo o que fazer."*

Criança: *"Não vou vestir aquele casaco!"*

Pai/Mãe: *"Entendi isso. Duas coisas são verdade: você precisa vestir um casaco se vai sair... você também tem permissão para ficar triste comigo sobre isso. Você não precisa gostar de usá-lo."*

Mesmo em minha decisão unilateral, reconheço a experiência da criança. Não estou tentando convencer meu filho de que uma coisa é verdade, que está congelando e a única coisa que "faz sentido" é vestir o casaco. Eu me convenço de que o casaco é importante de usar, defino um limite de que o casaco deve ser usado lá fora, então nomeio os sentimentos do meu filho e dou permissão para que ele os tenha. Tomei a decisão, meu filho tem os sentimentos dele. Ninguém está certo. As duas coisas são verdade.

"Duas Coisas São Verdade" em Resposta à Grosseria da Criança

Veja outra situação comum que ouço dos meus leitores e clientes. Você diz para seu filho que não é para usar a tela antes do jantar/hora de dormir/escola. "Odeio você!", ele grita. "Você é a pior pessoa!"

Certo, respire fundo. Primeiro, vamos entender o que acontece. Se o comportamento de um filho na superfície é uma janela para como ele se sente por dentro, então suas palavras fora de controle são um sinal de que ele se sente descontrolado. Lembre-se, a criança tem o bem dentro de si. Um comportamento ruim vem dos sentimentos desregulados que não conseguimos administrar. O que nos ajuda a administrar o incontrolável? A conexão.

Veja:

CRIANÇA: *"Eu odeio você! Você é a pior pessoa!"*

PAI/MÃE: *Respire fundo. Diga para si mesmo: "Meu filho está chateado por dentro. Seu comportamento externo não é uma real indicação de como se sente em relação a mim. Ele é uma boa criança em um momento difícil." Então diga em voz alta: "Não gosto dessa linguagem... você deve estar bem chateado, talvez com outras coisas também, para* *estar falando comigo assim. Preciso de um tempo para me acalmar... talvez você também... então conversaremos."*

Aqui você nomeia o comportamento que o chateia, mas não permite que ele assuma como sendo a verdade. Você reconhece o sentimento subjacente como válido, mesmo que surja de um modo desregulado.

"Duas Coisas São Verdade" para Lidar com Sentimentos Ruins

Talvez a mais poderosa de todas, a ideia "duas coisas são verdade" é útil quando começamos a viver com pensamentos de "pai/mãe ruim": remorso, autoculpa, preocupação de que estamos estragando nossos filhos.

Quando as coisas ficam difíceis, eu me lembro desta afirmação "duas coisas são verdade": sou um bom pai/mãe passando por um momento difícil. É fácil deixar a mentalidade "uma coisa é verdade" entrar aqui: "sou um pai/mãe ruim, estou estragando tudo, não posso fazer isso, sou a pior pessoa." Esse diálogo interno nos enche de remorso e vergonha, e quando estamos nesse estado mental, é impossível mudar. Falaremos sobre vergonha com mais detalhes depois, mas veja o que você precisa saber agora: vergonha é uma emoção delicada que nos faz sentir inseguros, portanto, quanto mais nos convencemos de que *uma coisa é verdade e essa coisa é que sou um pai/mãe ruim*, mais afundamos, agimos de modos que não parecem bons e ficamos ainda mais convencidos de nossa falta de merecimento.

Então, qual é a alternativa? Como sempre, temos que separar os *comportamentos* (o que fazemos) da *identidade* (quem somos). Isso não significa parar de se culpar e nem dar desculpas para si mesmo. Significa reconhecer que você é bom e que pode trabalhar com dedicação para melhorar. Portanto, guarde na cabeça este princípio e diga para si mesmo, repetidamente: "Duas coisas são verdade: eu tenho dificuldades e sou um bom pai/mãe. Sou um pai/mãe passando por dificuldades."

CAPÍTULO 3

Conheça o Seu Papel

Em qualquer sistema, é essencial ter funções e responsabilidades claramente definidas para assegurar que tudo corra sem problemas. O oposto acontece também: o sistema se rompe quando os membros ficam confusos sobre suas funções ou começam a interferir nas funções dos outros. Os sistemas familiares (sim, as unidades familiares também são sistemas) não são diferentes, e todo membro tem um trabalho. Os pais têm a tarefa de estabelecer segurança por meio de limites, validação e empatia. Os filhos têm a tarefa de explorar e aprender por meio da experimentação e expressando suas emoções. E quando se trata de tarefas, todos nós temos de ficar em nossas faixas. As crianças não devem ditar nossos limites e não devemos ditar os sentimentos delas.

Em um sistema familiar, algumas funções têm prioridade. A segurança vem antes da felicidade e antes de as crianças ficarem satisfeitas conosco. Acima de tudo, nosso trabalho é manter os filhos seguros, física e psicologicamente. Não há nada mais assustador para uma criança do que notar que seus pais falham nessa função (sobretudo quando essa falha decorre do medo do pai/mãe da reação da criança). A criança recebe a mensagem subconsciente: quando você perde o controle, não há ninguém para chegar e ajudar. Claro, seu filho não o agradecerá por mantê-lo seguro, mas acredite, é o que ele busca, pois é isso que o permite desenvolver habilidades de regulação da emoção necessárias para se tornar um adulto saudável. Portanto, na próxima vez em que você afastar seu filho do irmão quando as coisas ficarem difíceis entre eles, quando segurar o pulso dele para ele parar de bater, quando levar seu filho para o quarto e se sentar com ele porque está fora de controle e precisa ser contido, lembre-se: "Estou fazendo meu trabalho de manter meu filho seguro. Meu filho está fazendo o trabalho dele de expressar seus sentimentos. Nós dois fazemos o que precisamos fazer. Consigo lidar com isso."

Se segurança é nosso destino primário, os limites são o caminho que usamos para chegar lá. Limites, quando dados com intenção, servem para proteger e conter. Definimos limites por amor aos nossos filhos porque queremos protegê-los quando eles não conseguem tomar boas decisões sozinhos. Não deixamos as crianças pequenas se afastarem muito de nós na calçada porque sabemos que elas podem não resistir ao desejo de correr para a rua. Não deixamos os filhos pequenos assistirem a filmes de terror porque sabemos que isso pode despertar um medo neles com o qual não conseguem lidar. As crianças precisam de nós para definirmos limites rígidos (que não precisam significar assustadores!) porque precisam saber que podemos mantê-los seguros quando são incapazes de fazer isso sozinhos durante o desenvolvimento.

Por que são incapazes? Bem, para simplificar: as crianças são mais capazes de *vivenciar* sentimentos intensos do que *regular* esses sentimentos, e a lacuna entre vivenciar sentimentos intensos e regulá-los aparece como um comportamento desregulado (pense em bater, chutar, gritar). Em seu livro *O Cérebro da Criança*, o neuropsiquiatra Daniel Siegel e a psicoterapeuta Tina Payne Bryson descrevem por que as crianças ficam desreguladas com tanta frequência. Eles usam a analogia de uma casa de dois andares: o cérebro no térreo é responsável por nossas funções mais básicas, como respirar, além dos impulsos e das emoções. O cérebro no andar de cima é responsável por processos mais complexos, como planejar, tomar decisão, autoconhecimento e empatia. Veja a pegadinha: o cérebro no térreo, marcado por emoções e sensações intensas, está totalmente desenvolvido e funcional nas crianças jovens. Mas o cérebro no andar de cima está em construção *em uma pessoa até por volta dos 20 anos*. Falemos sobre o tempo de latência! Não é nenhuma surpresa que as crianças normalmente tenham dificuldades com o planejamento do futuro, a autorreflexão e a empatia, tudo fazendo parte do cérebro no andar de cima. É importante lembrar: quando as crianças ficam sobrecarregadas com emoções e não conseguem regular e tomar boas decisões, isso é normal no desenvolvimento. É cansativo e totalmente inconveniente para os pais, sim, mas normal.

Na analogia da casa de dois andares, o pai/mãe é, basicamente, a escada. Sua função básica é iniciar a ligação do cérebro no térreo da criança (sentimentos exagerados) com o cérebro no andar de cima (autoconsciência, regulação, planejamento, tomada de decisão). Conhecer seu trabalho é fundamental para essa meta. Queremos que nossos filhos sintam sua grande variedade de sentimentos e tenham novas experiências, e nosso trabalho é ajudá-los a desenvolver resiliência, ensinando-os a lutar com tudo que o mundo coloca sobre eles. O objetivo não é fechar seus sentimentos nem ensinar as crianças a se afastarem do que observam. O objetivo é ensiná-las a *gerenciar* todos esses sentimentos, percepções, pensamentos e desejos; somos o veículo primário desse ensino, não com sermões ou lógica, mas com *as experiências que os filhos têm conosco*.

Ajudar as crianças a regularem seus sentimentos é uma parte importante, embora talvez seja pouco valorizada, de mantê-los seguros. Pense nisso como conter os disparos emocionais que queimam dentro do seu filho. Se há fogo em sua casa, sua primeira tarefa deve ser contê-lo. Sim, é preciso proteger melhor sua casa, mas isso não pode acontecer até o fogo ser administrado e você se sentir seguro. Quando os pais se esforçam para colocar limites ou regular suas próprias emoções intensas, é como um fogo queimando, como se tivéssemos aberto todas as portas, jogado mais combustível e espalhado o fogo por toda a casa. Conter em primeiro lugar. Limites em primeiro lugar.

Os pais expressam limites com palavras e corpos. Quando digo "corpos", não sugiro que você use força física para mostrar poder ou intimidar; machucar ou assustar seu filho nunca é bom. Nunca, jamais, não mesmo. Mas fisicamente, às vezes, é necessário manter nosso filho seguro. Se falo para minha filha que ela não pode bater no irmão, talvez eu também precise segurar o pulso dela para impedir que aconteça de novo. Se digo para meu filho que ele precisa sair do balcão e ele tem dificuldades para ouvir, terei que pegá-lo, sim, mesmo que chore e grite, e colocá-lo de volta em um lugar seguro. Se preciso colocar a criança no banco do carro um dia com ela gritando "Não, não, não!", um limite envolverá colocá-la e talvez imobilizar seu corpo enquanto faço isso. *Quero* forçar os limites fisicamente? Não, prefiro que não seja assim; prefiro trabalhar com a questão essencial de conexão e regulação para que meu filho, muito provavelmente, coopere em primeiro lugar (mais sobre isso posteriormente, muito mais). Mas quando as coisas seguem esse caminho, quando ficam confusas e temos uma questão de segurança em mãos, temos que fazer nosso trabalho e manter a criança segura.

Só porque conhecemos nosso trabalho, isso não significa que seja sempre fácil. Outro dia, uma mãe no meu consultório me contou esta história: "Entrei na sala de jogos e vi Reina e Kai brincando com seus brinquedos; eles montaram uma cena inteira de caminhões, blocos e pequenos bonecos. Então, claro, era bom demais para ser verdade, e eles começaram a discutir sobre o que deveria ficar onde, e Reina pegou um dos bonecos e jogou em Kai. Depois jogou outro. Eu disse para ela 'Reina! Pare de jogar agora!', mas ela não ouviu. Pegou outro, depois outro. Foi uma confusão!"

Nada errado com essa mãe. Nada errado com Reina (ou Kai). O que acontece aqui? Bem, um limite não foi estabelecido. **Limites não são o que falamos para as crianças *não* fazerem; limites são o que falamos para as crianças que *faremos*.** Os limites representam sua autoridade como pai/mãe e não requerem que seu filho faça nada. No caso de Reina e Kai, uma intervenção produtiva poderia ser a mãe ficando entre eles, tirando os bonecos do alcance de Reina e dizendo: "Não permitirei que você jogue esses brinquedos." Ou talvez, se ela não quiser derrubar os bonecos cuidadosamente arrumados na sala de jogos, ela pegaria Reina e se sentaria com ela em outro cômodo. Isso são limites. Agora, dizer "Pare de jogar agora!" não é (estabelecer limites), embora seja uma reação natural para a maioria dos pais.

Outros exemplos de limites:

- "Não deixarei você bater no seu irmão", enquanto você fica entre sua filha e seu filho, posicionando seu corpo no caminho para que o soco não aconteça de novo.
- "Não deixarei você correr com a tesoura", enquanto você coloca as mãos em volta dos quadris da criança para que não seja possível o movimento.
- "O tempo de uso da tela acabou, vou desligar a TV." Você desliga a TV e coloca o controle remoto onde não possa ser acessado pela criança.

Veja exemplos de *falta* de limites, e maneiras pelas quais basicamente pedimos que nossos filhos façam o trabalho em nosso lugar. Nesses cenários, apesar das tentativas de acabar com o mau comportamento, em geral ele aumenta mais, não porque as crianças "não ouvem", mas porque o corpo delas sente falta de contenção. A ausência de um adulto firme mantendo-as seguras é mais desregulador para elas do que o problema original.

- "Por favor, pare de bater no seu irmão!"
- "Pare de correr! Eu disse para parar de correr! Se você continuar correndo com a tesoura, não ganhará sobremesa!"
- "Eu não disse que terminaria depois do programa? Não podemos terminar? Por que você torna isso tão difícil?"

Em cada exemplo, os pais pedem que os filhos inibam um impulso ou um desejo que, francamente, eles são incapazes de inibir de modo comportamental. Não podemos dizer a uma criança que está batendo em alguém para parar com isso, uma criança que está correndo para parar de correr ou uma criança que está reclamando por querer mais

TV para parar de reclamar. Bem, *podemos* (sou uma pessoa que diz tudo isso também!), mas esses apelos não terão sucesso. Por quê? Não podemos controlar outra pessoa, podemos controlar apenas nós mesmos. E quando pedimos que nossos filhos façam o trabalho por nós, é possível que eles fiquem mais desregulados, porque basicamente dizemos: "Vejo que você está sem controle. Não sei o que fazer aqui, então você passa a ter a responsabilidade e peço que volte a ter controle." Isso é assustador para uma criança, pois quando ela está sem controle, precisa de um adulto que possa fornecer um limite seguro, forte e firme; esse limite é uma forma de amor. É um modo de dizer: "Sei que você tem o bem dentro de si e só passa por um momento difícil e sem controle. Serei a contenção de que você precisa, vou impedi-lo de continuar a agir assim, protegerei *você* do controle de sua própria desregulação."

Não é isso que todos nós queremos quando perdemos o controle? Alguém que ficará calmo e assumirá a responsabilidade, ajudando a nos sentir seguros de novo?

Claro, nossos papéis não param na proteção da segurança física de nossos filhos, também somos seus cuidadores emocionais. É onde entram duas outras obrigações importantes: validação e empatia.

Validação é o processo de ver a experiência emocional do outro como real e verdadeira, ao invés de vê-la como algo que queremos convencer do contrário ou afastar da lógica. A validação é assim: "Você está chateado, é real, vejo isso." *Invalidação*, ou o ato de rejeitar a experiência ou a verdade do outro, seria assim: "Não há motivos para estar tão chateado, você é muito sensível, qual é!" Lembre-se, todos os seres humanos, crianças e adultos, têm uma profunda necessidade de se sentirem vistos como eles são e em determinado momento, e **quem nós somos está relacionado ao que sentimos por dentro**. Quando recebemos validação de outra pessoa, começamos a regular nossa própria experiência porque "pegamos emprestada" a comunicação de realidade de alguém; quando recebemos invalidação, quase sempre ficamos mais desregulados e escalamos, pois agora temos a experiência de sermos informados de que não somos reais por dentro. Pouquíssimas coisas são tão terríveis quanto isso.

Empatia, a segunda parte do trabalho de cuidado emocional de um pai/mãe, se refere à nossa capacidade de entender e se relacionar com os sentimentos da outra pessoa e nosso desejo de fazer isso a partir da suposição de que os sentimentos do outro são realmente válidos. Assim, a validação vem em primeiro lugar ("Meu filho está tendo uma experiência emocional real"), e a empatia, em segundo ("Posso tentar entender e me conectar com os sentimentos do meu filho, não fazer com que sumam"). A empatia vem de nossa capacidade de ser curiosos: nos permite explorar a experiência emocional do nosso filho a partir da aprendizagem, não do julgamento. Quando uma criança recebe empatia, de fato, quando qualquer um de nós recebe, isso a faz se sentir alguém da equipe, como se a pessoa estivesse assumindo parte do fardo emocional; afinal, os sentimentos aparecem no comportamento apenas quando não são gerenciados internamente, quando são grandes demais para regular e conter. Quando alguém nos acolhe com empatia ("Nossa, parece tão difícil!"), temos a experiência que Daniel Siegel descreveu como sentimento sentido. Nosso corpo também sente que outra pessoa está presente em nossa experiência emocional, o que torna a experiência mais gerenciável, daí desenvolver nossa capacidade para regular os sentimentos. E conforme as crianças fortalecem a capacidade de regular seus sentimentos, tais sentimentos têm menos probabilidade de se manifestar como comportamento: essa é a diferença entre a criança dizer "Estou muito triste com minha irmã!" (regular a raiva) e ela bater na irmã (desregulação); a diferença entre dizer "Quero correr!" (regular um desejo), em vez de pegar uma tesoura e sair correndo (desregulação); a diferença entre dizer "Gostaria de assistir outro programa agora" (regular desapontamento) e ter uma crise (desregulação).

Embora empatia e validação certamente façam as crianças se sentirem bem por dentro, suas funções são muito mais profundas. Um dos objetivos primários da infância é desenvolver habilidades de regulação

Embora empatia e validação certamente façam as crianças se sentirem bem por dentro, suas funções são muito mais profundas. Um dos objetivos primários da infância é desenvolver habilidades de regulação saudável da emoção: desenvolver modos de ter sentimentos e gerenciá-los, aprender como ficar *no meio* de sentimentos, pensamentos e desejos, ao invés de os sentimentos, pensamentos e desejos *dominarem* você. Empatia e validação dos pais são ingredientes essenciais para ajudar uma criança a desenvolver habilidades de regulação, por isso não devemos pensar neles como fatores "frágeis" ou "piegas", mas como qualidades que guardam peso e seriedade.

Agora que temos a visão geral, revisaremos nossos exemplos anteriores de definição de limites para ver como podemos incorporar validação e empatia.

- "Não deixarei você bater no seu irmão", enquanto fica entre a filha e o irmão, posicionando seu corpo de modo que nenhum soco seja dado de novo. "Sei que você está frustrado! Ter um irmão que engatinha e mexe nas suas coisas é muito difícil. Estou aqui. Ajudarei você a descobrir como manter a estrutura de blocos segura."

- "Não deixarei você correr com a tesoura", enquanto segura a criança, com gentileza *e* firmeza. "Sei que você quer correr sem parar! Você pode colocar a tesoura no lugar, correr, terminar seu projeto e correr mais tarde. O que prefere? Oh... deseja fazer os dois? Eu sei, amor. Não deixarei que faça nada perigoso, mesmo quando você fica triste comigo. Amo muito você. Você tem permissão para ficar chateado; eu entendo."

- "O tempo de uso da tela acabou. Vou desligar a TV." Você desliga e coloca o controle remoto onde ele não possa ser acessado pela criança. "Você deseja ver outro programa. Eu sei! Desligar a TV é difícil para mim também. Quer me dizer o nome do que deseja ver amanhã? Anotarei para que a gente não esqueça."

Por que limites, validação e empatia ajudam uma criança a desenvolver habilidades de regulação? Os limites mostram aos nossos filhos que mesmo as maiores emoções não sairão do controle para sempre. As crianças precisam sentir o limite dos pais — o nosso "Não permitirei não é assustador nem devastador para eles." Com o tempo, as crianças absorvem essa contenção e conseguem acessá-la sozinhas.

Já a validação e a empatia são como as crianças encontram sua bondade sob as lutas. Como sabemos, temos que nos sentir bem por dentro para mudar. É comum pensar: "Preciso mudar e, assim que mudar, me sentirei valioso e amado!" Mas a direção é exatamente a oposta. Nossa bondade é o que nos fundamenta e permite vivenciar emoções difíceis sem que elas assumam o controle ou se tornem nossa identidade. E quando os pais adquirem o hábito de validar a experiência de uma criança, empatizando com ela, basicamente estão dizendo: "Você é real. É amada. Você é boa."

Agora você tem a descrição do seu trabalho: manter a criança segura, emocional e fisicamente, usando limites, validação e empatia. Então, qual é o papel da criança em um sistema familiar? A verdade é que, como pais, é mais importante focar nossos próprios papéis, pois é o que podemos controlar. Mas é útil entender os outros papéis em nosso sistema, afinal, é o princípio "conheça seu trabalho". O trabalho de uma criança em um sistema familiar é explorar e aprender, vivenciando e expressando suas emoções e seus desejos. As crianças precisam aprender suas capacidades, o que é seguro, qual seu papel na família, quanta autonomia elas têm e o que acontece quando experimentam coisas novas. Elas fazem isso explorando, testando os limites, experimentando novas habilidades, representando outras, mas também desafiando seus pais, perguntando o que eles querem e, às vezes, "fazendo birra". Quando você vê o sistema familiar por inteiro, consegue ver essa interação elegante de papéis: uma criança pode expressar emoções, e um pai/mãe pode validar e ter empatia por elas. Quando essas emoções se transformam em um comportamento perigoso, definimos limites adequados, ainda validando e tendo empatia.

Assim que você entende os papéis de um sistema familiar, pode reestruturar como pensa sobre os momentos difíceis do seu filho. Ver suas lutas como cumprimento do trabalho o ajudará a lembrar que são crianças boas fazendo seus trabalhos, não crianças ruins fazendo coisas más. Sei que pensar sobre os papéis da família me ajuda a avaliar os momentos em minha própria casa que parecem difíceis. Quando digo para meu filho que preciso trabalhar e ouço ele gritando comigo, posso pensar: "Os dados na superfície implicariam em coisas que são confusas. Mas espere... cada um de nós fez o trabalho aqui?"

Então analiso: eu disse para meu filho no momento, antes da separação: "Amor, sei que é muito difícil para você quando a mamãe tem que trabalhar; você ama estar do lado da mamãe! Você ficará com o papai, e verei vocês no almoço. A mamãe sempre volta." Eu defino *limites* que parecem certos para mim, expressei *validação* com minhas palavras e *empatia* com meu tom de voz. Meu filho protestou. Gritou. Chorou. Ele fez seu papel: vivenciou e expressou os sentimentos. Em resposta, eu disse: "Sei que é muito difícil, amor. Você pode ficar chateado. Amo você." Então saí. Validação, empatia, limite. Ele chorou. Novamente, vivenciando e expressando sentimentos.

Assim... os papéis terminaram, eu acho. Agora, deixe-me esclarecer: não é um momento de bons sentimentos para mim. Nada de comemorar com "Ah, foi incrível!" Mas examinar nossos papéis é muito fundamental e impede que eu sinta culpa ("Estou fazendo algo errado?") ou culpa da criança ("Qual o problema com meu filho para ele ainda chorar quando saio?"). Para a maioria dos pais que conheço, passar por esses momentos com um pouco mais de clareza e sem o ciclo de pensamentos "Sou um pai/mãe ruim" é uma grande vitória. Certamente é para mim.

CAPÍTULO 4

A Importância dos Primeiros Anos

Por que nos preocupamos com a paternidade? Por que colocamos *limite*s, toleramos birras, falamos sobre sentimentos e procuramos o que está além do comportamento para ver as dificuldades mais profundas? Isso realmente importa? Especialmente em relação às crianças mais jovens, elas se lembrarão desses anos?

Sim. A paternidade é importante. E sim, as crianças "lembrarão" desses anos, inclusive dos anos zero ao um, do um ao dois, do dois ao três. Claro que não se lembrarão como normalmente pensamos em memória, elas não conseguirão produzir uma história com palavras que conecta uma experiência do passado. Mas mesmo que elas não possam se lembrar com palavras, conseguem, realmente, se lembrar com algo mais poderoso: o corpo. Antes de conseguirem falar, as crianças aprendem, com base nas interações com seus pais, o que parece aceitável ou vergonhoso, gerenciável ou devastador. Assim, nossas "memórias" da primeira infância são, de fato, *mais* poderosas do que as lembranças que formamos nos anos posteriores; **o modo como os pais interagem com as crianças nos primeiros anos de vida forma o projeto que elas levam consigo para o mundo**. As crianças digerem as informações coletadas com essas interações e generalizam no mundo lá fora.

Já mencionamos isso, mas vale a pena repetir: nossas primeiras relações influenciam quais partes de nós se sentem amadas, quais partes queremos fechar e de quais partes nos sentimos envergonhados, ou seja, as experiências das crianças com seus pais nos primeiros anos impactam como elas pensam sobre si mesmas, o que aprendem a esperar dos outros, o que parece seguro e bom, o que ameaça e é ruim. Se, por exemplo, sempre for dito para uma garotinha "não seja tão sensível", ela aprenderá cedo que seus sentimentos são "errados" e afastará as pessoas. Se um pai sempre disser para seu filho parar de chorar, esse filho associará a vulnerabilidade com rejeição, mesmo que, mais adiante na vida, ele não consiga se lembrar explicitamente dessas memórias. E mais, os primeiros anos de uma criança formam a base de regulação das emoções, que, como sabemos, é a capacidade de uma pessoa gerenciar e responder aos sentimentos e aos desejos que surgem. As experiências da primeira infância ditam quais sentimentos são gerenciáveis e permitidos *versus* quais são "excessivos" ou "errados". O motivo para eu ser tão apaixonada pela paternidade não é porque procuro criar mais momentos com bons sentimentos entre pais e filhos, embora também seja ótimo, mas porque esses anos iniciais formam a base da vida adulta. Sentir-se satisfeito consigo mesmo, ser tolerante às falhas, estabelecer limites, ser capaz de ter autodefesa e se conectar com outras pessoas... toda essa dinâmica importante dos adultos vem de nossa programação inicial. Os primeiros anos de vida definem o cenário para os próximos cem anos.

É importante observar, antes de nos aprofundarmos, que o cérebro humano é incrivelmente maleável e pode reprogramar, desaprender, reaprender e mudar. Se sua culpa parental correu acelerada após ler os últimos parágrafos, se você se preocupou por ter "bagunçado" ou "ficado para trás" e que seu filho passou da idade no momento mais importante... respire. Diga olá para a culpa, então lembre-se de que você é um bom pai/mãe trabalhando em si mesmo e nas suas relações, e isso é, de fato, o melhor que nós podemos fazer. No próximo capítulo comemoraremos o poder da reparação, pois é real e sempre possível (há um motivo para o capítulo ter o título "Não É Tarde Demais"). Nas próximas páginas, explico por que os primeiros anos são essenciais para que possamos acessar nossa motivação para fazer o difícil trabalho de ser pai/mãe; se em algum momento isso ativar a vergonha e a culpa, faça uma pausa. Talvez seja bom você ir para o Capítulo 10, "Autocuidado", e praticar algumas estratégias sugeridas antes de voltar a esta seção. Então, ao ler, lembre-se de que todos nós fazemos nosso melhor. Se seus filhos são mais velhos e os "primeiros anos" ficaram para trás, isso ainda é verdade. A paternidade/maternidade é difícil. Você fez um ótimo trabalho, e ainda está fazendo.

Para perceber o impacto dos primeiros anos, ajuda ter uma compreensão básica de dois modelos psicológicos que lidam com a relação entre pais e filhos: a teoria do apego e os sistemas familiares internos. Juntas, essas teorias fornecem uma estrutura pela qual podemos entender a importância da primeira infância e compreender por que, mesmo que as crianças não se lembrem conscientemente desses anos, eles ainda têm um impacto crítico.

Teoria do Apego

Os bebês nascem com um impulso inato de "se apegar" aos cuidadores. O psicólogo John Bowlby, que formulou a teoria do apego nos anos 1970, descreveu o apego como um sistema de proximidade: crianças que descobriram como manter uma figura de apego por perto, literal e fisicamente próxima a elas, tiveram mais probabilidade de receber conforto e proteção, significando que era mais provável que sobrevivessem; já as crianças que tinham mais distância de uma figura de apego tiveram menos probabilidade de receber conforto e proteção, assim, era menos provável que sobrevivessem. Como Bowlby explica, o apego não é apenas "bom ter", mas um mecanismo primário de evolução, afinal, é com o apego de uma criança que todas as suas necessidades básicas são atendidas: alimento, água, segurança emocional. A teoria do apego sugere que as crianças são programadas para procurar e se vincular aos indivíduos que fornecem o conforto e a segurança de que elas precisam para sobreviver.

As crianças criam diferentes tipos de apego com base em suas primeiras experiências com os cuidadores. O tipo de apego formado impacta o modelo interno de funcionamento da criança: pensamentos, memórias, crenças, expectativas, emoções e comportamentos que influenciam como elas interagem consigo mesmas e com os outros, e quais relações buscam mais tarde. Os modelos internos de funcionamento se baseiam no que uma criança aprende, por meio das interações pessoais, sobre a resposta, a disponibilidade, a consistência, o reparo e a reação de seu cuidador. As crianças filtram nossas interações com elas baseando-se em muitas perguntas: "Sou amada, boa e desejada para ter por perto? Serei vista e ouvida? O que posso esperar dos outros quando estou angustiada? O que posso esperar dos outros quando estou oprimida? O que posso esperar dos outros quando discordamos?" Elas pegam as respostas para essas perguntas e fazem generalizações sobre o que é permitido que sejam e como o mundo funciona. Podemos pensar que pedimos que nossos filhos desliguem a tela ou dizer não para irem mais tarde para a cama, mas as crianças não levam em conta essas particularidades; elas veem se é seguro, em qualquer relação, ter os desejos e os sentimentos que levam a momentos difíceis.

Lembre-se, as crianças aprendem como as relações funcionam ao mesmo tempo em que ficam presas em um relacionamento conosco, os pais. Elas dependem totalmente de nós para sobreviver e sabem disso, lá no fundo, portanto, coletam dados no ambiente e os conectam de acordo para maximizar o vínculo e manter os pais o mais próximos possível. Tudo isso é para dizer que os modos como respondemos às necessidades dos nossos filhos, a variedade de emoções que reconhecemos dentro deles, como "nos mostramos" com consistência para eles, se falamos com eles após os momentos difíceis, como somos firmes versus reativos... esses comportamentos têm um efeito dominó muito além da unidade familiar.

A grande lição: as crianças se conectam para se adaptarem ao seu primeiro ambiente, formando expectativas sobre o mundo com base nos dados obtidos; essa programação inicial impacta como elas pensam sobre si mesmas e os outros muito depois da infância. Agora vejamos alguns exemplos de como as interações iniciais ensinam "lições de apego" mais generalizadas. Claro, são generalizações baseadas não apenas em um momento, mas na suposição de que esses momentos representam um padrão consistente de interações.

COMPORTAMENTO: *Uma criança chora quando seu pai/mãe a deixa na escola.*

Resposta do pai/mãe 1: "Pare de agir como bebê!"

Lição de apego 1: Quando me sinto vulnerável, sou ridicularizado e não visto. Mantenho minha vulnerabilidade fora das relações próximas. Não é seguro nesse caso.

Resposta do pai/mãe 2: "É difícil dizer adeus hoje. Eu entendo. Alguns dias são assim. Sei que você está seguro aqui na escola e nós dois sabemos que o papai/a mamãe sempre volta. Verei você na saída."

Lição de apego 2: Posso esperar que os outros cuidem dos meus sentimentos com seriedade. Quando me sinto vulnerável e chateado, recebo validação e apoio. A vulnerabilidade é segura nas relações próximas.

> **COMPORTAMENTO:** *Uma criança faz birra por querer sorvete no café da manhã.*

Resposta do pai/mãe 1: "Não falarei com você enquanto tiver um ataque. Vá para seu quarto e saia quando voltar à razão!"

Lição de apego 1: Quando quero algo, afasto as pessoas, fico mal, sou abandonado e fico sozinho. As pessoas só me querem por perto quando sou sociável e obediente.

Resposta do pai/mãe 2: "Eu sei, amor. Você gostaria de sorvete no café da manhã. Isso não é uma opção no momento. Pode ficar chateado."

Lição de apego 2: Tenho permissão para querer coisas. Querer coisas é permitido nas relações próximas.

> **COMPORTAMENTO:** *Uma criança hesita em participar de uma festa de aniversário, agarrando sua mãe.*

Resposta do pai/mãe 1: "Você conhece todos aqui. Vamos! Não há nada com o que se preocupar!"

Lição de apego 1: Não consigo confiar em meus sentimentos porque eles são ridículos e exagerados. As outras pessoas sabem melhor que eu sobre como devo me sentir.

Resposta do pai/mãe 2: "Algo parece arriscado. Acredito em você. No seu tempo. Você saberá quando estiver pronto."

Lição de apego 2: Posso confiar nos meus sentimentos. Tenho permissão para ficar apreensivo. Sei o que estou sentindo e posso esperar que as outras pessoas me respeitem e apoiem.

Desde os primeiros dias de vida, nossos filhos aprendem o que leva à proximidade e o que distancia, então ajustam seu comportamento de acordo, tudo com o objetivo de estabelecer um vínculo seguro. A partir das primeiras respostas dos pais (pressupondo que eram padrões gerais de interações), uma criança aprende que certos sentimentos são uma ameaça ao apego. Então ela busca encerrar essas experiências, provavelmente com o mecanismo da vergonha ou da autoculpa, pois sua sobrevivência depende literalmente disso. A partir das segundas respostas dos pais (novamente, pressupondo que eram padrões gerais de interações), a criança aprende que seus sentimentos são reais e válidos, podendo ser mantidos nas relações próximas. Agora, para esclarecer, as segundas respostas não levarão a uma solução imediata. Não haverá um final repentino para as lágrimas e os gritos. Contudo, acontecerão duas coisas: você notará um benefício em curto prazo, pois a criança desenvolverá habilidades de regulação que logo podem levar à capacidade de gerenciar o desapontamento. E você notará, sem dúvidas, um ganho de longo prazo, pois está ajudando seu filho e desenvolver autoconfiança, aceitação e abertura com as outras pessoas, não vergonha, baixa autoestima e defesa.

Agora avançaremos mais rápido. Décadas depois, e o modelo interno de funcionamento da criança e o sistema de apego ainda se baseiam no que ela aprendeu com as interações com os pais. Só que agora ela aplica os aprendizados em outras relações próximas. Talvez pense: "Minha vulnerabilidade não é desejada nas relações próximas; tenho que contar apenas comigo mesmo." Ou "Não tenho permissão para pedir coisas, a menos que tenha certeza de que o outro me dará; isso é essencial para se sentir seguro e bem em uma relação". Se queremos que nossos filhos busquem relacionamentos em que eles possam equilibrar dependência e independência, em que possam se sentir próximos dos outros e ainda não "se perder", em que possam expressar suas vulnerabilidades e ter apoio, então temos que trabalhar agora, nos primeiros anos. Quanto mais uma criança se sente segura e protegida com seus pais e quanto mais variados são os sentimentos que ela pode ter dentro dessa relação, mais seguras e protegidas serão suas relações adultas.

Assim, como criamos vínculos seguros com nossos filhos agora para promover seus vínculos seguros com os outros mais tarde? Em geral, as relações com os pais que incluem responsividade, carinho, previsibilidade e reparação quando as coisas parecem mal preparam uma criança para ter uma base segura. Uma criança que vê um pai/mãe como sua base segura tem a sensação de segurança no mundo, uma sensação de que "alguém estará lá e me confortará se as coisas derem errado". Desse modo, ela se sente capaz de explorar, experimentar coisas novas, assumir riscos, ter fracassos e ser vulnerável. Há um paradoxo profundo e crítico aqui: quanto mais podemos contar com um pai/mãe, mais curiosos e exploradores podemos ser. Quanto mais confiamos em nossa relação segura com os pais, mais seguros ficamos com nós mesmos. Dizendo de outro modo: dependência e independência não são necessariamente opostas, pelo contrário, uma força permite a outra, ou seja, as duas coisas são verdade! **Quanto mais as crianças sentem que podem depender dos pais, mais independentes elas podem ser.** Nossa confiança de que alguém nos entenderá, não nos julgará e nos apoiará, nos confortará quando as coisas derem errado, isso é o que permite que as crianças sejam adultos assertivos, confiantes e corajosos.

Sistemas Familiares Internos

Os sistemas familiares internos (IFS, sigla em inglês) são um modelo terapêutico que considera as diferentes partes em uma pessoa, em oposição a considerar a pessoa de uma maneira única. Uma suposição básica do IFS é que a natureza da mente é ser subdividida em partes ou personalidades secundárias. Pense em você. Talvez esteja saindo com pessoas que você conhece bem, mas são reservadas em ambientes novos. Talvez você se posicione quando necessário, mas pode recuar quando é hora de a outra pessoa assumir a liderança. Talvez seja confiante profissionalmente, porém mais reservado em ambientes sociais. Você tem seu eu corajoso, um eu ansioso, um eu confiante, um eu respeitoso. Você é multifacetado, não uma coisa só. E nenhuma dessas partes é ruim, nem pior ou superior à outra, você é a soma de todas elas, e quanto mais à vontade ficar quando uma dessas partes "age", mais à vontade ficará consigo mesmo em várias situações. Nossa confiança, resistência e autoestima dependem de nossa capacidade de entender isso. Quando nos sentimos sobrecarregados e ficamos reativos, quase sempre é porque uma parte de nós basicamente assumiu o controle; perdemos o controle de nossa identidade e "nos tornamos" esses sentimentos.

A linguagem das "partes" nos permite articular, interna e externamente, nossas emoções conflitantes ou, pelo menos, coexistentes: manter os pés no chão sentindo aflição, ficar centrado também estando em conflito, ter pensamentos de raiva sabendo que somos uma boa pessoa. Repetidamente, no meu consultório particular, observo como a linguagem das partes dá aos adultos liberdade, compaixão, alívio e a capacidade de regular as experiências difíceis. E como vi como pode ser poderoso, sou apaixonada pelo uso da linguagem das partes com crianças jovens, para programar cedo a ideia de sensações, sentimentos e pensamentos como partes que podemos relacionar, não experiências que dominam e nos consomem.

Quando examinamos o IFS e a teoria do apego juntos, começamos a ter uma compreensão mais sofisticada do desenvolvimento inicial dos nossos filhos. A teoria do apego diz que nossos filhos têm que aprender a se vincular aos pais para sobreviverem e terem suas necessidades atendidas. Como resultado, as crianças veem seu ambiente pela lente de "O que maximizará minha sobrevivência?" Quando combinamos essa compreensão com os ensinamentos do IFS, nossa lente tem mais nuances: "Quais partes minhas têm conexão, atenção, compreensão e aceitação? Devo fazer mais disso, porque maximiza o apego, portanto, maximiza a sobrevivência! Essas minhas partes são boas, gerenciáveis e fazem eu me aproximar dos outros; têm muita conexão. E quais partes minhas são atendidas com desconexão e distância? Devo afastar de mim essas partes, pois elas ameaçam o apego e, assim, ameaçam a sobrevivência. Essas nossas partes são ruins, opressivas e não podem ser amadas; elas têm menos conexão."

As crianças aprendem essas "lições" com base nas interações com os pais, não com palavras, claro, mas com experiências. Elas assimilam o que obtêm dos sorrisos dos pais, perguntas, abraços e presença (ou seja, "Você tem permissão para se sentir assim. Conte mais, estou aqui ouvindo".), e o que obtêm das punições dos pais, rejeição, críticas e distanciamento ("Vá para seu quarto agora! Não fale comigo enquanto for assim!"). Como o psicólogo Richard Schwartz, criador do IFS, escreve: "As crianças têm a tendência comportamental de traduzir experiência em identidade: não sou amado se torna sou detestável, e uma coisa ruim aconteceu comigo se torna sou mau." Em outras palavras, as crianças obtêm experiências com seus cuidadores e deduzem mensagens maiores sobre quem elas são. As emoções que os pais conectam, significando aquelas nas quais estamos interessados e nos mostramos presentes, dizem para as crianças que as partes delas com esses sentimentos são gerenciáveis, amadas e valiosas; as emoções que encerramos, punimos, rejeitamos ou tentamos transformar em algo "mais agradável", bem, as crianças aprendem que as partes delas com esses sentimentos são destrutivas, más, detestáveis ou "excessivas."

Por isso é tão importante diferenciar comportamento de sentimentos inerentes e experiência. Embora seja importante conter uma criança que está fora de controle e mostra um "comportamento ruim", é também essencial reconhecer que sob o comportamento existe uma criança (ou, na linguagem IFS, parte de uma criança) que sente dor, tem uma necessidade não atendida e precisa desesperadamente de conexão. As crianças interpretam nossas interações com elas não como uma reação ao momento específico, mas como uma mensagem sobre quem elas devem ser. Portanto, quando seu filho diz "Odeio meu irmãozinho, mande ele de volta para o hospital!" e você grita "Não diga isso sobre seu irmão, você o ama!", a lição que ele aprende não é a de que suas palavras são inadequadas. A lição aprendida é que ciúme e raiva são emoções perigosas, emoções que ele não deve ter. Por isso é tão fundamental separar o que uma criança faz (o que pode ser "ruim") de quem ela é (boa por dentro); claro, não queremos que nossos filhos batam (comportamento), mas queremos que eles tenham o direito de ter raiva (sentimento). É claro que não queremos que nossos filhos tenham um ataque na loja (comportamento), mas queremos que eles tenham acesso ao desejo e ao direito de se expressarem (sentimentos). É claro que não queremos que nossos filhos comam apenas cereal no jantar (comportamento), mas queremos que eles acreditem que têm domínio sobre seus corpos e possam sentir o bem dentro deles (sentimentos). Se não reconhecemos explicitamente os sentimentos sob os comportamentos dos nossos filhos, o comportamento e os sentimentos deles colapsarão. Eles aprenderão que a segurança do apego depende de rejeitar os sentimentos sob os comportamentos, levando a padrões de relacionamento problemáticos em longo prazo.

E sim, os primeiros anos são importantes. Eles preparam nossos filhos para serem adultos confiantes, independentes e autoconscientes com relações interpessoais saudáveis... ou não. É lógico que nada é tão simples e há oportunidades para desenvolver essas qualidades em todos os estágios da vida. E mais, nos momentos desgastantes com a criancinha, quando você imagina se todo o trabalho difícil vale a pena (porque ser pai/mãe de uma criança é realmente trabalhoso!), tenha o consolo de saber que vale, sim. O trabalho feito sempre, sempre vale a pena.

CAPÍTULO 5
Não É Tarde Demais

Há uma pergunta que ouço dos pais mais do que qualquer outra: "É tarde demais?" Minha resposta é sempre não. Porque é sempre verdade.

Os pais muitas vezes insistem: "Mas meu filho já tem 3 anos e ouvi dizer que os primeiros três anos são os mais importantes", "Mas meu filho tem 8 anos e sinto que ele já é muito velho" ou "Minha filha tem 16; sinto que perdi minha chance". Por vezes até ouço "Sou avô agora e gostaria de ter feito tudo de modo diferente com meus próprios filhos... Acho que é tarde demais, não é?" Deixe-me dizer mais uma vez. NÃO. Não é tarde demais para uma reparação e para se reconectar com seus filhos, mudando a trajetória do comportamento deles. E também não é tarde demais para você. Não é tarde demais para você considerar quais partes de si mesmo precisam de reparação e reconexão; como adultos, podemos trabalhar na nossa reescrita e mudar a trajetória de nosso próprio desenvolvimento. Não é tarde demais. Nunca, jamais é tarde demais.

As perguntas sobre como consideramos novas ideias, como pensamos sobre a mudança de nós mesmos e de nosso comportamento e como mantemos bons sentimentos sobre nós mesmos são centrais em minha abordagem de paternidade/maternidade. Como podemos aprender, reparar e mudar nossas estratégias seguindo em frente, primeiro com nós mesmos, depois com nossos filhos? E como podemos lidar com os sentimentos de culpa e remorso que surgem quando refletimos sobre como lidamos com nossos sentimentos e comportamentos no passado? Lidar com essa culpa é, de muitos modos, o enigma da mudança de qualquer parte em nossa vida. Mas com relação a quanto amamos nossos filhos e como nos comprometemos em ser bons pais, os sentimentos que surgem sobre como educamos nossos filhos são especialmente intensos.

A paternidade não é para os fracos. É uma demanda incrível, mas também, e talvez o mais importante, requer uma quantidade enorme de autorreflexão, aprendizagem e evolução. Muitas vezes, acho que a paternidade é realmente um exercício em nosso próprio desenvolvimento e crescimento; quando temos filhos, somos confrontados com muitas verdades sobre nós mesmos, nossa infância e nossas relações com nossa família de origem. E embora possamos usar essas informações para aprender e desaprender, quebrar ciclos e curar, temos que fazer esse trabalho também cuidando de nossos filhos, lidando com crises, nos virando com um sono limitado e nos sentindo esgotados. É muita coisa. Talvez possamos fazer uma pausa, agora, para reconhecer esse incrível desafio. Coloque sua mão no coração e diga estas palavras: "Estou trabalhando em mim mesmo e cuidando da minha família. Estou tentando reprogramar os padrões que não me beneficiam e me conectar com meus filhos, do começo, para termos resiliência e eles se sentirem bem e aceitos. Uau! Estou fazendo muita coisa!"

Espero que você leia repetidas vezes este capítulo, sobretudo quando sua autoculpa surgir ("É tudo minha culpa"), seu pensamento de Juízo Final ficar mais alto ("Estraguei meu filho para sempre") e perder a esperança ("Nossa família nunca mudará"). É uma referência para você revisitar, para ter uma base firme e um lembrete de que a mudança e a reparação são possíveis.

A Capacidade de Reprogramação do Cérebro

Duas coisas são verdade: o cérebro se programa cedo e tem uma capacidade incrível de se reprogramar. *Neuroplasticidade* se refere à capacidade do cérebro de reaprender e se transformar quando ele reconhece a necessidade de adaptação. O cérebro pode continuar se desenvolvendo durante a vida; nosso corpo serve para nos proteger, portanto, se seu cérebro acreditar que os velhos modos de ser já não servem mais, ele incorporará novos padrões, novas crenças, novos sistemas de processar e responder ao mundo. É verdade que fica mais difícil com a idade; quanto mais velhos ficamos, mais consistentes e dedicados temos que ser para vivenciar uma mudança, mas no final do dia, cães velhos *conseguem* aprender novos truques.

O cérebro em desenvolvimento de uma criança está sendo programado no contexto de uma relação entre criança e pais. O desenvolvimento do córtex pré-frontal médio, ou seja, a parte do cérebro envolvida na regulação da emoção, na flexibilidade cognitiva, na empatia e na conectividade, é influenciado pela relação de apego com um cuidador. Em outras palavras, as experiências iniciais de uma criança têm uma enorme influência no modo como seu cérebro se desenvolve. E mais, sabemos por pesquisas que o apego não precisa ser o destino; um indivíduo programado para um apego inseguro pode se reprogramar e ter um apego seguro. O psicólogo Louis Cozolino definiu o papel da terapia no processo da neuroplasticidade: um apego seguro com o terapeuta de alguém, ele descobriu, pode levar a uma reprogramação no cérebro que resulta em uma relação melhor das emoções e uma maior capacidade de lidar com o estresse. Podemos aplicar esse princípio à unidade familiar, pois sabemos que os pais podem trabalhar e desenvolver vínculos mais seguros com seus filhos. Quando os pais querem mudar, quando querem reparar e refletir juntos, sem ficarem na defensiva, sobre os momentos do passado que foram ruins para as crianças... o cérebro da criança pode se reprogramar.

Nosso cérebro também têm uma capacidade incrível de aprender. Décadas de pesquisa demonstraram que o cérebro muda em resposta ao ambiente. A neurocientista Marian Diamond descobriu pela primeira vez, no início dos anos 1970, que um ambiente negligente faz o cérebro encolher, já um ambiente rico o faz crescer. Conforme o ambiente muda, o cérebro acompanha. Um estudo recente confirmou esse efeito no contexto da criação: ele examinou o impacto de programas parentais em crianças de 2 a 11 anos e descobriu que, desde que as intervenções fossem adaptadas à idade da criança em particular, os programas tinham igual eficiência. Eles eram igualmente impactantes ao desenvolver novas habilidades para crianças mais velhas e novas. É uma conclusão promissora e incrível, e boa de conservar quando nos preocupamos sobre os "danos" que causamos. Em relação ao tempo das mudanças dos pais e da intervenção, os autores do estudo escreveram: "É importante que nossas descobertas nunca sejam usadas como motivo para adiar a intervenção, pois crianças e famílias sofreriam por mais tempo. Quanto às intervenções comuns dos pais para reduzir os problemas de comportamento na infância, ao invés de acreditarem que 'quanto antes, melhor', devemos concluir que 'nunca é cedo demais, nunca é tarde demais'."

Como os pais são a figura mais importante no ambiente de uma criança, talvez não seja nenhuma surpresa que quando um pai/mãe muda, assim também acontece com a programação da criança. Uma pesquisa determinou que, muitas vezes, quando as crianças têm dificuldades, não é a terapia para a criança em si, mas a orientação ou a terapia para o pai/mãe que leva a mudanças mais significativas na criança. É uma pesquisa importante, pois sugere que o comportamento de uma criança, que é uma expressão dos padrões de regulação das emoções de uma criança, se desenvolve em relação à maturidade emocional do pai/mãe. Há dois modos de interpretar esses dados. O primeiro é: "Ah, não, estou estragando meu filho porque eu sou estragado. Sou horrível!" Mas há outra interpretação mais otimista e encorajadora: "Uau, é incrível! Se posso trabalhar em algumas das minhas próprias capacidades de regulação das emoções — e eu me sentirei bem de qualquer modo! —, meu filho mudará em resposta. Quanto poder!"

Veja o que eu sempre falo para os pais: não é sua culpa o fato de seu filho estar tendo dificuldades. Mas é sua responsabilidade, como adulto no sistema familiar, mudar o ambiente para que a criança possa aprender, crescer e prosperar. O cérebro das crianças se programa em resposta às nossas interações com elas. Sabemos disso no momento. Se continuarmos a fazer a mesma coisa repetidas vezes, então, sim, reforçaremos quaisquer padrões já desenvolvidos. Contudo, se refletimos, crescemos e experimentamos coisas novas, se nos desenvolvemos e mudamos como lidamos com nossos filhos, então estamos ajudando que eles desenvolvam novos circuitos, ao mesmo tempo em que nós nos ajudamos. Por isso você está aqui. Você é alguém com coragem suficiente para refletir, desenvolver e experimentar coisas novas. Por isso estou aqui também. Não tenho todas as respostas. Tenho minhas próprias ansiedades e pontos de reação e me considero um membro dessa comunidade incrível de quebradores de ciclos e eternos aprendizes.

O Poder da Reparação

Não existem pais perfeitos. Todos têm momentos quando se sentem "off" em relação aos filhos: quando deixaram de ser legais, dizem palavras que gostariam de engolir de volta, lançam "olhares como flechas" e de julgamento para um filho bem-intencionado. Respire fundo. Já estive nesse papel, seus amigos já estiveram... todos nós estivemos. E está tudo bem! O segredo é o que vem depois. Nosso papel como pais não precisa ser definido por nossos momentos de luta. Deve ser definido pelo fato de estarmos ou não conectados com nossos filhos após a dificuldade e se exploramos como esses momentos foram sentidos por eles, trabalhando para reparar a ruptura na relação.

Quando nós, como pais, nos questionamos "É tarde demais?", estamos pressupondo que a história de nossa relação com o filho já tem um fim. Ao fazermos isso, deixamos de ver algo essencial: que sempre podemos sobrepor uma nova experiência e que a nova experiência mudará o final do capítulo. Digamos que o dia foi difícil, a criança está protestando com sua decisão sobre nada de guloseimas agora e você acaba gritando: "Você dificulta tudo! É uma criança mimada e mal-agradecida, e não sei o que fazer com você!" Em resposta, a criança corre para o quarto berrando: "Eu odeio você, odeio você, odeio você!" Tudo bem, em primeiro lugar, respire fundo. Se você está pensando "Sim, já disse isso", "Caramba, ela estava na minha casa noite passada?", até "É o exemplo da Dra. Becky? Perdi minha calma de um modo pior" ou "Meu jeito é totalmente diferente"; não importa, deixe-me dizer que ainda acho que você é um bom pai/mãe lá dentro. Sei que está aqui para trabalhar e melhorar ainda mais. Portanto, fique comigo na próxima parte importante.

Agora seu filho está sozinho no quarto. O que está acontecendo com ele? Em grande parte, uma intensa aflição. Seu filho está desregulado, ou seja, está se sentindo sobrecarregado pelas sensações em seu corpo e está em um estado de ameaça psicológica ("Esse sentimento é demais, não me sinto seguro"). O corpo dele precisa descobrir como se sentir seguro e a salvo de novo... mas ele está sozinho, sem um adulto confiável para ajudá-lo. As crianças que ficam sozinhas com uma intensa aflição muitas vezes contam com um dos dois mecanismos de enfrentamento: insegurança e autoculpa. Na insegurança, as crianças invalidam sua própria experiência em uma tentativa de se sentirem seguras de novo em seu ambiente. Elas podem dizer para si mesmas: "Espere... minha mãe realmente não disse aquelas palavras horríveis para mim, isso não podia ter acontecido, não mesmo... Sim, não, devo ter lembrado isso errado. Afinal, minha mãe não pediu desculpas ainda, nem disse nada sobre isso, com certeza ela diria se estivesse preocupada por ter dito aquelas palavras." As crianças usam a insegurança para se protegerem dos sentimentos avassaladores que surgiriam caso aceitassem a realidade do que de fato aconteceu. Elas fazem isso porque estar sozinhas com seus sentimentos parece "demais", e a insegurança é um escape e uma autopreservação. Porém, uma criança se programa para acreditar que "Não percebo as coisas com precisão. Reajo em excesso. Não posso confiar em como sinto as coisas. Outras pessoas têm uma ideia melhor da minha realidade." Esse é um circuito assustador para criar, pois leva a adolescentes e adultos que não confiam em si mesmos e não conseguem encontrar a intuição. Ao contrário, usam o tratamento das outras pessoas em relação a eles para definir quem são e o que merecem.

A autoculpa é outro mecanismo de culpa comum para crianças cujos pais não tentam uma reconexão após momentos difíceis. A autoculpa permite que uma criança se sinta no controle, pois, contanto que ela se convença de que foi má fazendo coisas ruins e que se ela for melhor se sentirá mais segura... bem, então tem uma opção viável para mudar. O psiquiatra Ronald Fairbairn pode ter dito isso melhor quando escreveu, em relação às crianças e ao desenvolvimento infantil: "É melhor ser um pecador em um mundo controlado por Deus do que viver em um mundo controlado pelo diabo."[1] Se as crianças não puderem contar com um adulto para ajudá-las, para estar lá, reparar e reconectar nos momentos difíceis... então o mundo parecerá um lugar muito inseguro. É mais reconfortante para uma criança internalizar a maldade ("Sou mau por dentro"), porque pelo menos ela pode aguentar a ideia de que o mundo em volta é seguro e bom.

Contudo... é como chegamos ao ponto em que nos perguntamos se é tarde demais, certo? Colocamos a camada da autoculpa ("Sou um pai/mãe ruim") nos momentos difíceis, e como somos consumidos por nosso sentimento de não ser bom o bastante, nos achamos incapazes de fazer uma mudança produtiva. Programaremos nossos filhos de modo diferente e nos reprogramaremos ao mesmo tempo.

---

1. FAIRBAIRN, W. R. **Psychoanalytic Studies of the Personality** (sem publicação no Brasil).

Tudo isso porque "reparar" é uma das minhas palavras favoritas na criação dos filhos. Com certeza podemos trabalhar em nossas próprias "coisas" e tentar melhorar nossa regulação, aprender os truques, os roteiros e as estratégias da paternidade... mas, ainda assim, o objetivo é nunca acertar o tempo todo. Não é assim. Muitas vezes, falo para os pais que o pior objetivo pode ser ficar muito bom em reparar, o que reconhece a realidade de que os pais continuarão a reagir de modos que nem sempre parecem ótimos e continuará havendo momentos difíceis e desajustados. Mas se desenvolvemos a habilidade de voltar para nossos filhos, sem ficar na defensiva, e mostrar a eles que nos importamos com o desconforto que eles vivenciaram naqueles "momentos de ruptura", então estamos lidando com o trabalho parental mais importante de todos.

Como É uma Reparação?

Não existe um jeito certo de reparar. O importante é a conexão após a desconexão, ou seja, a calma e a presença solidária de um pai/mãe após um momento marcado pela reação desregulada. Quando voltamos a um momento que foi ruim e adicionamos conexão e segurança emocional, de fato mudamos a memória no corpo. A memória não tem mais o rótulo carregado de "Estou sozinho e mal por dentro". Agora é mais sutil, à medida que colocamos apoio após a crítica, suavidade após gritar, compreensão após o desentendimento. A capacidade de transformar a memória do corpo é bem impressionante e é o que sempre me motiva à reparação com meus próprios filhos.

Reverei os detalhes da reparação, inclusive os roteiros maiores para lidar com esses momentos difíceis, na próxima parte deste livro. Mas agora quero oferecer algumas tarefas básicas: diga que você sente muito, compartilhe suas reflexões com a criança, repetindo sua memória do que aconteceu, para que a criança saiba que não estava tudo na cabeça dela, então diga o que você gostaria de ter feito de modo diferente e o que pretende fazer de modo diferente agora e no futuro. É importante assumir o seu papel ("Mamãe sentiu muita coisa e acabei gritando. Foram meus sentimentos e é meu papel tentar lidar melhor com eles. Não é sua culpa quando eu grito e não é seu papel descobrir como eu posso me acalmar. Eu amo você."), ao invés de insinuar que seu filho "fez você" reagir de certo modo. E lembre--se: como pai/mãe, você é o modelo da criança. Quando ela vê você como um trabalho em desenvolvimento, aprende que também pode aprender com suas lutas e assumir a responsabilidade quando age de um jeito do qual não se orgulha.

A reparação pode acontecer em dez minutos após uma explosão, dez dias depois ou dez anos. Nunca duvide do poder da reparação; sempre que você volta até seu filho, permite que ele se reprograme, reescreva o fim da história para ser concluída com conexão e compreensão, em vez da solidão e do medo. Isso limita a tendência de seu filho de se autoculpar e o prepara para uma relação mais forte com você, além de relações adultas mais saudáveis. Como todos sabemos, as relações sólidas não são sólidas porque não têm conflitos; elas são assim porque as pessoas nela têm a capacidade de se reconectar após desacordos e se sentem compreendidas de novo após se sentirem incompreendidas. Antes de seguir para o próximo capítulo, se esforce, agora, para reparar um momento com o seu filho. Ou se desafie a fazer isso quando vê seu filho de manhã ou depois da escola. E se responsabilize. Lembre-se agora mesmo: "Os bons pais não acertam o tempo todo. Os bons pais reparam."

Amo as histórias de reparação que ouço dos pais em minha comunidade nas redes sociais, histórias que alcançam todas as idades, desde recém-nascidos até filhos adultos. Recentemente, um pai me disse: "Agora até reparo com meu filho de 9 meses... ele pode não entender cada palavra, mas você me ensinou que ele sentirá minhas intenções e minha reconexão. Recentemente, eu disse para ele 'Você estava chorando e eu não sabia o motivo. Desculpe por gritar. Sei que foi assustador. Estou aqui e amo você'." E isto de outra mãe: "Sinto culpa por todos os anos que puni minha filha e a castiguei. Sempre achei 'ser tarde demais, que estraguei meus filhos para sempre'. Mas hoje disse para minha filha de 8 anos que aprendi mais sobre o que as crianças precisam e que eu gostaria de não ter dado tantos castigos nos momentos em que ela precisava mais de mim. Vi o corpo dela aliviar. Vi mesmo. Ela me abraçou. Foi muito importante." E lembrarei para sempre de um avô: "Há alguns meses, minha filha me pediu para seguir você para que eu pudesse entender como ela educa seus filhos. Uau, foi uma lição para mim! Liguei para ela esta manhã e lhe disse que gostaria de voltar no tempo e educá-la assim, que eu vejo agora que deve ter sido muito ruim para ela quando eu gritava ou via o pior nela, não o melhor. Ela chorou. Acho que ela realmente precisava ouvir isso. Conversamos por um tempo. Foi um dos momentos mais importantes da nossa relação."

Se você está reparando algo grande ou pequeno, seus filhos sentirão a reparação em seus corpos, e esse momento de conexão e explicação aliviará a memória inicial de solidão e confusão. Grandes reparações, pequenas reparações — todas são importantes. Cada pedacinho conta.

CAPÍTULO 6

Resiliência > Felicidade

"Meus filhos deveriam ser mais felizes", outra mãe me conta. "Eles têm tudo de que poderiam precisar e, ainda assim, todas essas coisinhas os incomodam."

"Minha filha se preocupa muito com coisas grandes — falta de moradia, morte, desigualdade em volta... e ela só tem 7 anos!", me disse um pai no meu consultório. "Sempre falo para ela 'Pare de se preocupar! Pense em todas as coisas boas em sua vida!', mas, ainda assim, ela fica acordada de noite, sem conseguir adormecer."

"Fui uma criança muito solitária e deprimida", admite uma mãe para mim. "Quero ser para meus filhos uma mãe diferente de como meus pais foram para mim. Meu parceiro fica irritado comigo porque ele diz que sempre ajudo nossos filhos e facilito a vida deles. Isso é ruim? Você não quer que seus filhos sejam felizes, Dra. Becky?"

Quero que meus filhos sejam felizes? Com certeza! Claro! Contudo, não acho que felicidade seja o que esses pais realmente têm em mente. Acho que existe algo muito mais profundo acontecendo. Considere isto: o que realmente leva à felicidade? Acabar com a preocupação e a solidão dos nossos filhos, garantir que eles se sintam bem o tempo todo permite que eles tenham felicidade por conta própria? O que de fato queremos dizer quando falamos "Só quero que meus filhos sejam felizes"? Sobre o que falamos quando dizemos "Ânimo!", "Você tem muito para se alegrar!" ou "Por que não consegue simplesmente ser feliz?" Por exemplo, eu não acho que estejamos falando sobre ter felicidade tanto quanto falamos sobre evitar medo e sofrimento. Porque, quando focamos a felicidade, ignoramos todas as outras emoções que inevitavelmente surgem na vida das crianças, que significa que não estamos ensinando a elas como lidar com essas emoções. E de novo, como ensinamos nossos filhos, por meio de nossas interações com eles, a se relacionarem com a dor ou a dificuldade impactará como eles pensam sobre si mesmos e seus problemas por décadas no futuro.

Não conheço um único pai/mãe que não queira o melhor para seus filhos. Eu me incluo nessa: quero o melhor para meus filhos! Contudo, não tenho certeza se "o melhor" para eles é "só ser felizes". Para mim, felicidade é muito menos interessante do que resiliência. Afinal, **ter felicidade depende de regular a angústia**. Temos que sentir segurança antes de sentir felicidade. Por que precisamos aprender a regular primeiro a parte difícil? Por que a felicidade não pode apenas "vencer" e "derrotar" todas as outras emoções? Certamente seria mais fácil. Infelizmente, na paternidade/maternidade, assim como na vida, as coisas que mais importam requerem tempo e trabalho pesado; ajudar seu filho a desenvolver resiliência com certeza não é fácil, mas garanto que valerá a pena.

Imagine seu corpo como um grande jarro. Flutuando, há diferentes emoções que você pode sentir. Para simplificar, digamos que existam duas categorias maiores de emoções: as que chateiam e as que são "mais felizes". Em nosso jarro de emoções, temos cada sentimento sob o sol. O tamanho de cada emoção, portanto, o espaço que ela ocupa no jarro em determinado momento, muda constantemente. Agora lembre-se: nosso corpo tem um sistema de alarme inato e está sempre varrendo para encontrar perigo antes de tudo. Quando não conseguimos lidar com as emoções, como desapontamento, frustração, inveja e tristeza, quando elas ocupam todo o espaço no jarro das emoções, nosso corpo inicia uma resposta de estresse.

E não são apenas os sentimentos difíceis em si que disparam a insegurança em nosso corpo. Também sentimos aflição por termos aflição ou a experiência de medo do medo. Em outras palavras (pressupondo que não exista uma ameaça física real, mas apenas a "ameaça" de emoções desconfortáveis e esmagadoras), quando começamos a pensar "Ah! Preciso que esse sentimento vá embora agora", a aflição aumenta cada vez mais, não como uma reação à experiência original, mas porque acreditamos que as emoções negativas estão erradas, são ruins, assustadoras ou excessivas. Enfim, é como a ansiedade toma conta de uma pessoa. A ansiedade é a intolerância ao desconforto. É a experiência de não querer estar em seu corpo, a ideia de que você deve se sentir diferente naquele momento específico. E isso não é um produto de "ser pessimista" ou "ver o copo meio vazio"; é um produto da evolução. Nosso corpo não nos permitirá "relaxar" se acreditamos que os sentimentos internos são insuportáveis e assustadores. Assim, onde fica a felicidade aqui? Bem, está preterida. Não consegue emergir.

Claro, não precisa ser assim. Quanto maior a variedade de sentimentos que conseguimos regular, se conseguimos gerenciar a frustração, o desapontamento, a inveja e a tristeza, mais espaço temos para desenvolver a felicidade. Regular nossas emoções basicamente desenvolve um amortecimento em torno desses sentimentos, amenizando-os e impedindo que consumam o jarro inteiro. **Primeiro a regulação, depois e felicidade**. E isso se traduz na paternidade: quanto maior a variedade de sentimentos que nós podemos nomear e tolerar em nossos filhos (de novo, não são os comportamentos), maiores os sentimentos que eles conseguirão gerenciar com segurança, proporcionando uma maior capacidade de se sentirem bem consigo mesmos.

Quero que meus filhos sintam felicidade? Sem dúvidas que sim. Quero que eles sintam felicidade como crianças e adultos; por isso sou tão focada em desenvolver resiliência. De muitos modos, a resiliência é nossa capacidade de vivenciar muitas emoções e ainda nos sentir como nós mesmos. A resiliência nos ajuda a nos recuperar do estresse, do fracasso, dos erros e da adversidade em nossa vida. Ela permite o surgimento da felicidade.

O Poder da Resiliência

Desenvolver resiliência não significa que ficamos imunes ao estresse ou à luta, claro, esses são fatos inevitáveis da vida, mas nossa resiliência determina como nos *relacionamos* com esses momentos difíceis, assim como os vivenciamos. As pessoas resilientes são mais capazes de lutar quando surgem momentos estressantes. Veja uma equação útil (embora um pouco simplificada demais): *estresse + luta = experiência interna*. A boa notícia? A resiliência não é um traço de personalidade estático que as crianças têm ou não; é uma capacidade que pode ser desenvolvida e que, espera-se, os pais ajudem a incutir em seus filhos desde a tenra idade. Não podemos sempre mudar os agentes estressores em nós, mas podemos sempre trabalhar nossa capacidade de acessar a resiliência.

Você pode ficar surpreso com a frequência com a qual a necessidade de resiliência aparece na infância. Construir uma torre de blocos depois que ela cai, continuar com um quebra-cabeça difícil, aprender a ler, lidar com a exclusão social, tudo isso requer resiliência. Em cada situação, as crianças que conseguem acessar sua resiliência são capazes de respirar fundo, dizer algo gentil para si mesmas e continuar interagindo com a tarefa, mesmo que seja desafiadora e elas não tenham necessariamente sucesso. Muitas vezes os adultos consideram a resiliência como a capacidade de ter sucesso diante do desafio, ou seja, terminar a torre de blocos, completar o quebra-cabeça difícil, ler o capítulo complicado ou dizer "Nada de mais" depois de ser deixado de lado. Mas, na realidade, resiliência não tem nenhuma relação com resultados bem-sucedidos. Se todos nós soubéssemos que teríamos sucesso, não haveria necessidade de exercitar nossos músculos "Vamos lá, posso continuar com isso!" Desenvolver resiliência significa desenvolver a capacidade de tolerar a angústia, ter e aguentar um momento desafiador e difícil, encontrar nosso equilíbrio e nossa bondade mesmo quando não temos a confirmação da realização ou do sucesso aguardado. O desenvolvimento da resiliência acontece no espaço antes de a "vitória" chegar, sendo por isso que pode parecer tão difícil de acessar. Mas também é por isso que vale a pena. Quanto mais aprendemos a tolerar os desafios de aprender, mais maximizamos a probabilidade de atingir nossos objetivos.

Então, como desenvolvemos a resiliência em nossos filhos? Os psicólogos Robert Brooks e Sam Goldstein, autores do livro *The Handbook of Resilience in Children* (sem publicação no Brasil), descobriram que as qualidades de que as crianças mais precisam de seus pais para desenvolverem resiliência incluem: ter empatia, ouvir, aceitar quem elas são, ser uma presença segura e consistente, identificar seus pontos fortes, permitir erros, ajudar a desenvolver a responsabilidade delas e desenvolver habilidades para a solução de problemas. Espero que este livro lhe dê as ferramentas para fazer todo esse trabalho importante. As ideias e as intervenções nestas páginas são para ajudar a programar as crianças para terem resiliência no curso de sua vida, inclusive estratégias e roteiros para ajudar seus filhos a ficarem no momento de luta, encontrarem suas habilidades de enfrentamento e observar eles passarem por momentos difíceis, em vez de evitá-los. Mas para mim, mais eficiente do que saber exatamente o que dizer para meus filhos em um momento difícil é voltar a um objetivo geral ou princípio. Portanto, se nosso objetivo real é dar suporte, e não resolver, ou tolerar, e não fugir, então, para desenvolver resiliência nos filhos, devemos ser orientados pela pergunta: estou ajudando meu filho a tolerar e lidar com a angústia ou estou encorajando-o a evitar e sair direto da angústia? Queremos a primeira opção.

No centro de qualquer estratégia prática que ofereço está o desejo de ajudar as crianças a desenvolverem resiliência. Como mãe, eu me desafio a sentar com meu filho no sentimento de angústia para que ele saiba que não está sozinho, ao contrário de tirar meu filho desse momento, que o deixará sozinho na próxima vez em que estiver nessa situação. Por exemplo, quando meu filho diz "Nossa, a torre de blocos continua caindo! Me ajuda!", em vez de dizer "Aqui, vamos construir uma base firme" para ajudá-lo no momento difícil, posso dizer "Nossa, que chato!" Então respiro fundo algumas vezes e digo "Hmm... acho que poderíamos deixá-las mais firme...", e faço um olhar de curiosidade. Tudo isso é para conectar meu filho na aflição. Quando ele diz "Todos na minha sala perderam um dente, sou o único que não perdeu!", eu não digo "Amor, logo perderá, e você é uma das crianças que consegue ler o capítulo de um livro!" para distraí-lo do desapontamento. Pelo contrário, posso dizer "Todos já perderam? Nossa! Você quer perder um dente, entendi. Lembro de sentir algo muito parecido no jardim de infância..." O objetivo aqui é ajudar meu filho a se sentir menos sozinho em sua aflição. Lembrar a nós mesmos sobre "Conectar! Conectar!" nos encoraja a primeiro estar presente na experiência de nosso filho, ao invés de tirar a criança de sua própria experiência.

Felicidade versus Resiliência

Retornaremos ao começo deste capítulo, quando uma mãe me fez esta pergunta: "Você não quer que seus filhos sejam felizes, Dra. Becky?" Veja minha resposta: felicidade não é o grande objetivo para meus filhos. Com certeza *in*felicidade não é meu objetivo, mas veja a grande ironia na paternidade: **quanto mais enfatizamos a felicidade de nossos filhos para "se sentirem melhor", mais os preparamos para uma vida adulta com ansiedade.** Definir a felicidade como o objetivo nos obriga a resolver os problemas das crianças, não equipá-las para resolvê-los sozinhas. Vivemos em uma sociedade orientada a objetivos, então, para tornar nossos filhos felizes e encorajá-los para que tenham "sucesso", muitas vezes minimizamos ou eliminamos seus desapontamentos em favor de fornecer vitórias imediatas. Nós os tiramos da luta e os colocamos no triunfo, fora do sentimento de desconforto e dentro de um mais agradável.

É um impulso incompreensível, mas é imediatista. Como aprendemos no Capítulo 4, o modo como interagimos com nossos filhos hoje os impacta não apenas no momento, mas décadas no futuro, porque criamos seus circuitos para processarem emoções, lidarem com os sentimentos e falarem consigo mesmos em circunstâncias difíceis. Quando dizemos para nós mesmos que só queremos que as crianças sejam felizes, assumimos o papel de polícia da felicidade, ansiosos para ajudá-las a evitar o desconforto, ao invés de ensiná-las a lidar com ele. Isso programa a criança para um circuito que diz: "O desconforto é ruim, errado e um sinal de que preciso de uma facilidade imediata. Preciso procurar aquele sentimento 'melhor' porque nunca aprendi a tolerar a angústia." Isso é muito diferente do circuito criado ao desenvolver a resiliência: "O desconforto acontece, é no desconforto que aprendo. Não tenho medo do desconforto porque aprendi a tolerá-lo na minha infância, porque meus pais o toleraram em mim."

Quando dizemos para nossos filhos "Só quero que você seja feliz", estamos falando que eles precisam sair da angústia e entrar no conforto. Quando nossa filha diz "Todas as outras crianças correm mais rápido que eu", lembramos que ela é excelente em Matemática; quando nosso filho parece triste e diz "Não fui convidado para o aniversário de Antônio", nós o convencemos de que a festa precisou ser pequena e que Antônio realmente gosta dele. Achamos que estamos ajudando, mas o que nosso filho ouve é: "Não devo me sentir chateado. Quando me sinto desconfortável, meu papel é encontrar o conforto assim que possível."

Essas mesmas ideias são verdadeiras para os grandes agentes estressores da vida: mortes na família, divórcio, mudanças, pandemia. Quando dizemos para as crianças "Você ficará bem" ou "Você é jovem, não precisa se preocupar com isso", elas aprendem que não devem se sentir assim. Muitos pais me dizem que querem "proteger" seus filhos das mágoas; muitas vezes essa intervenção bem-intencionada sai pela culatra, porque a maioria dos esforços de "proteção" realmente deixa uma criança sozinha com os sentimentos que ela já tem, o que é mais assustador do que os sentimentos em si. Os pais não precisam proteger muito as crianças das mágoas tanto quanto precisam prepará-las para esses sentimentos. E o melhor modo de preparar as crianças é com honestidade e presença amorosa. Isso significa que, em vez de dizer para seu filho "Vovó apenas... foi embora. Ela está em um lugar melhor", diga "Quero lhe contar algo que talvez você possa se emocionar. Vovó morreu ontem. Isso significa que seu corpo parou de funcionar". Então faça uma pausa e sente ao lado da criança, esperando para ver o que acontece em seguida. Talvez mais tarde acrescente "Tudo bem ficar muito triste" ou "Que ótimas perguntas você está fazendo; estou muito feliz por estarmos falando sobre isso". A maior lição que estamos dando para nossos filhos é que a angústia faz parte da vida e que quando coisas tristes acontecem, podemos falar sobre elas e superá-las com as pessoas que amamos.

Essa lição não é importante apenas para a infância. Claro, os adultos não conseguem evitar a angústia com sucesso. Não conheço nenhum adulto que tenha dito "Nossa, meus pais realmente tiraram de mim todos esses sentimentos desconfortáveis! O desapontamento, a frustração e a inveja... me convenceram de que todos eles não existem! Eles me distraíram com tanto sucesso que agora, como adulto, nunca sinto isso! Sou feliz o tempo todo!" Apesar disso... eu conheço adultos, muitos adultos, cujo alarme interno soa sempre que sentem desapontamento, frustração ou ciúme que eles não conseguem "afastar" com relativa rapidez. Os adultos cuja infância foi focada principalmente na felicidade não são apenas despreparados para os momentos difíceis, eles experimentam mais desconforto nesses momentos porque, lá no fundo, acham que estão fazendo algo errado se não conseguem "encontrar a felicidade" e não se colocam em um "lugar melhor". Quanto à resiliência, o que importa na vida adulta é que possamos lidar com a angústia, porque tivemos alguém em nossa infância que a validou e nos permitiu vivenciá-la. Se aprendermos que podemos apenas nos sentir à vontade com nós mesmos quando a vida segue nosso caminho e estamos "felizes", teremos um despertar violento.

Imagine como seria incrível se os pais de hoje se tornassem a geração que reformula os sonhos de seus filhos, focando um desenvolvimento emocional saudável acima de tudo. Seria maravilhoso se os pais se orientassem por este objetivo: "Quero que meu filho consiga lidar com qualquer coisa que o mundo coloca em seu caminho. Quero que ele se sinta apoiado na angústia quando é mais jovem para que possa se apoiar quando for mais velho."

Você é o arquiteto da resiliência do seu filho e esse é o melhor presente que pode lhe dar. Afinal, lidar com sucesso com os muitos desafios da vida é o caminho mais confiável de uma pessoa para a felicidade.

CAPÍTULO 7
O Comportamento É uma Janela

I*magine isto: são 17h30, a temida hora em que nada* parece acontecer com tranquilidade em sua casa. Você está na cozinha, preparando o jantar, quando ouve seus filhos brigando para saber de quem é a vez de ficar com o brinquedo favorito. Um e-mail aparece no celular — é da sua chefe, explicando que ela não está feliz com seu último projeto. Como você estava para começar a cozinhar, percebe que o frango que pensou estar na geladeira acabou, então pega uma caixa de cereal na despensa e decide que será a noite de jantar cereal. Então seu parceiro entra e diz:

— Estamos sem papel higiênico. Por que você não pegou no mercado?

Você joga a caixa de cereal no chão, que se espalha por todo canto, e grita:

— Você pode fazer uma coisa, só uma coisa, por esta família? Não aguento mais isso!

Você se vira e sai com raiva.

Vamos por partes. O que realmente aconteceu aqui? O que aconteceu quando você reagiu com grosseria e jogou a caixa de cereal? Na superfície, você se comportou sem controle e desregulada. Mas abaixo da superfície, acho que podemos ver uma pessoa com dor emocional, não se sentindo boa o bastante, não vista nem apoiada, e frustrada.

69

Não é interessante? Na superfície, vemos um comportamento, e abaixo, uma pessoa. Jogar a caixa de cereal não foi o evento principal, foi uma janela para o evento principal. O comportamento, em todas as suas formas, é uma janela: para sentimentos, pensamentos, urgências, sensações, percepções e necessidades não atendidas de uma pessoa. O comportamento nunca é "a história", mas é uma pista para a história maior implorando para ser contada.

Portanto, agora, coloque-se nessa cozinha. O que você, a pessoa que joga a caixa de cereal, precisaria do seu parceiro naquele momento? Se fosse eu, com certeza já saberia que não é legal jogar uma caixa de cereal; jogar e gritar foi um sinal de que eu estava sobrecarregada com uma emoção, não um sinal de que não sei distinguir o certo do errado. Eu não precisaria do meu parceiro para me ensinar, me repreender, me punir ou me envergonhar assim. O que eu precisaria é me sentir segura e bem por dentro de novo. Então, quando esfriasse um pouco a cabeça, precisaria refletir sobre a história maior de como cheguei naquele momento. O que fez meus sentimentos angustiantes aumentarem ao ponto de explodirem de tal modo? E como eu poderia fortalecer minha capacidade de lidar com a frustração e os sentimentos não bons o bastante de modo que pudesse regular essas emoções difíceis na próxima vez em que surgissem?

O único jeito para eu conseguir mudar e parecer mais com os pés no chão e menos reativa no futuro seria aceitar a curiosidade sobre o que estava acontecendo comigo sob o comportamento. Pode parecer contraditório, mas quando focamos muito em julgar e mudar um comportamento específico, atrapalhamos a mudança real desse comportamento, porque deixamos de ver a dificuldade principal que o motivou em primeiro lugar.

Agora considere estas duas reações do seu parceiro:

Reação do parceiro 1: Becky é tão irracional. Como pôde fazer algo assim? Ela não me respeita? Isso não é bom! É muito dramática e tem reações intensas! Não posso deixar que Becky pense que o comportamento é adequado. Direi a ela: "Becky, não é bom jogar uma caixa de cereal! Você sabe disso! Que desrespeito! Você não pode assistir TV por três noites."

Sentimentos do parceiro: Raiva, distanciamento, indignado, criticidade.

Reação do parceiro 2: Uau, Becky reagiu desproporcionalmente aqui. Não gostei. Imagino o que estava acontecendo com ela naquele momento. Não é bom jogar uma caixa de cereal, provavelmente ela sabe disso, portanto, algo importante deve ter acontecido com ela. É uma boa pessoa, então deve estar com grandes dificuldades. Tive problemas antes também e nesses momentos não fui uma grande pessoa. Irei até ela e direi: "Ei, foi muita coisa. E mais, você deve ter um grande problema, porque sei que não gosta de reagir assim. Então vamos conversar; eu me importo mais com o que aconteceu com você do que com a reação específica. Estou aqui. Vamos descobrir juntos."

Sentimentos do parceiro: Curiosidade, empatia, um pouco de hesitação, conexão.

Acho que todos nós preferiríamos receber a generosidade da segunda reação, a abordagem "comportamento como uma janela", em vez da primeira reação, que tem o que chamo de abordagem "comportamento primeiro".

Agora mudemos de nós para nossos filhos. Por anos, a maioria dos pais alimenta um modelo de paternidade muito do tipo comportamento primeiro. Quadros de adesivos, recompensas, elogios, ignorar, castigos... todos são métodos de modificação do comportamento que focam a pergunta "Como mudamos o comportamento?" e ouça, sou uma pessoa prática, portanto, sei que queremos mudar o comportamento às vezes. Quero isso com meus filhos! Mas é tudo sobre como é a nossa abordagem. Quando focamos o que está sob a superfície, quando damos às crianças aquilo de que elas precisam para serem menos estouradas por dentro, o comportamento parece menos explosivo por fora. Entendendo o que motiva o comportamento, podemos ajudar as crianças a desenvolverem resiliência e regularem as emoções, o que inevitavelmente levará a mudanças no comportamento. Haverá certo intervalo, claro, mas quando a mudança acontecer, será de um modo duradouro, significativo e generalizado em inúmeras situações.

Digamos que seu filho continue pegando os brinquedos da irmã mais nova. Quando focamos o comportamento primeiro, vemos uma criança egoísta e que não consegue compartilhar. Mas quando vemos o comportamento dele como uma janela para seus sentimentos sobre ter uma nova irmã, de repente vemos sua insegurança no mundo e seu medo de que coisas importantes em sua vida podem ser tiradas dele de repente. Quando isso acontece, interferimos de modo diferente. Podemos ainda tirar o brinquedo da criança e devolvê-lo à bebê, mas faremos uma conexão com a criança dizendo algo como: "Nossa, é muito difícil ter um bebê novo na família!" E agora que entendemos o que se passa abaixo da superfície, podemos dar à criança um tempo mais individualizado ou explorar esses temas com um jogo de faz de conta. ("O Caminhão Basculante quer pegar aquele brinquedo da nova irmã Escavadeira! Hmm... eu me pergunto o que podemos fazer aqui... Vamos ajudar o Caminhão a tomar uma boa decisão!") Afinal, nunca é sobre o brinquedo; é sobre a grande mudança de mundo do seu filho e sua necessidade de os pais afirmarem sua segurança. E assim que ele se sentir novamente no controle, acabará mudando seu comportamento sozinho. Como o comportamento é realmente apenas um sintoma, assim que lidarmos com o problema principal, o sintoma acabará desaparecendo.

Também me sinto obrigada a destacar que na minha família, quando meu filho mais velho pegava um brinquedo do irmão mais novo, em geral o mais novo não se importava. E como eu estava menos presa ao comportamento em si e mais interessada no que o comportamento me dizia, muitas vezes eu... não fazia nada. Fazia uma pausa e esperava. Eu não fazia a criança devolver o brinquedo. E esses eram um dos momentos mais incríveis: eu via meu filho como tendo o bem dentro dele, não ficava com medo de que o comportamento continuaria para sempre e não reagia também. Eu sabia que a questão subjacente não tinha nenhuma relação com o brinquedo, mas sim com seus sentimentos, e, sem piadas, mais vezes do que não o fazia, meu filho devolvia o brinquedo por conta própria.

Priorizando as Relações

Quando usamos métodos de modificação do comportamento, podemos mudar o comportamento temporariamente. Não nego. Também não nego que pode levar tempo para fazer um trabalho mais profundo, que é um privilégio que nem sempre temos. Há algumas situações em que precisamos corrigir o comportamento de uma criança e fazer isso com rapidez, e há outros em que simplesmente não podemos dedicar nossos recursos limitados para fazer o trabalho extra, quando já estamos muito sobrecarregados entre o trabalho e a família, e às muitas demandas de ser pai/mãe e uma pessoa no mundo. Mas sem cuidar do que está sob a superfície, não podemos mudar a dinâmica que *motiva* o comportamento de uma criança. É como colocar fita adesiva em um vazamento no teto, em vez de questionar a fonte do vazamento. Quando lidamos primeiro com o comportamento, perdemos a oportunidade de ajudar nossos filhos a desenvolvedor habilidades, e mais, perdemos a oportunidade de ver nossas crianças como pessoas, não como uma coleção de comportamentos.

Se vejo o ato de pegar o brinquedo apenas como um comportamento indesejado, ficarei obcecada por mudá-lo; talvez eu dê ao meu filho um quadro de adesivos com uma estrela dourada para todo dia que ele não pega. Posso dizer para ele: "Se você continuar pegando, não usará o celular/TV!" Ou, quando meu filho pega, posso dizer "Está de castigo!", e mando ele para o quarto. Essas abordagens falham de muitos modos: elas deixam a criança sozinha, em vez de conectada, elas refletem em seu filho que você acha que ele é "ruim" e precisa ser controlado para se comportar bem (lembre-se, as crianças sempre absorvem as versões delas mesmas que refletimos de volta), e o mais intenso, elas não veem o que realmente acontece dentro da criança, qualquer aflição e sentimento opressivo que levaram ao comportamento em primeiro lugar.

Se você tem uma criança submissa, os métodos de modificação do comportamento podem parecer especialmente bem-sucedidos, pois essas crianças são orientadas para se tornarem as versões delas mesmas que seus pais desejam. Porém, embora reforçar as tendências de submissão da criança possa ser "conveniente" na infância, pode levar a grandes problemas no futuro, ou seja, relutância em dizer não, incapacidade de se impor ou mesmo de localizar as próprias necessidades, priorização do bem-estar dos outros em detrimento do próprio. E as crianças que não são submissas? Bem, muitas vezes esses métodos intensificam um comportamento desafiador, não ajudam. Quando não ouvimos nem vemos o interior, escalamos nossas expressões no lado externo, na esperança de sermos levados a sério e termos nossas necessidades atendidas. Resumindo: quando vemos o comportamento como "o evento principal", em vez de como uma janela para uma necessidade não atendida, podemos encerrar "com sucesso" o comportamento, mas a necessidade inerente permanece e aparecerá de novo, como no jogo Acerte a Toupeira. Quando não cuidamos da fonte do vazamento, o fluxo de água não muda.

Outro problema dos métodos de controle comportamental está bem no título: controle. Priorizar o controle acima de desenvolver uma relação é uma concessão perigosa. Se tudo que você deseja é mudar o comportamento da criança, com certeza os quadros de adesivos e os castigos podem ter "sucesso" quando seus filhos são jovens. Mas conforme ficam mais velhos e as estrelas douradas perdem seu poder, o resultado pode ser bem assustador. Certa vez, me sentei com uma mãe e um pai que me procuraram para falar sobre o filho de 16 anos. Ele estava fora de controle, nas palavras deles; ele era desagradável com os irmãos, saía tarde da noite e voltava muito depois do toque de recolher e agora se recusava a ir para a escola. Foi esse último comportamento (faltar à escola) que levou os pais ao meu consultório.

Era uma família cuja primeira infância se definia pelas abordagens de modificação do comportamento: punições, recompensas, quadros de adesivos, castigos e outras formas de controle. Os pais compartilharam comigo que seu filho sempre foi uma "criança difícil" e eles tinham consultado muitos profissionais que encorajaram vários esquemas de recompensas, punição e consequências. Esses métodos pareciam ter sucesso, eles disseram, até surgir um novo comportamento problemático. Então eles contavam com um dos métodos, de novo, para lidar com o novo problema, que parecia sumir... então outro entrava no lugar. Esse ciclo durou por mais de uma década, disseram.

Conforme eu ouvia a história, algo me ocorreu: esses pais perderam dezesseis anos de desenvolvimento de uma relação com seu filho. Quando eles vieram pela primeira vez ao meu consultório, simplesmente não havia nada. Quando abordamos nossos filhos com quadros, reforço, adesivos e castigos, basicamente dizemos para eles que a conformidade do comportamento é o que mais importa. Mostramos indiferença por sua aflição e individualidade (um interesse no qual é essencial formar relações humanas), e nossos filhos conseguem sentir isso. Agora, dezesseis anos mais tarde, o filho do casal basicamente está dizendo: "Não me importo com seus quadros de adesivos e punições. Sou maior agora e vocês não têm influência porque nada nos conecta." Quando nossos filhos ficam mais velhos e maiores, os métodos de controle do comportamento param de funcionar. As crianças simplesmente não são mais motivadas por nossas recompensas e são fisicamente grandes demais para aplicarmos punições e consequências. Quando sacrificamos o desenvolvimento da relação em favor das táticas de controle, nossos filhos podem envelhecer, mas, de muitos modos, eles permanecem criancinhas no desenvolvimento, porque perderam anos de desenvolvimento de regulação das emoções, habilidades de enfrentamento, motivação intrínseca e inibição dos desejos que são necessários para ter sucesso na vida. Quando estamos ocupados exercendo um controle extrínseco sobre o comportamento externo de nossos filhos, sacrificamos ensinar essas habilidades internas críticas.

E há outro motivo para querermos focar a conexão, não a modificação do comportamento: se não criamos uma base sólida com nossos filhos, com confiança, compreensão e curiosidade, então não temos nada que os prenda a nós. Penso muito no termo "capital de conexão". Ele se refere à reserva de sentimentos positivos que esperamos desenvolver com nossos filhos, que podemos extrair nos momentos de luta ou quando a relação entre nós fica estremecida. Se não criamos isso durante os primeiros anos dos nossos filhos, bem, não temos nada para puxar quando as crianças são adolescentes e jovens adultos, os anos quando os métodos de modificação do comportamento com os quais contamos não existem mais à nossa disposição porque nossos filhos são fisicamente maiores, mais independentes e podem se rebelar contra nossos quadros de adesivos, recompensas e punições.

É tarde demais para essa família? Tarde demais para sua família? Claro que não! Nunca é. Sabemos disso. Mas é um trabalho difícil. A mudança é possível e desafiadora. Eu, junto com outros profissionais, trabalhamos com essa família por muito tempo e vimos grandes mudanças. O trabalho foi intenso, cheio de altos e baixos, e quando paramos de trabalhar juntos, havia um grande progresso e também muito trabalho por fazer. Ainda entro em contato com esses pais, que foram incrivelmente abertos e reflexivos sobre seu trabalho contínuo de consertar o filho, agora com 20 anos, e também sobre como eles educam os filhos mais jovens de modo diferente. "Gostaria de ter pensado em tudo isso antes", me disse o pai depois de cerca de um ano trabalhando juntos. "Muitos profissionais nos aconselharam a usar o sistema de castigos, punições e recompensas, e tudo parecia muito lógico. Eles citavam dados impressionantes, como 90% de redução no comportamento difícil. Quem não gostaria disso? Mas não vi o quadro geral. Não queremos 'criar o comportamento do nosso filho'... queremos ajudá-lo a se desenvolver e ser uma boa pessoa. Queremos entendê-lo, ajudá-lo nas coisas que parecem ruins para ele. Nunca me ocorreu que nossa abordagem inicial fosse realmente piorar as coisas. É muito importante que os pais saibam disso."

Concordo. Por isso estamos aqui.

Abordagens Baseadas em Evidências para a Paternidade/Maternidade

Amo a ciência. Amo a evidência. E há toneladas de literatura científica por aí, muitos estudos reais em periódicos confiáveis, que dão evidências dos métodos de modificação do comportamento. Muitas vezes, os pais me perguntam: "Como você pode ser contra uma abordagem parental com dados mostrando que ela muda o comportamento das crianças? Como isso pode ser ruim?" Bem, não é necessariamente ruim. Mas veja meu problema com isso: a evidência em torno da mudança de comportamento pode nos fazer perder de vista o que realmente importa em favor do que é *observado imediatamente*. E há algo um pouco absurdo nisso também. Um dos meus orientadores favoritos me disse certa vez: "Eu poderia fazer um estudo que mostra 100% de redução no comportamento difícil se quisesse! Se toda vez que um jovem fez algo 'indesejável', um pai/mãe batesse na criança ou a colocasse para dormir na rua por uma noite... tenho certeza de que meu estudo mostraria que uma criança ficaria mais obediente após algumas semanas." Meu orientador certamente não endossava o abuso; sua intenção era a de que os dados precisam ser consumidos com cuidado e essa mudança de comportamento por métodos do medo e da coerção não são dados dos quais se gabar. A orientação dos pais baseada em evidências muitas vezes mede o sucesso em relação a um comportamento mudar ou não, ela segue uma estrutura de comportamento primeiro. Mas se você me pergunta, isso sozinho não é suficiente para tornar algo um sucesso. Se seu filho parou de roubar brinquedos, mas ainda se preocupa se a irmã mais nova bagunçará o mundo dele, você de fato não o ajudou, apenas ajudou a você mesmo, e temporariamente, até os sentimentos que motivaram o comportamento, agora maiores porque não foram vistos nem ajudados, aparecerem em outro lugar. Focar demais a mudança de comportamento pode nos fazer perder contato com nossa humanidade; acabamos nos vendo e vendo nossos filhos apenas pelo que produzimos na superfície, sem nenhuma relação com os elementos que nos tornam inteiros: nossos sentimentos, nossos medos, nossas necessidades, nossa compaixão. Imagino que minha intenção principal aqui seja a de que duas coisas são verdadeiras: gosto de dados e acho importante reconsiderar com qual base de evidência nos importamos. Os dados que mostram uma mudança comportamental por meio de controle, coerção e medo do abandono são dados que precisam ser digeridos com ceticismo; certamente não são dados especialmente convincentes para mim.

Outro motivo para os métodos do comportamento primeiro poderem parecer atraentes é que eles são tangíveis e claros. Para ser franca, é fácil entender como recompensar um bom comportamento com um adesivo. Mas não é fácil descobrir como chegar à raiz do motivo para seu filho evitar esse bom comportamento em primeiro lugar. As orientações para dizer "Castigo!" podem parecer mais práticas do que fazer perguntas difíceis. Mas quando escolhemos a opção "mais difícil", damos um passo importante. Em seu histórico livro de educação *Beyond Discipline: From Compliance to Community* (sem publicação no Brasil), o autor Alfie Kohn escreve que sempre que pais ou profissionais "estruturam o problema em termos da necessidade para mudar o comportamento de uma criança, eles acreditam sem querer em uma teoria maior, que exclui o que muitos de nós argumentaríamos serem coisas que realmente importam: os pensamentos e os sentimentos da criança, as necessidades e as perspectivas, os motivos e os valores, resumindo, as coisas que resultam em certos comportamentos. O comportamento é apenas o que está na superfície; o importante é a pessoa que tem o comportamento... e por que ela age assim". Uma disciplina tradicional, ele explica, pode temporariamente "mudar o comportamento, mas não pode ajudar as pessoas a crescerem". Pelo contrário, Kohn pede que os adultos desenvolvam "a capacidade de ver 'através' de certa ação para que possamos entender os motivos que deram origem a ela, além de descobrir como ter algum efeito sobre esses motivos".

Como fazemos isso? Como olhamos através da ação para ver o comportamento mais profundo? Com certeza parece uma boa ideia, mas não é tão fácil de executar quando nosso filho nos responde, nossa filha atira a comida ou as duas crianças pulam nos móveis. Como mencionei antes, comece sendo curioso. Veja algumas perguntas para começar, para se fazer após qualquer momento difícil:

- Qual é minha interpretação mais generosa (IMG) do comportamento do meu filho?
- O que estava acontecendo com meu filho naquele momento?
- O que meu filho *sentia* antes de o comportamento surgir?
- O que leva meu filho a ter problemas para se regular?
- Qual é a situação paralela em minha vida? Se eu fiz algo parecido, com o que eu estava lutando naquele momento?
- O que meu filho sente que eu não entendo?
- Se eu lembro que meu filho é uma boa criança passando por problemas... qual é o problema pelo qual ele passa?
- Quais temas mais profundos são mostrados sob esse comportamento?

Assim que nos fazemos essas perguntas, e pressupondo que somos honestos com nós mesmos sobre as respostas, o próximo passo natural é cuidar do que descobrimos e dar atenção ao desenvolvimento da relação com cada criança que se comportou de uma maneira indesejada. Vejamos com um exemplo, para ilustrar. Você acabou de dizer ao seu filho de quatro anos que ele precisa ficar quieto enquanto você termina uma ligação de trabalho. Mas, ao invés de ficar quieto, ele joga coisas na sua mesa e grita. Quando a ligação termina, em vez de repreender seu filho, você se lembra de que o comportamento dele é uma janela que aparece com sua IMG: a criança realmente queria sua atenção, se sentia invisível e não conseguiu lidar com os sentimentos em seu corpo jovem. Você reflete sobre um momento em que quis a atenção do seu parceiro quando ele estava navegando no celular, como ficou chateada e acabou gritando com ele; não é muito diferente do que aconteceu entre você e seu filho! Após chegar a essa conclusão, você diz:

— Foi muito difícil ficar quieto enquanto eu estava ao telefone. Sei que é ruim quando estamos brincando e, de repente, tenho que pegar o telefone. Entendo isso. Daqui a pouco praticaremos esse momento de novo e talvez possamos propor um cumprimento de mãos secreto para quando eu tiver que atender uma ligação, para que você saiba que ainda estou prestando atenção em você.

Para muitos pais, uma abordagem sem punição como essa parece perturbadora ou, pelo menos, contraditória. Eles temem que dar uma "atenção positiva" a uma criança com "mau comportamento" apenas a encorajará a continuar praticando o comportamento problemático. Como um pai me disse recentemente:

— Não estou mais punindo minha filha, mas agora temos um ciclo em que ela faz algo ruim e, como resultado, tem um momento especial comigo. Não quero que aprenda que assim ela tem minha atenção, mas agora é como ela consegue isso! Socorro!

Entendo essas preocupações. Mas, em vez de responder reduzindo a conexão após os comportamentos, eu pensaria em aumentar a conexão fora dos comportamentos. As questões comportamentais muitas vezes são para pedir atenção ou conexão; se essas necessidades são atendidas, o pedido de ajuda não é mais necessário. Por isso um comportamento ruim raramente é "corrigido" logo após esse comportamento. Requer uma conexão contínua para realmente fazer a diferença, e as crianças em ciclos de comportamento difíceis precisam de mais atenção proativa, mais tempo individual, mais certeza de que são vistas, valorizadas e têm uma identidade fora de sua atuação. Uma maior conexão pode significar agendar dez minutos de um tempo sem distrações todo dia (chamo de Momento Sem Telefone — mais sobre isso em breve) ou "Ei, quer tomar sorvete? Bem que a gente pode aproveitar algo especial hoje!" Quando você consegue um tempo com seu filho, sobretudo um com histórico de reações, está dizendo para ele "Não vejo você só como uma criança má". E os momentos em que a criança tem um comportamento problemático? Respire fundo, lembre-se de que o progresso não é linear e de que quando nos conectamos com nossos filhos após eles reagirem, não temos que fazer festa com eles. Você pode dizer: "Amor, sei que você passa por dificuldades e veremos meios de dizer ao seu irmão que você está com raiva, ao mesmo tempo que em mantemos seu corpo seguro. Agora preciso terminar de dobrar a roupa. Você pode sentar comigo se quiser. Você e eu podemos passar um tempo juntos, só nós dois, mais tarde, certo? Amo você."

Ajustar a perspectiva de que esse comportamento é uma janela e realmente aprender a olhar através dela para ver o que acontece por baixo é difícil. Se você se esforça nesse sentido... tudo bem! Não há nada errado com você. Na verdade, provavelmente ninguém viu seus comportamentos iniciais como parte de uma história maior também. Ver o comportamento como uma pista requer prática, e encorajo que você se trate com a mesma compreensão que se daria caso quisesses bíceps maiores; requer trabalho pesado consistente, repetição e tolerar momentos que não parecem bons nem naturais. Mas assim que você começa a notar a mudança... bem, não existe sentimento de maior orgulho do que ver que todos os seus esforços para realmente se sentir bem e se sentir bom compensaram.

CAPÍTULO 8

Reduza a Vergonha, Aumente a Conexão

Embora *os pais que chegam ao meu consultório expressem uma enorme variedade* de preocupações e deem muitos exemplos para ilustrar o comportamento "ruim" do filho, muitas vezes há um tema comum na raiz de cada história. Veja estes três exemplos:

"Minha filha não diz 'Desculpa'. Ontem, ela escondeu o brinquedo favorito de sua irmã. A irmã chorou sem parar. Quando ela se recusou a admitir e pedir desculpas, perdi a cabeça. Foi muito ruim. Ela não sente empatia?"

"Meu filho é muito teimoso. Ele realmente tem dificuldades em Matemática, e consigo um tempo para ajudá-lo, apesar de ele não prestar atenção quando ensino as coisas, então ele simplesmente explode. É irritante, não entendo por que ele não me deixa ajudá-lo!"

"Minha filha continua mentindo. Em geral, sobre pequenas coisas, como comer doces que eu disse que ela não poderia comer, mas recentemente ela mentiu sobre algo maior: ela não me disse que foi cortada da equipe de futebol. Eu a lembrei de que ela deve me dizer a verdade, que mentir é errado, mas nada muda."

O que está acontecendo aqui? Há uma luta subjacente comum a cada criança? Pode não estar imediatamente óbvio, mas em cada situação, ou seja, a recusa em pedir desculpas, a teimosia, a mentira, vejo uma criança que está se fechando. Elas estão tentando viver em suas realidades sofridas, a realidade de ter roubado o brinquedo preferido da irmã, a realidade de ter dificuldades em Matemática, a realidade de querer algo para si mesma e não conseguir. Em cada situação, o pai/mãe descreve uma criança que se sentia culpada, humilhada ou má por algo, então reagiu de um modo desregulado na tentativa de não lidar com a culpa ou o sentimento ruim. Essa é a essência da vergonha — a experiência de "Não consigo ser eu agora, não posso me sentir assim".

O Perigo da Vergonha

Todos vivenciamos a vergonha de um modo diferente, então, começando pelo início, vamos acordar sobre uma definição funcional. Defino vergonha como o sentimento de que "esta parte minha não pode ser conectada, ninguém quer saber ou estar com essa parte". É um sentimento poderoso que nos diz que não devemos ser vistos como somos no momento. A vergonha nos encoraja a evitar contato com outras pessoas, a ocultar, nos distanciar, nos *afastar*, ao invés de *procurar* os outros. E a vergonha ativa o grande medo de uma criança, a ideia de "Sou má por dentro, não valho a pena, não sou amada, sou inatingível... ficarei sozinha". Como a sobrevivência das crianças *depende do vínculo*, o corpo delas lê a vergonha como: "Perigo máximo! Perigo máximo!" Não há nada tão desregulador para uma criança quanto um monte de emoções, sensações ou ações que levam à ameaça do abandono; é realmente um perigo existencial para a sobrevivência.

Mas veja o que é essencial entender sobre a vergonha: ela é um sentimento de adaptação e evolução. Estar sozinho como uma criança é sinônimo de estar em perigo, portanto, a vergonha funciona, dentro do sistema de apego, como um sinal para uma criança ocultar a parte dela que não consegue o vínculo com sucesso. A vergonha é tão terrível porque ela acorda nosso corpo para uma informação dolorosa, porém importante: você não terá suas necessidades atendidas se continuar sendo quem é agora. Pelo contrário, você receberá rejeição — muitas vezes na forma de julgamento, invalidação, sendo ignorado, punido, levando bronca ou com castigos —, que é sentida como abandono. A vergonha diz: você deve mudar o curso para poder se sentir seguro.

Entendida nesse contexto, você pode ver por que a vergonha é realmente uma emoção útil no sistema de detecção de ameaça de uma criança (ou adulto). A vergonha "congela" uma criança como um mecanismo de proteção, e esse "congelamento" pode parecer uma incapacidade de pedir desculpas, uma relutância em aceitar ajuda ou a recusa em dizer a verdade. Mas o problema é que uma criança anestesiada e com o olhar parado tende a enfurecer um pai/mãe, porque achamos que nosso filho está nos ignorando ou interpretamos mal seu comportamento como grosseria ou apatia. Como resultado, ao invés de reconhecer ou lidar com a vergonha, gritamos, entramos em uma luta de poder com a criança, ou a mandamos para o quarto — todas sendo abordagens que aumentam a vergonha e continuam o ciclo. Mas assim que vemos a vergonha aparecer e a rotulamos pelo que ela é, temos a capacidade de intervir de modo diferente.

Detecção e Redução da Vergonha

A detecção da vergonha é uma habilidade crítica em qualquer caixa de ferramentas dos pais. A capacidade de identificar a vergonha em todas as suas formas é como um superpoder da paternidade, porque, assim que conseguimos vê-la, podemos modificar nosso comportamento de acordo, não para sermos permissivos, mas efetivos. Muitos dos momentos mais difíceis dos nossos filhos incluem a vergonha como um fator comum, e **a vergonha torna qualquer situação mais explosiva**. Na próxima vez em que você estiver em uma luta por poder com seu filho ou estiver pensando "Sei que a paternidade é difícil, mas tem que ser *tão* explosiva?", preste atenção: muitas vezes é a vergonha que adiciona combustível ao fogo.

Nosso objetivo como pais deve ser notar quando surge a vergonha em nosso filho, entender em quais situações ela vem à tona e ver como se apresenta no comportamento. Depois, queremos desenvolver a redução da vergonha, que nos permite ajudar a criança a se sentir segura de novo. Detecte primeiro, reduza depois.

Como fazemos isso? Vejamos de novo a situação com a criança que escondeu o brinquedo da irmã e se recusou a admitir e pedir desculpas, apesar da angústia óbvia da irmã. A recusa em pedir desculpas é um exemplo clássico de vergonha: ela se apresenta como fria e sem empatia, quando, de fato, nesses momentos, uma criança está dominada pela "maldade" e congela. Ela não consegue pedir desculpas porque, para tanto, teria que se "ver" como uma pessoa que acabou de fazer algo terrível, e ela teria que enfrentar o sentimento indesejado de não ser amada por outras pessoas. ("Ninguém gostaria de amar ou cuidar de uma criança tão terrível.") Ela não consegue confrontar o medo do abandono que inevitavelmente viria caso pedisse desculpas, portanto, congela para evitar mais angústia. Sim, tudo isso acontece em uma simples recusa em dizer "desculpa". A vergonha também pode aparecer como indiferença, entorpecimento ou ignorando o pai/mãe. Sempre que seu filho parece "travado", considere que ele pode estar em um momento de vergonha, e quando você vir a vergonha aparecer, quando a detectar, o segredo é fazer uma pausa. Quando uma criança está dominada pela vergonha, devemos querer colocar de lado nosso "objetivo" original, ou seja, obter um pedido de desculpa, e, em vez disso, devemos inspirar gratidão, incitar uma resposta honesta e focar unicamente em reduzir a vergonha.

Veja uma intervenção que não ajuda a reduzir a vergonha: "Ísis, você tem que pedir desculpas. É uma palavra simples! Você está piorando a situação! Como consegue se importar tão pouco com sua irmã? VAMOS LÁ!" Aqui, Ísis é colocada no papel de "criança má", e a espiral aumenta em sua maldade e aprofunda seu estado congelado de vergonha.

E aqui está uma intervenção que visa detectar a vergonha e reduzi-la: "Hmm... é difícil encontrar sua voz de 'Desculpa'. Tenho momentos assim também. Irei usá-la no seu lugar antes de você encontrá-la de novo." Então você, o pai/mãe, vai até o outro filho e diz: "Sinto muito por ele ter pegado seu brinquedo. Sei que foi triste. Existe algo que posso fazer para você melhorar?"

Então, e o segredo é este, nada de olhos penetrantes, nada de repreensões, nada de "Veja, foi fácil!" Apenas confie, sim, CONFIE que isso morreu e siga em frente. Talvez mais tarde no dia, quando você vir que a vergonha não está mais presente (você notará porque seu filho estará de volta em seu papel), poderá dizer algo como "Pedir desculpas é difícil. É ainda mais difícil para mim, e sou adulto!" Ou você pode usar bichinhos de pelúcia para atuar em uma situação que não foi boa para um dos bichinhos e representar um esforço em pedir desculpas. Depois faça uma pausa e veja o que a criança diz. Mas observe que nenhuma reflexão, aprendizado ou crescimento é possível quando a vergonha está presente. Precisamos querer fazer uma pausa em nossa agenda, uma pausa no que parece "justo", quando uma criança está dominada pela vergonha. Temos que mudar do objetivo de corrigir o comportamento para o objetivo de ajudar nosso filho a se sentir bem por dentro, mostrando a ele amabilidade e valor, afirmando nossa conexão. Isso ajuda a criança a "destravar". Você não pode pular essa etapa; nosso corpo simplesmente não permitem isso.

O exemplo do pedido de desculpas parece muito "leve" para você? "Sentimental" demais ou fácil demais deixar nosso filho se safar? Já senti isso. Fiquei preocupada por deixar meu filho abrir mão de "pedir desculpa" e eu pedir em seu lugar, por estar pactuando com a falta de desculpas dele. E quando essa preocupação surge, muitos pais pensam: "Não posso ter uma filha de 15 anos que acha que sua mãe pedirá desculpas no lugar dela. É ridículo! Ela precisa superar isso e aprender a se desculpar sozinha!" Mas as crianças sentem vergonha em qualquer idade, com 5 ou 15 anos. Portanto, veja o que está na sua frente: se sua adolescente mente sobre a equipe de futebol, ela também pode ficar "travada", embora desta vez com uma mentira, não se recusando a pedir desculpas. Embora eu possa usar palavras diferentes, talvez "Entendo que é difícil falar sobre coisas que não queremos que seja verdade", em vez de "É difícil encontrar sua voz 'Sinto muito'" funcione melhor. Eu faria uma interferência com base nos mesmos princípios.

Agora, faremos uma pausa, respiraremos fundo e voltaremos à bondade inerente da criança (ou nossa): lembre-se, eduque sem medo. Não precisamos treiná-los para que a tenham. Temos que ajudá-los a lidar com algumas barreiras para a bondade que podem parecer, na superfície, um comportamento agressivo, mas que, na realidade, surge para proteger a criança. Trabalhar para reduzir a vergonha e, nessa situação, servir de modelo (e com certeza não forçar) para um pedido de desculpa não é a intervenção que recomendo porque "é melhor" para a criança; recomendo porque dá à criança maior probabilidade de finalmente refletir sobre fazer algo errado e produzir um pedido de desculpa por conta própria.

Claro, alguma vergonha que nossos filhos vivenciam pode vir de fatores externos, não porque eles fizeram algo "errado", mas porque infelizmente vivemos em um mundo em que as crianças são julgadas pelos atributos ou pelas circunstâncias fora de seu controle. Por exemplo, vergonha do corpo ou vergonha das diferenças financeiras em relação aos colegas; pode ser difícil ser criança atualmente. Mas a boa notícia é que, quanto mais você trabalhar para reduzir a vergonha e aumentar a conexão onde é possível, mais seu filho será equipado para lidar com esses momentos de vergonha que estão fora da sua esfera de influência. Como a fonte de vergonha de uma criança não importa, o melhor modo de diminuí-la é sempre a mesma: saber que ela tem o bem dentro si, saber que é adorável e saber que ela tem valor.

Quando a Vergonha Passa Despercebida

Quando não conseguimos detectar e reduzir a vergonha, quando deixamos que ela envenene nossos filhos, provavelmente há efeitos duradouros. Muitos pais modernos conhecem esses efeitos, porque a geração dos nossos pais era menos focada (e isso é uma generalização) do que somos em identificar os sentimentos abaixo do comportamento. Para muitos de nós, a vergonha está programada no nosso corpo. Basicamente, ela se ligou às partes de nós mesmos que não foram acolhidas por nossos pais. Então, quando de repente era mais seguro (e até encorajado!) se comportar de modos que podem ter sido desencorajados quando éramos jovens, ou seja, expressar nossas opiniões controversas, dizer um NÃO firme ou compartilhar nossas emoções para permitir que outras pessoas se conectassem conosco, o sentimento de vergonha permanecia, nos levando a nos sentir presos na idade de 3 ou 8 anos, ou qualquer idade em que esses comportamentos se desenvolveram em primeiro lugar. Agora, em vez de adaptar esses comportamentos de um modo maduro, nós os evitamos ou sentimos ansiedade com eles.

Digamos que você tenha crescido em um lar que dava muito valor a ser "forte" e agora você sabe realmente que deve reprimir suas emoções. Talvez você se lembre dos seus pais dizendo coisas como: "Você é um chorão", "Você é pessimista" ou "Ninguém quer ficar perto de você quando está com esse humor". Os valores da família eram "Recomponha-se e levante, coloque um sorriso nessa cara". O que aconteceu com a parte de você que às vezes se sente vulnerável... triste... ou preocupada? Bem, essa parte aprendeu que não deve chegar na superfície. Basicamente, foi dito isto: "Você é mau! Você é perigoso! Segurança significa conexão com outras pessoas, e você ameaça essa proximidade! Fique longe, por mim!" Isso. É. Vergonha. Claro, a ideia de que essa parte sua ameaça a conexão e leva à solidão não é verdade no mundo maior, você pode ter emoções e ainda ter fortes conexões. Mas era verdade em sua família na época em que você estava programando seu corpo para a sobrevivência. Esses antigos hábitos são difíceis de eliminar.

Avance algumas décadas. Agora você casou e está estressado com seu trabalho; seu chefe está sempre fazendo críticas, você está preocupado com a demissão, está sempre no limite. Existe uma parte em você que... bem, quer chorar, quer se abrir com sua parceira ou parceiro, quer compartilhar as experiências terríveis para ter apoio. Contudo, a lição da infância espreita sob a superfície, ditando inconscientemente suas ações: "Apoio? Você acha que terá apoio por mostrar vulnerabilidade e ansiedade? São coisas que ameaçam as relações, não as fortalecem! Afaste esses sentimentos para muito, muito longe, para sua própria proteção!" E, assim, você não procura sua parceira ou parceiro. Não procura um amigo. Ao contrário, os sentimentos aumentam até surgirem como uma grande reação, frustração e raiva. Ou talvez eles façam com que você comece a se isolar e se fechar. Talvez você recorra ao álcool para eliminar e afastar esses sentimentos. Talvez até tenha alguém que diga "Posso dizer algo que não parece bom... converse comigo, me deixe participar!", mas seu corpo ainda envia a mensagem: "Ah! Não cairei nessa! Eu sei bem! 'Me deixe participar'? Essas experiências irão me excluir!"

Como nossas crianças, a vergonha nos adultos é um obstáculo para uma mudança positiva e o crescimento. Nossa vergonha impacta como formamos e mantemos as relações de intimidade, como exercemos a paternidade/maternidade e reagimos aos momentos difíceis com nossos filhos. Assim, quando você trabalhar para desenvolver sua habilidade de detectar e reduzir a vergonha em seus filhos, reserve um momento para voltar essa reflexão para si mesmo. Quais partes você precisou aprender a "afastar"? Como isso impacta você agora? Como seu filho dispara em você a resposta de desligamento? Quais partes de você, ainda atualmente, precisam de reconhecimento, compaixão e permissão para existir?

Conexão Primeiro

Após muitos meses trabalhando juntas, uma das minhas clientes me disse que ela criou um mantra para si: "Conexão primeiro." Ela disse que mantém essa frase na mente no começo de todo dia e até a escreveu em uma nota colocada na geladeira. Ela me explicou o seguinte: "Parece que o tema inerente de tudo que você fala é a conexão. Conexão primeiro, o resto vem depois. Meu filho diz 'Odeio você!' — ainda posso me conectar primeiro com o que está acontecendo internamente. Minha filha não me ouve — ainda posso me conectar com ela em sua dificuldade de ouvir, em vez de tentar forçá-la a obedecer, o que naturalmente nunca funciona. Até meu marido, quando ele está chateado comigo sobre algo, posso me conectar com o que ele diz antes de me defender dele. E me defender de mim mesma! Não importa o que sinto ou penso, nunca fica ruim ou sufocante se posso adicionar minha própria conexão ou ter uma conexão com outras pessoas. 'Conexão primeiro' me ajudou em cada área da minha vida familiar."

Isso grudou em mim: conexão primeiro. Conexão é o oposto de vergonha. É o antídoto para a vergonha. A vergonha é um sinal de aviso da solidão, do perigo e da maldade; a conexão é um sinal de presença, segurança e bondade. Agora, para esclarecer, conexão não significa aprovação. Em geral, aprovação é sobre um comportamento específico; conexão é sobre nossa relação com a pessoa sob o comportamento. E é outro motivo para a conexão com nossos filhos nos momentos difíceis deles não "reforçar" o comportamento ruim: a vergonha nunca foi um motivador de mudança positiva do comportamento em nenhum momento, nenhum lugar e nenhum tipo de pessoa. A vergonha é arraigada; ela nos deixa estagnados. Conexão é abertura; permite o movimento. Conexão é quando mostramos para nossos filhos que "Tudo bem ser você no momento. Mesmo quando você se esforça, tudo bem ser você. Estou aqui com você, como você é."

CAPÍTULO 9
Fale a Verdade

Isso pode parecer um princípio bobo, óbvio, talvez minha ideia mais simples neste livro, contudo, dizer a verdade é algo incrivelmente complicado de colocar em prática. Falar com seus filhos honestamente, sem ilusões ou desvios, requer lidar com muitos de seus próprios sentimentos, até os desagradáveis, para o benefício da criança. E é algo difícil para a maioria de nós.

Se você está lendo este livro, provavelmente aprova a honestidade. Você não se considera uma pessoa que conta mentiras e provavelmente ensina o mesmo aos seus filhos. Mas quando chega a hora de lidar com questões complicadas e sutis, mencionar o que é verdade muitas vezes é desconfortável. Tranquilizar sua filha depois que ela ouve uma briga entre você e seu parceiro levanta dúvidas, tristeza ou frustrações sobre sua parceria e reação. Admitir que é uma droga seu filho não fazer parte da equipe de futebol e reconhecer o fato de que a tristeza por vezes ronda por um tempo nos lembra de como é difícil lidar com nossos próprios sentimentos de rejeição. Confrontar e explicar o racismo pode nos colocar em contato com a raiva, o medo ou a culpa, ou uma combinação desses e outros sentimentos. Explicar como os bebês são feitos, dar os detalhes fisiológicos que as crianças querem entender, nos leva a todo tipo de sentimentos complicados em torno de como o sexo e a sexualidade foram encarados em nossa própria casa na infância.

Nossa capacidade de conversar com nossos filhos sobre verdades importantes, vulneráveis e difíceis depende de nossa habilidade de tolerar as emoções que surgem durante esses momentos. E é só mais um motivo que explica por que trabalhar em nós mesmos, como pais, é mais essencial do que qualquer outra intervenção parental; quanto mais conhecemos nossos próprios circuitos, aprendemos a tolerar e explorar nossa própria angústia e desenvolver habilidades de enfrentamento para as mágoas, mais presentes podemos ser para nossos filhos. Nossa paternidade depende de nosso desejo de confrontar nossas próprias verdades, e a partir desse ponto, podemos nos conectar melhor com nossos filhos.

Muitas vezes os pais temem que contar aos filhos a verdade será muito assustador ou sufocante, mas tendemos a errar muito em relação ao que assusta as crianças. Não são as informações em si, mas se sentir confuso e sozinho na ausência de informação é que as deixa aterrorizadas. As crianças são programadas para notar as mudanças em seu ambiente ("Por que de repente todos estão dizendo 'terremoto'?", "Por que meus pais parecem preocupados?", "O que foi aquela conversa que ouvi sobre a vovó?"), e elas registram medo quando não entendem essas mudanças. Elas percebem uma ameaça até um adulto ajudar a neutralizá-la e determinar que estão seguras. A culpa é da evolução: para nossa espécie sobreviver, uma criança tem que imaginar que um estrondo na floresta é um urso, até um adulto confirmar que é, de fato, um esquilo. Ou talvez o adulto veja que é realmente um urso. De qualquer modo, a criança registra o medo até um adulto estar presente. Então, mesmo quando o pai/mãe confirma "o pior", uma criança se sentirá mais segura sabendo que um adulto a protege. Nossa presença solidária, honesta e cuidadosa é o que dá segurança aos nossos filhos; quando as crianças têm isso, até as informações verdadeiras e difíceis podem ser gerenciadas.

E se um adulto não está presente? Se uma criança fica sozinha com a percepção da mudança e o sentimento de medo sem uma explicação do que está acontecendo? Bem, existe um termo elegante para isso: "experiência não formulada."[1] É basicamente a sensação de que algo não está certo, sem uma clara explicação do que está acontecendo. Uma experiência não formulada é terrível para uma criança, porque a sensação de "algo não está certo" circula livremente em torno do corpo sem uma âncora de segurança. E mais, quando as crianças ficam sozinhas entendendo uma mudança assustadora, em geral elas contam com métodos que lhes dão controle: autoculpa ("Devo ter feito algo para causar isso. Sou mau, muito mau.") e insegurança ("Devo ter entendido mal a tensão em minha volta. Não sou um bom calibrador das coisas. Se algo estivesse muito diferente, meus pais explicariam para mim.").

Qual é a alternativa a deixar uma criança se sentindo sozinha? Informações claras, diretas e honestas compartilhadas quando conectadas a você, o adulto confiável e que ama a criança. É o que ajuda as crianças a se sentirem seguras e desenvolverem resiliência. Agora observe: não sou uma defensora de assustar as crianças desnecessariamente. Muito pelo contrário. Defendo empoderar as crianças, e o empoderamento muitas vezes vem ao aprender como lidar com o estresse. Isso requer um pai/mãe que deseja aproximação, ao invés de evitar a verdade. O caminho para a regulação começa com a compreensão, ou seja, ver um pai/mãe confrontar verdades difíceis ajudará uma criança a aprender a regular seus sentimentos.

Falar a verdade será diferente em situações variadas. Nem sempre significa dar ao seu filho as informações completas e sem filtro que ele pede; por vezes, talvez você nem tenha as informações. Vejamos quatro modos diferentes de contar a verdade: confirmando as percepções da criança, respeitando as perguntas da criança, rotulando o que você não sabe e focando como, não exatamente o quê.

---

1. STERN, D. B. Unformulated Experience: From Familiar Chaos to Creative Disorder (sem publicação no Brasil). **Contemporary Psychoanalysis** 19(1), 1983, p.71–99.

Confirmando as Percepções

Quando estou em uma situação de "falar a verdade" com meus filhos, muitas vezes começo com estas palavras: "_____ aconteceu. Você estava certo quando notou isso." É essencial. Nossos filhos são sensores e perceptores profundos do seu ambiente. Eles simplesmente não acumularam experiência de vida suficiente para diferenciar o que é perigoso do que é apenas desagradável e do que é seguro. De fato, uma pesquisa descobriu que as crianças notam mais detalhes no ambiente que os adultos. Em geral, contamos histórias para nós mesmos como "Meu filho é jovem demais para ter notado isso" ou "Não tem como ele ter percebido isso", mas... não. As crianças normalmente são indefesas, elas são observadoras perspicazes porque notar as mudanças (isto é, ameaças em potencial) é o que as permite buscar segurança.

Digamos que você e sua filha de 3 anos estejam montando blocos e seu parceiro começa a usar o aspirador de pó no corredor. Um aspirador não aterroriza a maioria dos adultos; temos experiência de vida para saber que o barulho do aspirador vem acompanhado de uma história que contamos a nós mesmos automaticamente: o som é um aparelho de limpeza e estamos seguros. Já uma criança jovem recebe isso como uma mudança inesperada; ela pode chorar, se agarrar ao pai/mãe ou pular na direção oposta. Para confirmar a percepção do seu filho, você pode dizer algo como: "Estávamos brincando com blocos, então papai ligou o aspirador. Foi alto... e você não percebeu que isso aconteceu... Barulhos altos que não esperamos podem ser assustadores, eu sei. Era o aspirador, e os aspiradores fazem barulhos altos! Estou bem aqui com você. Você está segura."

Seu filho não está dificultando as coisas para você nem "criando caso do nada". Lembre-se, não é o aspirador em si que assusta a criança, mas o som alto repentino que ela não entende. O objetivo nessa situação não é fazer a criança notar o som, é fazer com que ela desenvolva uma história sobre o som. Assim que as crianças aprendem

FALE A VERDADE

a associar o som do aspirador a uma narrativa e sentem a presença solidária do pai/mãe, o som começa a ficar menos assustador.

Essa abordagem é igualmente importante nas situações em que uma criança pode não reagir visivelmente. Imagine você e seu parceiro brigando na cozinha enquanto a criança almoça. As coisas esquentam a ponto de haver vozes altas, palavras desagradáveis e expressões faciais visivelmente furiosas. Nomear o que é verdadeiro pode ser como "Papai e eu apenas aumentamos nossas vozes. Você está certo em notar isso." Eu diria isso mesmo que meu filho continuasse almoçando, parecendo não precisar de uma explicação? Com certeza. Sei que as crianças estão programadas para notar e perceber, portanto, eu imaginaria que, mesmo que meu filho parecesse calmo, sentimentos de medo estariam dentro de seu corpo, e eu não gostaria que ele ficasse sozinho com eles. Lembre-se, o começo da minha explicação para "vozes altas" foi bem simples; mencionei as vozes e validei as percepções do meu filho. É muito importante. Em geral, falar a verdade envolve passar uma versão mais simples e direta dos eventos. Muitas vezes, preciso me lembrar: "Diga apenas o que aconteceu. Nomeie o que é verdade e nada mais complicado." Isso me permite dar ao meu filho aquilo de que ele precisa no momento: minha presença + uma história para entender. A partir desse ponto, dependendo da situação, posso fazer mais. Posso assegurar ao meu filho que não foi culpa dele (especialmente poderoso quando as crianças notam suas emoções fortes ou uma briga entre adultos) ou imaginar um mantra que ateste a preocupação da criança (isso pode ser útil no exemplo do aspirador: "É alto, estou seguro. É alto, estou seguro."). Mas tudo isso vem depois de confirmar as percepções da criança como sendo precisas.

Um motivo para ser tão necessário confirmar as percepções de nossos filhos é que, quando não nomeamos o que é verdade, quando imaginamos "Isso não foi um grande problema" ou "Ele é muito jovem, tenho certeza de que nem notou", nossos filhos aprendem a duvidar de suas percepções. Eles podem pensar "Ah, acho que nada mudou no meu ambiente, acho que eu estava errado", e com o tempo, essa mensagem gruda. É como se estivéssemos treinando nossos filhos para sintonizarem o que acontece em volta deles, e esse treinamento ficará com eles na adolescência e na vida adulta. Quer que seu filho enfrente seus amigos e resista à pressão deles? Para dizer "Ei galera, isso não é certo. Não farei isso", uma criança precisa acreditar em suas percepções do ambiente e em seus próprios sentimentos. Quer que sua filha enfrente sozinha quando está desconfortável em uma situação com um ficante ou em um encontro? Se quando criança os pais validaram suas percepções e a programaram para a autoconfiança, ela estará mais inclinada a dizer "Não me sinto confortável com isso" ou "Pare, não quero isso".

Confirmar as percepções de nossos filhos os prepara para reconhecer quando as coisas não parecem certas no futuro, e isso os dará poder para confiar em si mesmos o bastante para verbalizar. Essa habilidade não se desenvolve sozinha na adolescência ou na vida adulta, ela é programada no nosso corpo nos primeiros anos de vida. E para aqueles que pensam "Ah não! Meu filho é adolescente e não fiz nada disso; perdi a chance!", voltemos ao importante princípio "não é tarde demais". Sempre podemos reconectar. Converse com o adolescente sobre sua paternidade/maternidade, sobre o que você percebeu, como deseja fazer as coisas de modo diferente. Experimente frases como "Você pode se sentir assim" e "Você é o único em seu corpo, portanto, só você pode saber como se sente e o que deseja". Você consegue.

Respeitando as Perguntas do Seu Filho

Em seguida, pensemos sobre as perguntas, ou seja, sobre o que devemos fazer quando nossos filhos fazem perguntas que nos deixam desconfortáveis, que parecem "maduras" demais para a idade deles. Perguntas como "Você morrerá um dia?" e "Certo, mas como o bebê entrou na barriga? Como ele realmente *chegou* lá?"

Se você é como a maioria dos pais, quer evitar a verdade ou pensa "Meu filho não está pronto para essa informação!" É assim que vejo isso: quando as crianças começam a fazer essas perguntas, elas estão prontas para as respostas. Ou pelo menos o começo da resposta, com palavras e verdades reais, e nesse ponto você pode pausar e ver se precisa de mais explicação. Apesar do que parece ser, fazer uma pergunta não indica total ignorância; também indica consciência e vontade de aprender. Para fazer uma pergunta, temos que ter um conhecimento básico e curiosidade. Digamos que eu tivesse uma amiga que é física e ela dissesse para mim:

— Becky, estou fazendo um estudo sobre fotodissociação molecular. Estou muito empolgada! Pergunte tudo que você deseja!

Eu ficaria muito perdida. Não sei nada sobre fotodissociação molecular e não poderia perguntar muito além de "O que é fotodissociação molecular?" Se eu pudesse produzir uma pergunta mais complexa, demonstraria um conhecimento mais complexo sobre o assunto. As crianças que perguntam sobre morte já pensam sobre isso. As crianças que perguntam sobre os detalhes anatômicos da concepção já consideraram como tudo acontece. As crianças que fazem perguntas precisam de respostas para que não fiquem sozinhas com os sentimentos, os pensamentos e as imagens que já vivem dentro delas. Assim, tente pegar sua reflexão "Meu filho não está pronto para isso!" e lembre-se de que "Pronto ou não, a base já está ali".

Rotulando o que Você Não Sabe

Às vezes, os pais simplesmente não conseguem responder às perguntas dos filhos com sinceridade, não porque não querem, mas porque não têm as respostas. Falar com honestidade com nossos filhos sobre *o que não sabemos* é uma iteração importante do princípio "falar a verdade". Por exemplo, no início da pandemia do coronavírus, os pais me diziam "Não sei o que está acontecendo, portanto, não consigo tranquilizar meu filho dizendo que tudo terminará logo!" Eles usaram a falta de conhecimento como uma desculpa para não falar com os filhos sobre o vírus e as mudanças na vida deles. É o seguinte: as crianças não precisam ser tranquilizadas sobre o futuro. Eles não precisam de respostas, precisam não se sentir sozinhas com seus sentimentos. É do que os adultos também precisam e o que queremos programar no corpo de nossas crianças o mais cedo possível: nem sempre você tem as respostas, mas sempre pode trabalhar para sentir segurança e ter competência no momento presente.

Quando não tenho respostas claras, costumo usar a fórmula "Isto é o que não sei e isto é o que sei". "O que sei", nesses casos, basicamente confirma minha presença e minha capacidade de estar presente para meu filho. É tudo que realmente sabemos, afinal. Pode ser como "Você está preocupado por tirar sangue hoje. Exatamente quanto tempo levará e o quanto doerá eu não sei. O que sei é que doerá, e então para de doer em algum momento. Estarei lá com você o tempo todo e faremos isso juntos".

Vejamos algo maior. Talvez você diga para seu filho que a avó dele tem câncer. Ele pergunta "Mas ela ficará bem? Ela irá melhorar?" Dizer a verdade sobre "Eu não sei" seria assim: "Ótima pergunta. Espero que ela melhore, amor. E a verdade é que... não sabemos. Não sabemos se ela ficará melhor. O que sei é que direi a verdade a você, mesmo que seja desconfortável, e estou aqui com você em todos os sentimentos que você possa ter."

Focando o Como

Os pais costumam se prender na parte *o que* da comunicação honesta: "O que devo dizer ao meu filho para dar a notícia de que seu avô morreu?", "Quais frases devo usar para explicar os moradores de rua?", "Qual é o melhor modo de dizer para meu filho que o motivo para não vermos mais meu irmão é que ele é tóxico e não mudará?" Uma pausa aqui. Não existem palavras perfeitas para explicar situações imperfeitas. De fato, *como* falamos (ritmo, tom, pausa, verificar com a criança, massagem nas costas, "Que pergunta importante" ou "Estou muito feliz por estarmos conversando sobre isso"), esses fatores são mais impactantes do que qualquer palavra específica. Mesmo que não exista uma "frase perfeita", as palavras ditas com frieza ou de modo distante, ou que não indagam sobre a experiência da criança, levarão a um sentimento de confusão, solidão e opressão. São sua experiência e atenção amorosas em relação à experiência da criança que serão mais lembradas no corpo dela.

Quando for o momento de falar sobre verdades difíceis, comece preparando seu filho para o que está por vir. Muitas vezes, digo algo como "Quero falar de algo sobre o qual teremos sentimentos fortes". Diga isso lentamente e com contato visual. Depois, respire fundo, pois isso dará uma base ao seu corpo e também dará ao seu filho a oportunidade de "pegar emprestada" essa regulação com você em um momento difícil. Em seguida, use palavras reais, não eufemismos, para descrever o que está acontecendo. Isso significa dizer "Vovô morreu hoje. Morrer significa que o corpo para de funcionar", em vez de dizer "Vovô não está mais aqui" ou "Vovô foi dormir por muito tempo". Depois de ter passado a verdade difícil, faça uma pausa. Antes de dar mais informação, verifique com seu filho. Você pode dizer "Como se sente ao falar sobre isso?" ou "Tudo bem ficar triste com isso. Estou triste também". Talvez você olhe para seu filho com solidariedade, colocando a mão em suas costas.

Se seu filho compartilha um sentimento, usando palavras ("Sinto tristeza") ou uma expressão (chorando, olhar de raiva no rosto), responda com reconhecimento, validação e permissão para sentir. E se a criança faz uma pergunta que você sabe ter uma resposta difícil, talvez comece dizendo "É uma pergunta importante. Darei a resposta a você. Pode ser difícil de ouvir, mas, como conversamos, estou aqui com você".

Nesses momentos, você pode querer se recompor antes de responder. "É uma ótima pergunta e quero lhe dar uma ótima resposta. Preciso de um tempo para responder, mas com certeza é porque responder suas perguntas é muito importante."

O segredo aqui é dar à criança uma resposta quando você está pronto, mesmo que seu filho não a mencione de novo. Se você não responder, seu filho ficará com mais medo, porque estará sozinho com os sentimentos e o conhecimento que o inspiraram a fazer a pergunta em primeiro lugar. Por fim, lembre-se: tudo bem chorar. Rotule seus sentimentos como sendo seus e lembre a seu filho que você ainda é o pai/mãe forte que está lá com ele, mesmo quando seus próprios sentimentos são muito intensos. Porque nenhum de nós está imune à emoção. Mostrar aos nossos filhos que temos sentimentos fortes, que lidamos com eles e ainda superamos é realmente a melhor lição que podemos lhes dar.

CAPÍTULO 10

Autocuidado

Veja algumas coisas que não quero que meus filhos digam sobre mim quando forem mais velhos: "Minha mãe? Ela fez tudo por mim", "Minha mãe sempre me colocou em primeiro lugar" ou "Minha mãe nunca cuidou dela mesma, estava ocupada demais cuidando de nós." Espero que eles nunca digam nenhuma versão de "Minha mãe se acabou para me educar".

O que desejo que meus filhos digam? Que tal: "Minha mãe? Ela sabia quando precisava de um tempo para si e equilibrava isso atendendo minhas necessidades" ou "Minha mãe foi um modelo incrível de autocuidado. Ela me ensinou a importância de cuidar de mim mesmo e como fazer isso ainda estando conectada com outra pessoa". Ou talvez até "Minha mãe me mostrou que maternidade não significa perder contato consigo mesma. Significa ajudar seu filho a se desenvolver e crescer, ao mesmo tempo em que você se desenvolve e cresce".

No mundo atual de parentalidade intensa, há um equívoco comum de que ter filhos significa sacrificar sua própria identidade, que assim que você assume a responsabilidade de cuidar das crianças, não cuida mais de si mesmo. Mas, na realidade, a paternidade/maternidade altruísta não ajuda a ninguém, ou seja, não ajuda os pais, que ficam esgotados e ressentidos quando dão muito de si mesmos sem atender seus próprios sentimentos, e não ajuda as crianças, que notam o esgotamento e o ressentimento dos pais e, em resposta, podem se sentir culpadas, ansiosas ou inseguras.

Há muitos motivos para os pais lutarem com o autocuidado. Eles se preocupam em ser "egoístas", sentem pressão para dedicar cada momento livre para "melhorar" seus filhos, prepará-los para o "sucesso" ou simplesmente não têm tempo nem energia para fazer nada para si mesmos no final de um longo dia. E para os pais com vários trabalhos ou de longas horas, ou que não contam com uma creche confiável, o conceito de autocuidado pode parecer fora do alcance.

Quando os pais não conseguem se priorizar, muitas vezes eles sentem culpa; uma culpa que só piora quando os filhos protestam. Por exemplo, se você escolhe não receber os amigos da criança (um pequeno ato de autocuidado!), ela pode ficar incrédula: "Não posso trazer os amigos hoje porque você não quer ninguém em casa?" Ou, se você decide dar uma volta para esfriar a cabeça, talvez ouça: "Vai andar sozinho(a)?" Você não quer ficar comigo?" E em uma noite, quando você decide socializar com seus amigos, pode encarar um sentimento de culpa do tamanho da criança: "Você vai sair para jantar hoje, em vez de me colocar na cama?!"

Mas, apesar de todos os indícios do contrário, as crianças realmente sentem conforto quando os pais colocam limites firmes no autocuidado. Afinal, os pais são os líderes da família, e as crianças desejam firmeza e segurança em seus líderes. Paternidade/maternidade altruísta é aquela feita com um líder *sem ego*, e essa ideia é terrível para uma criança. As crianças não querem sentir que seu líder é alguém que não pode ser localizado, que é facilmente dominado por outras pessoas, que está... perdido.

Ninguém está naturalmente programado para suprimir suas próprias necessidades em favor de atender as necessidades dos outros. Se você tende a se sacrificar a serviço de seu sistema familiar, provavelmente esses valores foram transmitidos desde cedo a você, quando os circuitos de seu corpo estavam se desenvolvendo. Assim, se você tem problemas para priorizar o autocuidado, comece com a autocompaixão. Lembre-se desta verdade: "Durante os primeiros anos da minha vida, ela deve ter sido adaptável para ser vigilante sobre as necessidades dos outros, e essa vigilância dominou a sintonia com minhas próprias necessidades." Devemos dar aos nossos padrões respeito e validação antes de podermos assumir o corajoso desafio de mudar ou tentar algo novo. Temos que entender nossas lutas para acessar nossa bondade interna, que é um componente necessário da mudança. Depois de mostrar a nós mesmos essa bondade, podemos mudar nossa voz interior e começar a dizer: "Estou trabalhando em um novo padrão. Estou tentando localizar meus próprios desejos e necessidades, lembrando que eles valem a pena. Sempre que eu tentar algo novo, meu corpo se sentirá desconfortável; esse desconforto é sinal de que estou programando um novo circuito, um que não foi praticado nos primeiros anos da minha vida. Meu desconforto é uma evidência da mudança... não uma evidência de que estou fazendo algo errado."

O autocuidado também pode parecer assustador se estruturamos nossas tentativas nele como outro item na lista de tarefas. "O quê? Tenho que mudar tudo isso em mim antes de mudar as coisas com meus filhos?" Mas uma simples restruturação pode transformar o autocuidado em algo poderoso e em esperança: "Tenho uma oportunidade. Posso curar as coisas em mim ao mesmo tempo em que sou pai/mãe para meus filhos de um modo que me dá orgulho. Posso fazer isso ao mesmo tempo."

Eu poderia escrever um livro inteiro sobre autocuidado parental. Na verdade, gostaria de escrever em algum momento, assim que entrar no autocuidado necessário após terminar *este* livro — provavelmente um descanso e um tempo longe da escrita para reabastecer e respeitar a necessidade do meu corpo por sossego e recuperação. Nesse meio tempo, quero compartilhar com você algumas das minhas estratégias favoritas de autocuidado, as que você pode usar agora, mesmo que tenha poucos recursos para dedicar. Lembre-se, não podemos colocar energia em nossos filhos se não temos energia para dar. Não podemos mostrar paciência se não mostramos paciência com nós mesmos. Não podemos mudar externamente até termos nos reprogramado internamente. A qualidade das nossas relações com os outros é tão boa quanto a qualidade da relação que temos com nós mesmos.

Estratégias do Autocuidado

1. RESPIRAÇÃO

Eu sei, eu sei. Todos falam sobre respirar fundo e como é importante... blá blá blá. Entendi. E mais, não posso pular esse tópico, e peço que não pule também. Veja o motivo: toda estratégia de autocuidado que eu ofereço depende da nossa habilidade de nos centrar temporariamente para termos acesso às partes de nosso cérebro onde residem essas estratégias. E não há um embasamento maior do que respirar fundo. Portanto, pense na respiração profunda como a chave que abre o espaço onde estão todas as suas estratégias de enfrentamento.

Respirar fundo é eficiente porque regula vários processos importantes do corpo, inclusive os envolvidos em reduzir os níveis de estresse e diminuir a pressão sanguínea. A respiração diafragmática, também conhecida como "respiração abdominal", estimula seu *nervo vago*, que é nervo craniano mais longo e complexo no corpo. O nervo vago é um componente principal de seu *sistema nervoso parassimpático* ou seu sistema para "descansar e restaurar" (o oposto do sistema simpático ou para "lutar ou correr") e ajuda seu corpo a acessar as sensações de segurança e regulação. É apenas um modo elegante de dizer que a respiração abdominal profunda ativa os circuitos em nosso corpo que iniciam o processo para acalmar. Quando ficamos angustiados, com raiva, frustrados, ansiosos ou fora de controle, o simples ato de respirar fundo ativa a parte do cérebro que envia a mensagem "Você está seguro... tudo ficará bem... você resistirá a essa tempestade". Assim que nosso corpo começa a *regular*, podemos tomar boas decisões e interagir com nós mesmos e os outros de modos que parecem bons.

Como Fazer

Uso algo chamado "respirações chocolate quente". Também é o que ensino aos meus filhos, então fique à vontade para praticar isso juntos.

- Sente-se confortavelmente em uma cadeira, com as pernas cruzadas, os pés no chão e as costas retas.
- Feche os olhos e foque suavemente um ponto no chão.
- Coloque uma mão na barriga e outra no peito.
- Imagine uma xícara de chocolate na sua frente. Inspire lentamente para sentir o cheiro do chocolate quente. Expire lentamente a ponto de não conseguir mover nenhum marshmallow. Você pode imaginar que está segurando um canudo entre os lábios; isso nos ajuda a reduzir a velocidade da expiração. Expirações longas são o segredo para acalmar. Repita de cinco a dez vezes.
- É normal ficar distraído com seus pensamentos. Rotule os pensamentos conforme eles aparecem; diga para si mesmo "Olá, pensamento", "Olá, preocupação" ou "Olá, planejamento", e então volte à sua próxima inspiração.

2. ACEITAR, VALIDAR, PERMITIR (AVP)

Evitar os sentimentos nunca termina como você deseja. De fato, quanto mais você evita a angústia ou deseja que ela vá embora, pior fica. Nosso corpo interpreta a *rejeição* como uma confirmação do perigo e dispara nosso sistema de alerta interno. Quanto mais energia usamos para afastar emoções como ansiedade, raiva ou tristeza, mais elas voltam a aparecer. Em vez de evitar as emoções que preferimos não enfrentar, precisamos fazer uma mudança. Precisamos dizer para nós mesmos: "[Ansiedade/raiva/tristeza] não é minha inimiga. Minha [ansiedade/raiva/tristeza] tem permissão para ficar. Posso tolerar meu desconforto." Essa tática é útil para lidar com qualquer sentimento de desconforto. Na próxima vez em que você estiver afundando em uma emoção que preferiria evitar, lembre-se de *aceitar, validar, permitir*. Se existe uma receita secreta para a autorregulação, é esta.

Como Fazer

- **Aceitar:** rotule seus sentimentos. Por exemplo: "Este momento parece difícil!", "Hoje foi **complicado**!", "Estou sentindo ansiedade neste exato momento" ou "Meu peito parece apertado e meu coração está disparado".

- **Validar:** respeite seus sentimentos o bastante para pressupor que eles não mentem para você. Agora conte para si mesmo uma história sobre **por que seus sentimentos fazem sentido**. Pode ser algo como: "Estou cansado(a). Cuidar de duas crianças e preparar o jantar enquanto elas brigam... faz sentido que pareça difícil." "Meu chefe gritou comigo, então meu amigo cancelou o jantar; faz sentido que este dia pareça difícil." Ou "Tenho tanta coisa para fazer, tanta coisa, e meu cérebro está sobrecarregado com as tarefas. Faz sentido que meu corpo sinta ansiedade e tensão". Lembrar a nós mesmos de que nossas sensações e experiências "fazem sentido" nos ajuda a nos sentirmos à vontade em nosso próprio corpo, portanto, tente usar essa frase em sua voz interior.

- **Permitir:** dê a si mesmo permissão para sentir qualquer coisa que apareça. Sei que parece bobo, mas é muito poderoso. Diga para si mesmo, em voz alta ou internamente: "Tenho total permissão para sentir que a vida é difícil", "Tenho permissão para sentir exatamente o que sinto" ou "Tudo bem sentir que a paternidade é muito desagradável agora". Agora, lembre-se: podemos permitir nossa raiva e ainda nos lembrar de usar uma voz calma; podemos permitir nossa frustração e ainda nos lembrar de olhar com gentileza para nosso filho.

3. TENDO SUAS NECESSIDADES ATENDIDAS E TOLERANDO A ANGÚSTIA

É hora de experimentar! Quero que você diga o seguinte em voz alta, de preferência na frente do espelho, e então observe como seu corpo

AUTOCUIDADO

responde: "Tenho permissão de ter minhas coisas, mesmo se elas incomodam os outros." Agora uma pausa. Seu corpo quer aceitar ou rejeitar o que você acabou de dizer? Qual é sua reação natural a essa afirmação? Alguma lembrança ou imagem vem à mente? O único objetivo aqui é aprender sobre si mesmo. Uma reação não é melhor que outra; todos os dados são dados bons.

Agora, o que você notou? Ficou desconfortável? Sentiu uma necessidade imediata de se corrigir? Conseguiu dizer com convicção? Ou foi difícil acreditar nas palavras saindo da sua boca? Muitos de nós têm problemas para se afirmar *e* tolerar outra pessoa ficando incomodada com nossas afirmações, por exemplo, se pedimos ajuda, se reservamos um tempo para nós mesmos ou até se relegamos os cuidados das crianças ao nosso parceiro. Achamos tão difícil que muitas vezes acabamos desfazendo nosso pedido, dizendo "Não importa, posso fazer sozinho(a)", "Acho que posso caminhar com meu amigo em um momento diferente" ou "Tudo bem, levantarei de manhã com as crianças". Esses comentários costumam aparecer no final de um padrão. Primeiro, você deseja algo para si mesmo. Depois, sugere ou pede. Então, um parceiro ou amigo parece incomodado. Por fim, você pega de volta o pedido e não tem sua necessidade atendida.

É hora de mudar o padrão, mas só podemos fazer isso quando aceitamos que não podemos evitar o incômodo ou a angústia do outro; não é nosso trabalho assegurar que a outra pessoa fique feliz e não é trabalho da outra pessoa nos incentivar quando nos afirmamos. Precisamos da *cooperação* dos outros, mas não da *aprovação*.

Sempre me lembro de que, para ter aquilo de que preciso, outra pessoa pode ficar incomodada ou chateada, e tudo bem. A angústia do outro não deve ser um motivo para eu não ter minhas próprias necessidades atendidas. Entender e aceitar isso me permite sair para caminhar comigo mesmo sem culpa. Se meu parceiro parece chateado, tento acolher esse sentimento com "Ah, eu sei, é difícil ficar com as crianças sozinho, entendi", e ainda saio pela porta. Isso me permite lembrar de que posso escolher onde a família pede o jantar, mesmo

109

que um dos meus filhos reclame. Se realmente quero sushi, não pizza, tenho que tolerar a oposição do meu filho. Muitos de nós fomos educados para assimilar a angústia da outra pessoa como sendo nossa responsabilidade; então ao ver nosso parceiro, amigos ou crianças chateados quando nos afirmamos ou dizemos não, recuamos. Respirar fundo e lembrar-se de que muitas vezes o único modo de ter nossas necessidades atendidas é tolerando simultaneamente a angústia dos outros nos impede de nos perder.

Como Fazer

- Diga para si mesmo: "Outra pessoa tem permissão para se chatear quando eu me afirmo; isso não a torna uma pessoa má e não me torna incapaz de sustentar minha decisão."
- Visualize-se em um lado de uma quadra de tênis e alguém do outro lado. Lembre-se: "Estou aqui... tenho minhas necessidades e minha decisão do meu lado. A pessoa está LÁ, no lado dela. Os sentimentos dela sobre minhas decisões... estão no lado DELA da quadra, não no meu. Posso vê-los, posso até ter empatia por eles... mas não causei nada e não preciso que sumam."

4. UMA COISA PARA MIM MESMO

Se o autocuidado é especialmente difícil para você, comece com uma coisa que você possa fazer para si mesmo. O segredo aqui é não começar com algo muito grande. Não tente de cara um exercício físico de meia hora ou ir para a cama exatamente às nove. Comece com algo que o faça pensar: "Tenho muita certeza de que posso fazer isso." O autocuidado envolve fazer e manter promessas para nós mesmos, ainda que no meio de uma vida repleta de cuidados com o outro. Se você não fez muito isso, precisará praticar e ganhar músculo para a autopriorização e a autoestima.

Veja uma lista de pequenas atividades de autocuidado para iniciar:

- Beber um copo de água de manhã.
- Meditar por dois minutos.
- Beber seu café ainda quente.
- Preparar para si mesmo um legítimo café da manhã.
- Ouvir uma música calma.
- Ler algumas páginas de um livro.
- Chorar com vontade.
- Fazer cinco respirações chocolate quente estando sentado.
- Repousar em posição fetal.
- Colorir.
- Conversar com um amigo(a).
- Pentear o cabelo.
- Fazer um diário.

Fazer uma coisa para nós mesmos costuma depender de nossa capacidade de dizer não para os outros que, nesse exato momento, nos pedem algo. A seguir estão alguns roteiros para dizer não e que tornarão seu tempo para "uma coisa para mim mesmo" mais bem-sucedido:

- "Ah... não, isso não funciona para mim."
- "Não posso."
- "Obrigado por perguntar. Não estou livre."
- "No momento estou fazendo algo para mim, portanto, você precisa esperar um pouco."
- "Não posso ir agora. Sei que esperar é difícil e sei que você consegue descobrir algo para fazer antes de eu chegar aí."

5. REPARAR — CONSIGO MESMO

Sei algo sobre todo pai/mãe que lê este livro: você quer estar presente para seus filhos, quer ser um pai/mãe de um jeito que faça sentido e pareça certo, quer educar as crianças de um modo que elas pareçam boas e coloquem bondade no mundo. Você está dedicando um tempo para ler este livro, e isso significa que deseja passar o bem mais precioso de todos — sua atenção — refletindo, aprendendo, crescendo e experimentando.

Também sei que muitos de vocês quebram os ciclos. Você é o ponto central em sua família, é a pessoa que diz "Os padrões da relação tóxica param comigo. Passarei algo diferente, algo melhor para meus filhos". Quebrar um ciclo é um papel épico. Você é incrível.

E outra coisa que sei: você bagunçará tudo. Gritará. Dirá algo e pensará: "Ah, por que eu disse isso? Não queria!" Mas tudo bem. Você não se define por sua reação nem por seus momentos de exaustão ou seu último comportamento. Você é um pai/mãe que educa sem medo e trabalha em si mesmo ao mesmo tempo em que se doa para seus filhos.

Autocuidado envolve ficar muito bom em consertar. Temos que ser generosos com nós mesmos quando cometemos erros ou nos comportamos de modos que não sentimos ser bons. Este livro fala muito sobre consertar nossos filhos, mas para consertar bem os outros, devemos começar consertando nós mesmos.

Como Fazer

- Coloque uma mão no coração e diga para si mesmo: "Tudo bem lutar. Tudo bem cometer erros. Tudo bem não saber. Tudo bem não ter tudo junto. Mesmo que eu tenha problemas externos... tenho o bem dentro de mim. Sou bom internamente."
- Nos momentos desafiadores da criação, especificamente quando você se sente mal consigo mesmo ou desapontado com suas próprias reações, diga: "Não sou meu último comportamento. Não sou meu último comportamento."

PARTE 2
CRIANDO CONEXÃO E LIDANDO COM OS COMPORTAMENTOS

CAPÍTULO 11

Criando o Capital de Conexão

Durante uma recente consulta, os pais de duas crianças iniciaram a conversa com um apelo.

— Dra. Becky, não sabemos por onde começar — eles disseram. Nossa casa está uma bagunça. Há muita gritaria e estamos sempre fazendo ameaças vazias porque não sabemos como agir de outro modo. Nossos filhos não nos ouvem e parece que estamos em um ciclo de birras sem fim com a criança de 4 anos e de grosserias com a de 7 anos. Heston, o mais velho, de repente diz que é idiota e não tem amigos, e sempre que tentamos conversar com ele sobre isso, ele diz que não entendemos, batendo a porta do quarto. Izzy, a mais nova, fica histérica toda manhã quando a deixamos na pré-escola. É tão desgastante e um modo muito terrível de iniciar o dia. SOCORRO!

Respirei fundo.

— Primeiro, estou feliz por estarem aqui — eu disse. — Segundo, resolverei tudo isso. Cada coisinha.

Eles riram. Eu sorri. Comecei de novo.

— Tudo bem, não é verdade. Não vamos resolver nada disso, pelo menos não hoje. Veja bem: não podemos mudar o comportamento até criarmos uma conexão, portanto, nossas primeiras intervenções precisam focar isso. O problema real aqui não é nenhuma questão específica citada; não são as birras, as respostas atravessadas, a porta batida nem o choro ao ficar na escola. Parece que o problema real é que seu sistema familiar está em desequilíbrio. Ninguém parece seguro.

Nesse ponto, os pais pareceram respirar melhor. Só de ouvir alguém identificando um problema, um que realmente refletia a experiência deles e parecendo confiante no caminho a seguir, foi um alívio. Assim, ao invés de discutir os gritos ou as ameaças vazias, começamos nossa conversa com conexão. Apresentei a esses pais o que chamo de "construtores de conexão para retorno no investimento". São estratégias comprovadas às quais recorro vez ou outra em minha própria casa e com meus pacientes, quando as famílias precisam se reconectar e voltar ao equilíbrio. Algumas dessas ferramentas, e suas aplicações mais práticas, podem parecer estratégias do "mundo ideal", mas acredito que há algo nelas para todos. Não importa se o desequilíbrio em sua família se manifesta como grosseria, mentira, rivalidade entre irmãos, birras ou qualquer outra questão comportamental específica que abordarei nos próximos capítulos; essas estratégias iniciam uma mudança positiva, não importa o problema na superfície, porque ajudam os pais a reorientarem seus esforços para criar uma conexão e proximidade com seus filhos, em vez de corrigir um comportamento. Como sabemos agora, o comportamento nunca é o problema; é apenas o sintoma. As estratégias do retorno no investimento chegam à raiz e, como resultado, constroem lares mais serenos.

Como expliquei para meus pacientes, quando os pais têm dificuldades com os filhos, quase sempre isso se resume a um dos dois problemas: as crianças não se sentem conectadas aos pais como desejam ou elas têm problemas ou uma necessidade não atendida e se sentem sozinhas com ela. Imagine que seu filho tenha uma conta bancária emocional. A moeda nessa conta é a conexão, e o comportamento dele em qualquer momento reflete o status da conta, cheia ou vazia. Mencionei antes a ideia do "capital de conexão"; quando realmente nos conectamos com a criança, vemos a experiência dela, permitimos os sentimentos dela e nos esforçamos para entender o que se passa com ela, construímos nosso capital. Ter uma quantia saudável de capital de conexão faz as crianças se sentirem confiantes, capazes, seguras e valorizadas. Esses sentimentos positivos internos levam a um "bom" comportamento externo, do tipo cooperação, flexibilidade e regulação. Portanto, para criar uma mudança positiva, temos primeiro que ter conexão, que levará as crianças a se sentirem melhor, levando-as a se comportarem melhor. Mas observe, o comportamento vem por último. Não podemos iniciar por ele. Temos que começar com a conexão.

Também é importante lembrar que o capital de conexão tem duas vias. Como uma conta no banco, retiramos de nosso capital de conexão com regularidade. Os pais gastam esse capital quando pedem que as crianças limpem seus quartos, quando dizem que precisam de uns minutos para uma ligação de trabalho inesperada, quando dizem "Hora de sair, amor" ou "Parou com o celular/TV". Os pais são grandes gastadores do capital de conexão, pois muitas vezes têm que pedir coisas aos filhos que eles não querem fazer e nem respeitar nossas regras, quando prefeririam não fazer isso. **Isso significa que os pais precisam ser construtores de conexão ainda maiores.** Precisamos de uma boa reserva para retirar, para não ficarmos sem fundos.

Veja a dificuldade na construção de conexão: temos o maior retorno no investimento quando estamos calmos. Tentar se conectar no calor do momento não é muito eficiente, pois nosso corpo não aprende bem quando estamos no modo "lutar ou correr". Nos momentos mais calmos, podemos ir devagar, conectar com nossos filhos, ver a bondade neles e desenvolver relações mais fortes. As seguintes intervenções devem ser usadas nos momentos calmos, a melhor hora para melhorar sua relação com seu filho, desenvolver novas habilidades e caminhos para uma mudança. Quando as coisas ficam estranhas em minha família, começo com essas estratégias, que basicamente resultam em depósitos do capital de conexão.

Momento Sem Telefone

O Momento Sem Telefone é a estratégia parental que mais recomendo. Em relação ao retorno no investimento, nada mais chega tão perto.

O Momento Sem Telefone é exatamente isso: uma hora sem telefone. Propus o Momento Sem Telefone após perceber a distração de ter meu telefone por perto quando tento interagir com meu filho. Com o telefone no cômodo, sempre me sinto atraída para verificá-lo: responder a uma mensagem de texto, comprar algo online ou um milhão de outras coisas que aparecem no dia. Eu consigo prometer a mim mesma que não chegarei perto dele, que jogarei Cores & Formas ou construirei com blocos... mas a atração é forte demais.

Nossos filhos querem nossa total atenção mais do que tudo. Nossa atenção comunica que eles estão seguros, são importantes, valiosos e amados. E mais, nossos dispositivos são poderosos ímãs de nossa atenção, e as crianças sentem essa distrição. Para deixar claro, não estou falando contra a tecnologia ou o uso dos dispositivos. Estou sugerindo que criemos limites em torno dos dispositivos, não apenas para nossos filhos, mas também para nós mesmos. Precisamos de limites em torno dos nossos dispositivos para que possamos nos ajudar a dar às crianças nossa total atenção. Não o tempo todo. Mas algum tempo.

Passar um tempo com seu filho quando você está totalmente presente é o modo mais poderoso de construir um capital de conexão. Tem uma criança que não consegue ouvir? Momento Sem Telefone ao seu resgate. Tem uma criança com raiva e grosseira? O Momento Sem Telefone ajudará. Tem duas crianças brigando o dia inteiro? Comece a rotina do Momento Sem Telefone com cada uma. Posso continuar, mas você já entendeu.

O Momento Sem Telefone só precisa durar de dez a quinze minutos. O objetivo é entrar no mundo do seu filho, que é muito diferente do resto do dia da criança, no qual pedimos, repetidas vezes, que ela entre em nosso mundo. Durante o Momento Sem Telefone, permita que seu filho direcione o jogo, reserve um tempo para testemunhar e observar, mas não diretamente; sua presença no mundo da criança é o mais importante.

E veja uma das melhores partes do Momento Sem Telefone: a brincadeira fica mais divertida para os *pais*. Sem um telefone no ambiente, podemos focar mais facilmente a brincadeira. Durante o Momento Sem Telefone, digo para mim mesma: "Becky, não há nada mais importante do que fazer exatamente o que você está fazendo agora" ou "Não preciso fazer nada mais. Brincar com meu filho é o bastante. Sou o bastante" — e sem meu telefone no ambiente aparentemente me chamando para "fazer mais", posso realmente brincar.

Certo, vamos praticar e falar sobre como implementar o Momento Sem Telefone em sua casa:

1. Dê um nome para indicar que esse momento é especial. Uso o termo Momento Sem Telefone porque amo, e mais, há algo interessante em ser um pouco bobo em relação aos termos de que meus filhos realmente gostam. Sinta-se à vontade para dar outro nome, como Momento do Papai Marcos ou Momento da Mamãe/Filha.
2. Limite o tempo de dez a quinze minutos.
3. Nada de telefone, telas, irmãos, distrações.
4. Deixe a criança escolher a brincadeira. O segredo é esse.
5. Deixe a criança ser o foco; sua função é apenas observar, imitar, refletir e descrever o que ela está fazendo.

É importante expressar ativamente que você está colocando o telefone longe. Isso mostra para seu filho que você está ciente da distração que é o telefone e assegura que ele se sinta visto e especial.

Alguns roteiros para introduzir o Momento Sem Telefone:

- **Para crianças mais jovens:** "Vamos ter o Momento Sem Telefone! Colocarei meu telefone em outro cômodo para realmente focar em estar com você. Seremos apenas nós, e você pode escolher o que faremos!"

- **Para crianças mais velhas:** "Oi, amor. Sabe o que mais? Preciso do Momento Sem Telefone com você; só você e eu, com meu telefone longe, porque sei que ele perturba quando faz barulho e me distrai. Que tal hoje mais tarde? Podemos ter um tempo só para nós. Irá durar de dez a quinze minutos, e você pode escolher o que faremos."

Lembre-se, o Momento Sem Telefone foca o mundo do seu filho. Tente evitar perguntas; ao contrário, participe das ideias da criança. Se parece pouco natural, tudo bem! A maioria dos pais não está acostumada a interagir assim. Experimente estas abordagens:

- **Descrever:** "Você está construindo uma torre" ou "Você está colorindo com lápis vermelho".
- **Imitar:** Se sua filha desenha uma flor, pegue um pedaço de papel, sente-se ao lado dela e desenhe sua própria flor. Não precisa de palavras. Quando você espelha, mostra para a criança que está prestando total atenção, que ela é valiosa e interessante para você.
- **Escuta reflexiva:** Quando seu filho diz "Quero brincar com caminhões!", responda com "Você quer brincar com caminhões!" Se ele diz "O porco quer entrar no celeiro", diga de volta "O porco quer entrar o celeiro, hein?"

Se essas ideias parecem estranhas, lembre-se de que o objetivo é apenas passar um tempo de qualidade com seu filho sem interrupções e distrações. E se quinze minutos não forem possíveis? Tente dez, cinco ou dois minutos. O Momento Sem Telefone permite que a criança se sinta importante e amada, e assim que esses sentimentos acontecerem, um comportamento melhor virá como consequência.

Jogo do Abastecido

Inventei esse jogo quando meu filho mais velho teve dificuldades para se ajustar ao nascimento do mais novo e tenho o usado desde então. Meu filho estava sendo teimoso, grosseiro, rápido na raiva... todas as coisas que me faziam querer passar *menos* tempo com ele. Mas logo percebi que ele estava realmente com problemas. Sob sua raiva, havia perguntas: "Eu serei notado?", "Minhas necessidades serão atendidas?", "Terei o suficiente da mamãe e do papai?" Ele tinha tanta angústia com a transição para uma família de cinco pessoas que sua conta bancária emocional ficou quase vazia. Ele precisava de um influxo de capital de conexão no exato momento em que seus comportamentos me afastavam.

Então criei o Jogo do Abastecido. Sempre que meu filho ficava difícil, ao invés de reagir, eu respirava fundo e dizia devagar e com carinho:

— Acho que você está tentando me dizer que não está abastecido com a mamãe.

Minha suavidade levava à suavidade dele, e muitas vezes ele respondia dizendo algo como:

— Sim... estou abastecido só até aqui — e apontava em algum lugar em suas pernas.

Então eu lhe dava longos abraços apertados, repetidas vezes, até o "nível da mamãe" subir ao topo de sua cabeça, e nesse ponto eu lhe dava mais um grande aperto para ele ter um "pouco de mamãe extra" até a próxima vez. O comportamento dele melhorava? Não. Imediatamente não. Esse "jogo" não mudou as coisas de repente, mas certamente era um divisor de águas. Era o primeiro passo, porque tornava concreto exatamente aquilo de que meu filho precisava: *mais de seus pais*.

Da próxima vez em que o comportamento do seu filho fizer você correr na direção oposta, tente introduzir o Jogo do Abastecido. Ofereça a ideia de que o comportamento desafiador do seu filho é resultado de não ser abastecido com a mamãe (ou o papai), então deve ser hora de ter uma grande dose. Adicione risos e maluquices.

Assim que você vir como realmente é benéfico o Jogo do Abastecido, provavelmente verá uma "evidência" da suavidade do seu filho e em sua própria suavidade também, desejará começar a fazer os abastecimentos de modo proativo, antes do tanque de sua filha ou filho ficar muito baixo a ponto de você saber disso devido o tom grosseiro dele/a ou ao comportamento desregulado. Talvez você abasteça antes de a criança começar a brincar com Legos ou antes de você dizer para ela iniciar sua rotina da noite. Pergunte "Posso abastecer todos com a mamãe antes de começarmos?", e então faça o Jogo do Abastecido com cada criança.

Roteiro para Introduzir o Jogo do Abastecido

1. Fale para seu filho "Não acho que você esteja abastecido com mamãe/papai agora. Acho que mamãe está abastecida apenas até seus tornozelos! Vamos abastecer!"
2. Dê um longo aperto em seu filho.
3. "E agora? O quêêê? Só até os joelhos? Certo, segunda rodada..."
4. Aperte seu filho de novo; talvez com caretas, como se você estivesse usando toda sua força.
5. "O quêêê? Só até a barriga? Achei que tinha ido mais alto com esse aperto! Certo, mais da mamãe chegando, terceira rodada..."
6. Assim que você e seu filho se sentirem abastecidos, dê mais um aperto dizendo: "Tudo bem, darei um extra, só para garantir. Há muitas mudanças atualmente, provavelmente é bom ter um armazenamento extra da mamãe aqui."

Quando fazer o Jogo do Abastecido:

- Quando seus filhos acordam de manhã, como um modo de começar o dia.
- Antes de qualquer separação. O Jogo do Abastecido torna concreta a ideia de que seu filho pode **internalizar** um pai/mãe antes de dizer tchau.
- Antes de iniciar o trabalho do dia. O Jogo do Abastecido permite que seu filho segure você.

CRIANDO O CAPITAL DE CONEXÃO

- Antes de um momento que você sabe que será difícil (por exemplo, antes de pedir a seu filho para compartilhar seus brinquedos com a irmã mais nova; antes de entrar na cozinha, onde a irmã está usando seu prato favorito; antes de a criança começar a fazer um quebra-cabeça que você sabe que será desafiador).
- Em resposta a um comportamento difícil. Interpretar o comportamento de uma criança pela lente da bondade e do capital de conexão é um verdadeiro dom. "Abastecê-la" com você desenvolve a capacidade de regulação da emoção, fazendo-a se sentir bem e segura por dentro.

Vacina Emocional

A vacina emocional funciona como a vacina para uma doença: fortalecemos nosso corpo hoje para ficarmos mais preparados para lidar com a dificuldade no futuro. Como sabemos, as pessoas lidam com os momentos difíceis não mudando ou evitando seus sentimentos, mas aprendendo a regulá-los. Se seu filho tiver dificuldades para terminar o tempo de uso do celular/TV, ele não ficará feliz no primeiro dia em abrir mão da tela ou, de repente, ter uma "perspectiva" que permita uma entrega fácil do iPad; pelo contrário, (espera-se) ele conseguirá reconhecer, validar e permitir suas emoções, que o levarão a uma transição mais suave do iPad para nenhum iPad. Se seu filho tem problemas por ser um perdedor deselegante nos jogos de tabuleiro ou nos esportes, de repente ele não terá um espírito menos competitivo ou uma atitude "é só um jogo" que permita um bom espírito esportivo; ao contrário, ele reconhecerá, validará e permitirá suas emoções, o que o levará a respirar fundo e a um final mais agradável.

Assim, se o objetivo é regular nossas emoções, em vez de corrigir, mudar ou apagar, como podemos ajudar nossos filhos em suas dificuldades recorrentes? Veja uma estratégia poderosa: nos preparamos para as lutas emocionais à frente. Com a vacina emocional, conectamos nossos filhos antes do momento com sentimentos grandes, fortalecendo as habilidades de regulação antes que eles precisem usá-las. Conectamos nossos filhos, discutimos e validamos o desafio que eles enfrentarão, e verbalizamos ou até ensaiamos como podemos lidar com ele, tudo antes que aconteça. Conectando, validando e antecipando, desenvolvemos os "anticorpos de regulação da emoção" de nosso filho antes que surja a emoção com força total. Desse modo, estamos pré-regulando um sentimento, e quando chega o momento desafiador, nosso filho está mais equipado para lidar com ele. Isso não significa que, de repente, ele será bom nos esportes quando perder. Desculpa! Mas, como todos sabemos, a prática é o segredo do progresso.

Lembre-se, os momentos mais desregulados das crianças ocorrem quando elas têm emoções intensas e estão em um estado de solidão; a vacina emocional também nos dá uma oportunidade de incutir conexão nesses momentos antes mesmo que eles ocorram. Isso ajuda a interromper o ciclo de colapso.

E aqui está outra conclusão poderosa: nossos filhos podem se beneficiar da vacina emocional, e nós podemos também. Visualize uma situação que possa ser difícil para você hoje. Agora, direcione cuidados internos, compreensão e permissão com antecedência: "Tenho permissão para me sentir assim. Respirarei fundo agora, em antecipação... e talvez encontre o circuito 'respirar fundo e compaixão' quando o momento em si chegar." Você ficará surpreso com o poder que isso tem.

Roteiros para a Vacina Emocional

Vacina Emocional = Conexão + Validação + Uma História para Entender, tudo realizado antes do "evento principal". Veja dois exemplos de como pode ser:

Vacina Emocional para se Preparar para o Fim do Tempo no Celular/TV

Pai/Mãe: *"Antes de começarmos a usar o celular/TV, vamos pensar sobre como nos sentiremos quando terminar. É difícil parar as coisas que amamos, certo? Para mim também."*

Filho: *"Você pode ligar o programa agora?"*

Pai/Mãe: *"Logo ligaremos. Irei respirar fundo agora e deixar meu corpo pronto para quando pararmos de assistir." Modele essa pausa. "E mais... eu me pergunto se podemos retirar agora os protestos no fim do uso da tela, para que nossos corpos fiquem prontos." Encontre um tom leve, mas não de zombaria, enquanto você declara: "Mais cinco minutos! Meus amigos têm muito mais! Eu ia... por favor, por favor... você nunca me deixa fazer nada que eu quero!"*

- **O que você está fazendo aqui?** Está incutindo conexão e bobagem em uma transição difícil **antes** que ela aconteça. Isso não significa que no final do programa seu filho dirá "Aqui está o iPad, mãe, facinho!"; significa que você está desenvolvendo a habilidade de gerenciar emoções difíceis e logo haverá um momento em que seu filho olhará para você e dirá "Ah, gostaria de ver outro episódio!", em vez de gritar e jogar o controle remoto.

Vacina Emocional para o Trabalho Acadêmico Desafiador

Pai/Mãe: *"Estou pensando sobre seu dever de casa e como pode ser difícil quando você se senta para fazê-lo. Entendo perfeitamente. Sempre achei a escrita muito difícil e chata também."*

Filho: *"Sim."*

Pai/Mãe: *"Imagino se podemos respirar fundo juntos agora. Li que, se antecipamos a dificuldade e conversamos com nós mesmos antes, o* *momento fica um pouco mais fácil." Tudo bem se seu filho não interage. E mais: coloque uma mão no seu coração e olhe para o chão, ou feche os olhos e diga "Quando a escrita começa, posso ficar frustrado. Tudo bem! Irei respirar fundo agora, antes, e me lembrar de que não tem problemas se a escrita parece difícil, e também me lembrarei de que posso fazer coisas difíceis!"*

- **O que você está fazendo aqui?** Carregando a conexão e a validação antes chegar um momento desafiador.

O Banco do Sentimento

Algo que sei sobre os sentimentos é que eles são assustadores apenas se estamos sozinhos com eles. Se alguém diz para nós "Ei! Você está se sentindo [triste/assustado/com raiva/excluído]. Tudo bem. Estou aqui. Fale mais", os sentimentos imediatamente começam a diminuir. Não nos sentimos mais tão sobrecarregados. Nós nos sentimos mais seguros.

Quando as crianças estão chateadas, é como se elas estivessem sentadas no banco desse sentimento. Pode ser um Banco da Raiva, um Banco do Desapontamento ou mesmo um Banco do Ninguém Gosta de Mim. E o que as crianças (e também os adultos) querem quando estão em um banco, sobretudo os desconfortáveis e escuros, é alguém para se sentar com elas. Assim que alguém se senta conosco, o banco não parece tão escuro e frio. Agora temos um "banco mais quente".

Quando seu filho fala "Gostaria de não ter um irmão mais novo, ele sempre bagunça minhas coisas!", imagine que ele está no Banco do É Difícil Compartilhar Minha Vida. Sente-se com ele. Você também pode precisar definir um limite, mas ainda pode se sentar: "Ah, você está pensando em como é difícil compartilhar. Entendi, querido. Não deixarei você bater nele; você ainda pode sentir toda essa raiva. Estou aqui com você."

Quando sua filha está processando a mudança da sua melhor amiga para uma cidade diferente e grita com você "Por que nossa família não pode se mudar para eu ainda ficar com a Lívia? Odeio viver aqui e odeio vocês todos!", primeiro respire fundo. Sob esse ataque está um sentimento, e ela está pedindo validação e apoio. Está no Banco do Perdido. Sente-se com ela: "Estou ouvindo. Isso é realmente um saco!"

E... tente se sentar consigo mesmo em seu banco. Encontre a parte de você que está confortável (ela está lá, sempre!) e peça que se sente com a parte de você que tem medo, está triste ou é autocrítica. Diga para a sua parte que se sente sobrecarregada: "Estou aqui, sentimento sobrecarregado. Vejo você. Ouvirei você. Você faz parte de mim, não sou eu por completo. Eu me sentarei com você."

Roteiros para Sentar no Banco do Sentimento do seu Filho

Na próxima vez em que seu filho falar sobre um sentimento difícil, lembre-se: "Sente-se com ele. Sente-se no banco sem fazer nenhuma tentativa de tirá-lo. É como desenvolvo uma conexão e resiliência dentro dele." Mostre a seu filho que você está lá com ele, em vez de pedir que ele se sinta de outro modo.

Palavras

- "Isso parece muito difícil."
- "É horrível. É mesmo."
- "Estou muito feliz por você falar comigo sobre isso."
- "Acredito em você."
- "Ser criança agora... nossa, parece muito, muito difícil. Entendo."

- "Você está realmente triste com isso. Tem permissão para estar, amor."
- "Estou bem aqui com você. Estou feliz por estarmos juntos falando sobre isso."
- "Às vezes não temos como nos sentir melhor de imediato. Às vezes, quando as coisas parecem difíceis, o melhor que podemos fazer é conversar bem com nós mesmos e com as pessoas que nos entendem."
- "Amo você. Amo você igualmente, não importa como se sente e o que está acontecendo em sua vida."

Ações

- Sente-se no sofá ou na cama com seu filho enquanto ele fala com você.
- Diga muito pouco enquanto ele fala. Concorde. Pareça simpático.
- Dê um abraço no seu filho enquanto ele está chateado.
- Respirem juntos profundamente.

Brincadeira

A paternidade/maternidade pode parecer muito séria. Há tanta logística ("Você tem escola, então pegarei você e o levarei ao dentista, então o deixarei no futebol, depois, dever de casa, jantar, ir cedo para a cama, certo?") e é fácil ficar preso em uma relação com seu filho que parece irritante, frustrante e bem desagradável. Na minha prática, acho que um elemento que falta em muitas famílias é a brincadeira. Bobagens. Situações ridículas. DIVERSÃO.

   Diversão é importante. Muito importante. Bobagens e brincadeiras são construtores incríveis do capital de conexão. O riso reduz os hormônios do estresse, como o cortisol e adrenalina, e aumenta os anticorpos e as células imunológicas. Ou seja, rir é realmente um negócio muito sério, uma vez que nosso corpo fica mais saudável sempre que gargalhamos ou nos soltamos. E mais, festas com danças engraçadas, músicas criadas e jogos de pega-pega fazem as crianças se sentirem importantes, seguras e amadas. Como um de nossos principais papéis como pais é ajudar nossos filhos a se sentirem seguros, a brincadeira é um dos aspectos mais importantes da criação; não podemos rir quando sentimos perigo ou ameaças, portanto, rir com nossos filhos envia a mensagem: "Esta é sua casa segura. Você está protegido aqui. Pode ser você mesmo aqui."

A brincadeira é mais fácil para alguns pais do que para outros. Se é natural no seu caso, pode pular o próximo parágrafo. Mas se agir como bobo com seus filhos parece esquisito ou pouco natural, se você se considera mais uma pessoa séria, então reserve um momento para se lembrar que a autoconsciência é o primeiro passo. Todo pai/mãe luta com algum aspecto da parentalidade, definindo limites, lidando com um conflito, com brincadeiras ou outra coisa. E se a brincadeira é difícil para você, provavelmente ela nunca foi modelada para você. Muitas vezes, os pais que tentam brincar com seus filhos cresceram em lares que, no início, cortavam a bobeira da criança com vergonha ("Você está me constrangendo, pare agora!"), ignorando (um pai/mãe que não interagiu quando a criança queria jogar um jogo ou fazer bobagens) ou até punição ("Não há espaço para boca suja aqui. Vá para seu quarto!"). Se esse foi o caso em sua casa, provavelmente você aprendeu a se distanciar da brincadeira, porque nos desconectamos das partes de nós mesmos que recebem uma atenção negativa no início. Pode ajudar rever o último capítulo, sobre autocuidado, para ter ideias sobre como se reconectar ao seu lado brincalhão. Essa parte de você está lá dentro, apenas está quieta e é tímida para surgir.

Listei a seguir algumas ideias para atividades divertidas, mas saiba que existem milhões de maneiras de ser bobo. Se as crianças estão rindo, há leveza no ar e você não está focado em nenhuma entrega ou resultado, está fazendo certo.

Sugestões para brincadeiras:

- Festas com danças bobas.
- "Show de Talentos" — todos na família são chamados ao "palco", um por vez, para fazer algum movimento bobo. Todos os outros assistem com admiração, depois aplaudem com vontade conforme a pessoa se curva. Se você tem um filho que deseja assistir, mas não participar, tudo bem; sem pressão ou vergonha (tenho que aplaudir muito o incrível cuidador dos meus filhos, Jordan!).
- Criar músicas ou ritmos.
- Karaokê em família.
- Brincar de se vestir, brincar de casinha ou outro jogo de fantasia.
- Construir um forte.
- Usar a brincadeira como uma primeira resposta para a falta de educação, falta de escuta ou choradeira. Exemplos: "Ah, não, estão faltando agradecimentos de novo! Tudo bem, tudo bem, onde eles podem estar? Ah, espere, espere, encontrei! Embaixo do sofá! Vou colocar de volta em você. Certo! Consegui. Ufa!"
- Perguntar a si mesmo: "De que eu gostava de brincar quando era criança? O que eu sempre queria que alguém fizesse comigo?" Certa vez, trabalhei com uma família em que o pai realmente tinha problemas para brincar com os filhos; ele se iluminou quando lembrou do jogo Crossfire quando criança, então pediu online para brincar com seus filhos. Foi o primeiro passo para se conectar com brincadeiras.

"Eu Já Contei Sobre Quando...?"

Os momentos mais difíceis na relação entre pais e filhos normalmente surgem quando estamos presos em um ciclo complicado de comportamento, ou seja, nosso filho age mal, reagimos e gritamos algo como "Como pode fazer isso *de novo*?", então a criança se fecha, não fala conosco, e nos sentimos totalmente perdidos. Quando entramos nesses ciclos, o problema fica "quente" demais para lidar diretamente.

Há muita vergonha (nas crianças) e reação (nos pais), e quase sempre nossas tentativas de lidar com o problema são atendidas com rejeição ("Você não me entende, sai do meu quarto!") ou continuam aumentando (você tenta conversar com a criança sobre o problema apenas para lutar ainda mais com ele). Como resultado, temos que encontrar uma estratégia que nos permita não encarar o problema, mas rodeá-lo; entrar pela porta dos fundos, ao invés de tentar barganhar a porta da frente.

Que entre o "Eu já contei sobre quando... ?" Essa abordagem, que envolve a relação dos pais com a dificuldade da criança de uma perspectiva pessoal, desenvolve conexão, reconhece a bondade interna da criança e ensina habilidades para resolver problemas, tudo sem falar sobre o problema diretamente, que pode parecer intenso demais para uma criança no momento.

Roteiro para "Eu Já Contei Sobre Quando...?"

1. Identifique a essência da dificuldade da criança (é difícil para ela se sentir feliz com as realizações das outras pessoas? Difícil ficar engajada quando a Matemática parece complicada e frustrante?).
2. Pegue o problema como se fosse seu: lembre-se de um momento, recente ou quando era criança, em que lutou com algo parecido.
3. Converse com a criança **não** no calor do momento, mas quando as coisas se acalmam, começando com "Eu já contei sobre quando?", e compartilhe uma história sobre si mesmo em um problema parecido.
4. Interaja com seu filho nessa história; o ideal é uma em que não se propôs uma correção rápida, mas teve que passar por ela.
5. Não termine a história relacionando-a diretamente com a criança. Não há necessidade de dizer "Não é como quando você...?" Deixe que a história e o momento sejam independentes, confiando que chegará na parte do seu filho que precisava de conexão.

Por que essa estratégia é tão eficiente? Por que dá tanto retorno no investimento? Primeiro, quando você compartilha uma história de dificuldade do mesmo modo como seu filho, basicamente está dizendo "Você tem o bem dentro de si. É adorável. Tem valor. Você é uma criança boa passando por um momento difícil. Vejo a bondade sob seu comportamento, porque sou bom e tive a mesma dificuldade". Você não pode dizer para seu filho diretamente nesse momento, porque seria muito intenso e ele rejeitaria, mas contando a história sobre si mesmo, todos os temas aparecem.

Segundo, você está se conectando com profundidade, porque está mostrando a seu filho suas vulnerabilidades. Nós nos esquecemos de que nossos filhos tendem as nos ver como infalíveis. Afinal, podemos fazer facilmente todas as coisas complicadas para eles, desde coisas simples, como colocar um casaco e amarrar os sapatos, até coisas complexas, como problemas matemáticos ou dirigir um carro. A lacuna entre o mundo de dificuldades da criança e o mundo de capacidades dos pais é intimidadora para as crianças e pode (sem querer) levar à vergonha. Qualquer um de nós teria problemas para aprender e experimentar coisas novas se estivéssemos cercados apenas por especialistas o tempo todo. Imagine tentar aprender a cozinhar com um chef famoso olhando por cima do seu ombro ou aprender a jogar tênis com Roger Federer do seu lado. É muito mais fácil aprender a cozinhar com alguém que sabe mais que você, porém alguém que ainda queima o alho às vezes, ou aprender a jogar tênis com um instrutor que foi jogador na faculdade, mas às vezes ainda comete faltas duplas. Essas pessoas sabem muito, mas não demais. Quando elas modelam suas dificuldades, basicamente dizem para nós, sem usar estas palavras: "Os erros fazem parte da aprendizagem. Bondade não é ausência de luta. Duas coisas podem ser verdade: você pode ser bom e pode ter problemas... como eu." Ah... que alívio! É isso que queremos dar aos nossos filhos.

Mas qual é a parte mais poderosa dessa estratégia? Conforme você conta uma história descrevendo a si mesmo na dificuldade com um problema que imita o problema de seu filho, acontece algo incrível: a criança pode acessar sua própria solução de problemas interna. Isso é muito mais difícil quando ela considera o problema como sendo dela e o eu que soluciona problemas está sobrecarregado. Quando ela ouvir sua história, provavelmente discutirá ou dará ideias, e conforme faz isso com você, estará fortalecendo seu próprio circuito de solução de problemas, e ele ficará mais acessível para ela quando for preciso. Isso acontece com os adultos também, certo? Por vezes, é o ato de falar sobre os problemas dos outros que acende a luz dentro de nós, disparando um pensamento ou o desejo de mudar que não tínhamos quando a discussão nos focava diretamente. Muitas vezes requer externalizar a dificuldade para reduzir a vergonha e a autoculpa dentro de nós, o que libera espaço para que nossas vozes de compaixão e solução de problemas surjam.

Mude o Final

Todos nós bagunçamos tudo. Eu bagunço. Você também. O "pai/mãe perfeito" no Instagram também. Gritamos, reagimos, descarregamos nossas coisas nos filhos, culpamos, rotulamos... fazemos tudo isso não porque somos pais ruins, mas porque somos seres humanos normais. Portanto, quando temos momentos com nossos filhos que parecem terríveis, o que devemos fazer em seguida? Reparar. Como vimos no Capítulo 5, o reparo nos dá a oportunidade de *mudar o final da história;* em vez de codificar a memória da criança em que ela se sentia assustada e sozinha (e lembre-se, mesmo que uma criança não mencione, a memória está armazenada no corpo), agora ela tem uma memória do pai/mãe retornando e ajudando para que ela se sinta segura de novo. Isso é tudo.

Muitas vezes acho que as relações saudáveis são definidas não pela falta de ruptura, mas pelo modo como reparamos bem. Todas as relações têm altos e baixos, contudo, esses momentos podem ser as maiores fontes de conexão profunda. Um momento de ruptura ocorre quando as duas pessoas têm sua própria experiência e não conseguem colocar essa experiência temporariamente de lado para entender e conectar a outra pessoa. Mesmo que estejamos trabalhando para entender nossos gatilhos ou tentando nos tornar mais autoconscientes para reconhecer nossas experiências sem deixar que elas tomem conta, ainda não conseguimos evitar os momentos de ruptura em nossas relações próximas, com os amigos ou cônjuges, e certamente com nossos filhos. Portanto, precisamos melhorar no reparo.

E sim, há uma diferença entre reparar e pedir desculpa. Muitas vezes, as desculpas tentam encerrar uma conversa ("Sinto muito por ter gritado. Tudo bem, podemos continuar?"), mas um bom reparo abre uma conversa. O reparo vai mais longe que a desculpa, porque parece restabelecer uma conexão íntima após um momento em que alguém se sente magoado, incompreendido ou sozinho. As palavras "Sinto muito" podem fazer parte de um reparo, mas raramente são a totalidade da experiência.

Roteiro para Mudar o Final

1. Compartilhe sua **reflexão**.
2. **Reconheça** a experiência do outro.
3. Declare o que você **faria diferente** na próxima vez.
4. Conecte-se com **curiosidade** agora que as coisas parecem mais seguras.

Veja um exemplo de reparo com todos os quatro componentes: "Fico pensando sobre o que aconteceu antes hoje [reflexão], quando entrei na sala de jogos depois de você ter derrubado a torre da sua irmã. Tenho certeza de que você ficou chateado por ter derrubado [reconhecimento]. Sinto muito por ter gritado. Gostaria de perguntar sobre o que estava acontecendo com você [o que faria diferente].

Posso ter uma segunda chance? Você pode me contar o que aconteceu antes de ter derrubado? É importante. Adoraria ouvir e entender [curiosidade]."

Quando alguém reflete com você ("Fico pensando sobre...") e reconhece seus sentimentos ("Você deve ter ficado chateado por ter..." ou "Deve ter sido assustador quando eu..."), a pessoa deixa claro que está considerando seu estado de espírito, não apenas seu comportamento superficial. Como já sabemos, ver os sentimentos sob o comportamento é como ajudamos nossos filhos a desenvolver consciência corporal e regulação das emoções. Portanto, quando mudamos o final, não estamos apenas fortalecendo nossa relação com a criança, mas ajudando-a a desenvolver habilidades de regulação. O "Fale sobre...", bem, é o retorno para o seu investimento!

Depois, quando compartilhamos aquilo que gostaríamos de ter feito diferente, deixamos que o outro saiba que levamos nossas ações a sério; não estamos apenas assumindo a responsabilidade pelo que fizemos, mas nos responsabilizamos também por fazer uma mudança. E quando somos corajosos o bastante para expressar curiosidade sobre a experiência do outro durante nossos momentos difíceis, forjamos a proximidade, porque, ao reconhecer que nossas desculpas não desfazem o problema, sinalizamos que nos importamos mais com os sentimentos e a realidade da criança do que com nosso orgulho ou conforto. Também aprendemos mais sobre o outro, aprofundando nossa relação, porque queremos ouvir a verdade do outro.

Agora deixe-me esclarecer: nem sempre passo pelos quatro componentes com meus filhos. Por vezes digo "Sinto muito por ter gritado" (refletir) ou "Reagi mal à sua pergunta e imagino que foi muito ruim para você... Vejo isso e sinto muito, amo você" (refletir e reconhecer). Ou digo "Estava de mau humor ontem; estava estressada com o trabalho e não foi sua culpa quando fiquei irritada por não ter gostado do jantar. Era comigo, não com você, e gostaria de não ter descarregado em você" (refletir, reconhecer, dizer o que faria diferente). Assim, claro, fique à vontade para reparar de um modo que seja certo no seu caso. Alguns reparos serão mais curtos, outros não. Em geral, o segredo é assumir a responsabilidade e dizer para seus filhos que eles não são responsáveis por causar seus sentimentos nem corrigir suas reações. Quando as crianças ficam sozinhas com sentimentos difíceis, elas recorrem à autoculpa ("Sou uma criança má") e à insegurança ("Reagi com excesso? Não foi um grito? É como devo esperar ser tratada pelos outros?"); quando reparamos, asseguramos que as crianças não padronizarão essas explicações, o que ajuda a preservar sua confiança e sensação de segurança no mundo. E lembre-se: nada parece mais terrível para as crianças do que os sentimentos dolorosos de que ficaram sozinhas; a reparação substitui a solidão por conexão, e essa deve ser a melhor troca para todos nós.

CAPÍTULO 12

Não Ouvir

> Sônia, uma mãe de duas crianças, chegou no meu consultório desesperada.
>
> — Meu filho Félix ignora tudo que eu digo e não faz nada que peço para ele fazer — disse ela. — Ele não tem respeito, então acabo gritando, claro. O que mais posso fazer? Socorro, Dra. Becky!

Quando dizemos "Meu filho não ouve", não estamos realmente falando sobre ouvir. Nunca ouvi um pai/mãe reclamar que seu filho não ouve quando dizem "O sorvete está na mesa da cozinha!" ou "Você pode começar a ver outro programa de TV agora!" Nas situações descritas por Sônia, estamos realmente falando sobre cooperação. *Dizemos* "Meu filho não escuta", mas o que *queremos dizer* é "Meu filho não coopera quando quero que faça algo que ele não deseja fazer".

Como adultos, como nos comportamentos quando alguém nos pede para fazer algo que não queremos? Bem, em geral, depende da intimidade que temos, no momento, com a pessoa que faz o pedido. Se eu me sinto muito bem no meu casamento e meu marido me pede para pegar algo no caminho de casa, provavelmente digo sim. Mas se recentemente me senti desvalorizada ou incompreendida, provavelmente digo que não tenho tempo.

Quanto mais conectados nos sentimos com alguém, mais queremos atender a seus pedidos. Ouvir é basicamente um barômetro da força de uma relação em qualquer momento. Portanto, quando nossos filhos não nos ouvem, é essencial estruturar a dificuldade não como um problema da criança, mas como um problema na relação. Se seu filho o ignora ou raramente coopera com seus pedidos, ele está tentando lhe dizer que sua relação precisa de amor e carinho. Agora, para ser clara, isso não é um referendo sobre paternidade... você não é um pai/mãe ruim, não tem um filho ruim e sua relação com a criança não é um fracasso. Todas as relações entre pais e filhos às vezes precisam de amor e atenção extras. Na minha casa, com meus três filhos, sempre recebo feedback (na forma de um filho não ouvindo) de que preciso desacelerar, pensar sobre as necessidades únicas de cada criança e fortalecer a relação. Quando isso acontece, tento reservar um tempo para considerar o que está acontecendo com a criança, o que deve ser difícil ou frustrante, e por que meu filho se sente "não visto" ou colocado de lado. Isso não significa que estou assumindo a culpa, mas estou assumindo a responsabilidade por considerar por que meu filho pode se sentir distante e quais partes de nossa relação precisam de atenção. Lembro a mim mesma que a conexão sempre aumenta a cooperação, pois todos nós gostamos de ajudar as pessoas próximas.

Há também um segundo elemento para o problema de não ouvir. Meu filho mais velho tocou nesse ponto certa vez: "Os pais sempre pedem para os filhos pararem de fazer algo divertido para fazerem algo com menos diversão. Por isso os filhos não ouvem." Acho que ele está certo. Talvez nossa filha esteja brincando com blocos e queiramos que ela vá para o banho, está comendo panquecas de chocolate e queremos que coloque os sapatos para sair de casa ou está assistindo TV e queremos que desligue. Pedimos que nossos filhos façam coisas que eles "devem fazer", mas não querem, algo que é prioridade para nós, não para eles. É razoável lutar para ter cooperação nesses casos.

Provavelmente os adultos também teriam. Digamos que você esteja almoçando com um amigo e outro aparece dizendo:

— Ei, você pode cancelar seu almoço e me ajudar a limpar o banheiro?

Tenho certeza de que você diria não e continuaria com a refeição. Os pais costumam fazer exatamente isso com seus filhos: pedem que eles parem algo que gostam de fazer para realizar algo não divertido. Isso não significa que devemos evitar fazer pedidos; todos nós sempre temos que pedir que os filhos façam coisas que eles não desejam. Mas é sobre o processo e como fazemos nossos pedidos. Por exemplo, gritar não é um modo eficiente de inspirar cooperação. Na verdade, é improdutivo. Quando gritamos, o corpo do filho entra no modo ameaça, eles percebem perigo no tom agressivo dos pais, no volume e na linguagem corporal e não conseguem nem processar o que o pai/mãe está dizendo porque sua energia está focada apenas em sobreviver ao momento. Se você já ficou frustrado com a falta de cooperação do seu filho e disse "ESTÁ OUVINDO O QUE ESTOU DIZENDO?", bem, a resposta é não, as crianças não estão "ouvindo" nesses momentos. E isso não é sinal de desrespeito ou desobediência, mas do corpo entrando no estado congelado de defesa animal. Mas não queremos nossos filhos assustados conosco e nem que congelem nos exatos momentos em que tentamos fazê-los trabalhar conosco (lembrete: você ainda é um bom pai/mãe e, depois de gritar, pode reparar a situação). Quando injetamos conexão, respeito, brincadeira e confiança em nossos pedidos, as trocas que antes eram antagônicas começam a ser atendidas com cooperação.

Estratégias

Conecte-se Antes de Pedir

A única estratégia mais importante em relação a ouvir é se conectar com a criança no mundo *dela* antes de pedir que ela faça algo em *seu* mundo. Uma criança precisa se sentir vista antes de conseguir sair de algo que parece bom para ela (desenhar ou brincar com argila, por exemplo) e atender a um pedido que é prioridade para você (como arrumar o material de arte). Sentir-se visto é uma ferramenta de ligação poderosa e se sentir próximo de alguém nos motiva a querer cooperar com a pessoa. Quando reconhecemos verbalmente o que nosso filho está fazendo no momento, é como se disséssemos: "Vejo você: é uma pessoa real com desejos, pensamentos e sentimentos reais." Enviamos a mensagem de que estamos *ouvindo nosso filho* nesse momento, que permitimos que ele retorne o favor e nos ouça.

Exemplos:

- "Uau, você trabalhou com dedicação nessa torre. Sei que será complicado fazer uma pausa e tomar banho. Se tomarmos um banho rápido agora, você terá tempo para construir mais antes de ir para a cama."
- "Sei que é muito difícil terminar as brincadeiras, porque você está se divertindo muito! Temos que sair agora, mas a mãe do Matias e eu podemos marcar a próxima brincadeira em breve."

Dê uma Escolha ao Seu Filho

Essa estratégia funciona muito bem quando combinada com "conectar-se antes de pedir". Se você pode dar a seu filho a ação de fazer uma escolha, provavelmente ele cooperará mais. Ninguém gosta de se sentir mandado, em especial as crianças, que já se sentem controladas o tempo todo. É uma estratégia que você pode usar para crianças de todas as idades; até as de 2 anos provavelmente cooperarão mais ao escovar os dentes se você der a opção de correr para o banheiro ou decolar como um foguete. Só ofereça a seu filho opções boas para você, então deixe que ele saiba que você confia nele para seguir com essa escolha.

Exemplos:

- "Podemos sair da casa da Abigail agora ou vocês podem jogar mais um jogo de cartas juntos. Você decidirá… Depois de mais um jogo? Tudo bem. Sei que você seguirá com essa escolha, então tudo bem para mim."
- "Você pode limpar os pratos agora ou voltar e fazer isso depois do banho… Depois do banho? Tudo bem, confio que fará isso. Parece bom."

Senso de Humor

O senso de humor permite uma mudança na perspectiva, que é o que buscamos quando pedimos coisas aos nossos filhos. Quando injetamos brincadeira, em vez de frustração, encontramos as crianças no mundo que elas sempre preferem, ou seja, cheio de bobagens, leveza e risos. Para ser franca, é um mundo do qual queremos fazer parte também. Quando trazemos o riso para a equação, nossos filhos se sentem mais conectados conosco e provavelmente cooperam mais.

Exemplos:

- "Ah não… sua escuta se perdeu! Certo, espere, acho que encontrei. Meu Deus, você nem vai acreditar… encontrei nesta planta! Como foi parar lá? Vamos colocar de volta em seu corpo antes que vire uma flor!"
- "Eu sei… ouvir seus pais é uma chatice! E se eu falasse enquanto danço em círculos, seria mais interessante?"

Feche Seus Olhos Invasores

Em geral, não sou fã de uma paternidade que "invade" ou "engana" porque tende a priorizar a conformidade de curto prazo, não a conexão de longo prazo e o desenvolvimento da habilidade. Mas esse não é o caso com uma das minhas estratégias de sempre, Feche Seus Olhos Invasores. Esse truque dá a nossos filhos os elementos essenciais necessários para quererem nos ouvir, ou seja, injeta respeito, confiança, independência, controle e brincadeira, tudo de uma só vez. É assim: "Fecharei meus olhos", então coloque as mãos nos olhos, "e direi se há uma criança com sapatos quando abri-los... Ah, meu Deus! Há uma criança com o velcro do sapato fechado... e não sei o que farei! Estou ficando muito confuso(a)! Talvez eu tenha — ah, não, essa não — que fazer uma dança com pulos malucos, balançar e até cair no chão!" Faça uma pausa. Espere.

As chances de a criança correr para colocar os sapatos aumentaram muito. Por quê? Agora a responsabilidade é do seu filho. Ele se sente no controle, não como sendo controlado. Seu filho sente que você confia nele porque você não está observando (mesmo que possa espiar por entre os dedos), e você adiciona bobagens e a promessa de fazer algo absurdo; qual criança não ama ver a dança dos pais, vê-los se jogando no chão e parecendo ridículos?

Essa estratégia pode ser aplicada a crianças mais velhas também; muitos pais de crianças com 7 e 8 anos me contam que sempre ficam chocados por seus filhos não apenas "se apaixonarem", mas pedirem o Feche Seus Olhos. Se você está convencido de que isso fracassará com seu filho mais velho, experimente usar as ideias fundamentais da estratégia e adapte-a ao seu adolescente ou pré-adolescente. Tente dizer: "Vejo que você não arrumou o quarto ainda... hmm, tudo bem, vou preparar o jantar e confio que você manterá a promessa de guardar suas roupas antes de descer." Isso opera com base no mesmo princípio da confiança. E se você deseja adicionar o elemento brincadeira? Conforme se afasta, acrescente: "Tudo que estou dizendo é que, se esse quarto for arrumado, posso soltar a voz com uma canção!"

Se você está se perguntando por que a estratégia realmente funciona, imagine como se sentiria se seu chefe quisesse que você refizesse um relatório e então ficasse em sua mesa observando *versus* se afastar com uma mensagem de confiança e encorajamento. Certamente eu faria um trabalho melhor na segunda situação. Todos nós gostamos de sentir confiança, em vez de controle. E se meu chefe prometesse fazer algo bobo assim que eu editei o relatório? Bem, eu iria direto ao trabalho. Isso seria bom demais para deixar passar.

Jogo dos Papéis Invertidos

Há muito que podemos fazer fora dos momentos quando precisamos de cooperação para aumentar as chances de obediência na necessidade. Em geral, quanto mais ajudamos uma criança a se sentir vista, independente, confiável e no controle, mais vontade ela terá de ouvir nossos pedidos. Entender isso pode ser muito encorajador, porque existem inúmeras oportunidades durante o dia para desenvolver o capital de conexão e, assim, o capital da escuta.

Uma ótima maneira de fazer isso é jogando o que chamo de jogo do "eu tenho que ouvir você agora". Introduza isso dizendo "Sei que ser criança é difícil. Há muitas coisas que os pais pedem! Portanto, vamos fazer um jogo. Nos próximos cinco minutos, você é o adulto e eu sou a criança. Tenho que fazer o que você diz, desde que seja seguro". Explique para seu filho que o jogo não envolve comida nem presentes (seu filho não pode dizer para você comprar cem pacotes novos de Pokémon nem dar a ele trinta sacos de balas); é sobre a rotina do dia. Mas os detalhes aqui não importam. O importante é inverter os papéis, permitir que seu filho experimente a posição do adulto poderoso e expressar empatia pelas dificuldades de ser uma criança. Durante o jogo, exagere como é difícil ouvir seu "pai/mãe"; vozes como "Nooooossa, mesmo? Tenho que arrumar os blocos de montar? Não queeeeero" e "Noooossa, não quero de tomar banho agora!" Acho esse jogo muito útil para mim mesma também; ele me lembra de como pode ser difícil receber ordens quando não quero fazer algo.

Como Acontece com Sônia e Félix?

Na próxima vez em que Félix não ouve, Sônia nota sua frustração: "Ah... olá, frustração. Sim, é muito difícil ser mãe quando seu filho está no palco sem ouvir." Então ela se lembra: "Ouvir é realmente uma cooperação, e a cooperação vem da conexão." Ela respira fundo e mais tarde faz o jogo do papel invertido com Félix. Ele pede para Sônia pular em um pé, guardar os lápis e fazer danças bobas sem parar. Não é nenhuma surpresa que Félix ame esse jogo e Sônia se divirta mais do que esperava.

Mais tarde naquela noite, quando Sônia pede a Félix para arrumar o quarto, ela se lembra de fazê-lo se sentir visto e diz;

— Ah, amigo... é hora de parar de brincar com os blocos. Eu sei que brincar é divertido! Teremos que dizer boa-noite para eles, tirar as roupas do chão e começar a escovar os dentes. Quer arrumar agora ou em dois minutos?

É uma agradável surpresa para ela ver menos resistência quando aborda Félix conectando-se a ele e lhe dando uma escolha.

CAPÍTULO 13

Birras Emocionais

> Ezra, de 3 anos, entra na cozinha e pede à mãe, Orly, sorvete no café da manhã. Orly diz com carinho:
>
> — Sorvete? Não, amor, não é uma opção. Que tal waffle?
>
> Ezra reclama:
>
> — SORVETE AGORA! Só sorvete, preciso agoraaaaa!
>
> Então, se joga no chão, chorando e gritando, sem parar, pedindo sorvete.

Birras são normais. *Na verdade, não são apenas normais... as birras* são saudáveis. Claro, isso não significa que sejam engraçadas, divertidas ou particularmente convenientes. Nada disso. As birras são desafiadoras e cansativas para todos os envolvidos. E mais, são uma parte do desenvolvimento saudável da criança. As birras, aqueles momentos em que as crianças parecem "se perder", são um sinal de uma coisa, e apenas uma coisa: a criança não consegue gerenciar as *demandas emocionais* de uma situação. No momento da birra, uma criança vivencia um sentimento, um desejo ou uma sensação que sobrecarrega sua capacidade de regular esse sentimento, desejo ou sensação. E há algo importante a lembrar: as birras são estados biológicos de *desregulação*, não atos de desobediência deliberados.

Muitas vezes, as birras começam quando uma criança deseja algo (como sorvete) e outra coisa (ou outra pessoa, como um pai/mãe) entra no caminho pegando a tal coisa. Ter um desejo frustrado é uma das experiências humanas mais difíceis — para as crianças, mas também para os adultos. As birras são o modo de a criança dizer: "Ainda sei o que quero, mesmo quando você diz não. Meu corpo inteiro está mostrando esse desejo, e estou frustrado por não realizá-lo." Queremos limitar os comportamentos perigosos da birra? Com certeza. Queremos manter nossa calma? É certo que sim. É nosso objetivo parar a birra e impedir que aconteça por completo? Não, claro que não. Veja o motivo: **queremos que nossos filhos queiram coisas para si mesmos**.

Como pais, queremos que nossos filhos consigam reconhecer e expressar seus desejos, consigam ser capazes de manter a ideia "Sei o que eu quero, mesmo quando as pessoas em volta me dizem não". **Mas não podemos encorajar a subserviência e a obediência em nossos filhos quando eles são jovens e esperar confiança e assertividade quando são mais velhos.** Não funciona assim. Imagine sua filha com 25 anos. Você deseja que ela consiga dizer "Não está tudo bem comigo" quando alguém faz uma pergunta inadequada? Deseja que ela consiga pedir um aumento? Consiga dizer para seu parceiro "Preciso que você fale comigo com mais respeito"? Se queremos que nossos filhos consigam reconhecer seus desejos e suas necessidades como adultos, então precisamos começar a ver as birras como uma parte essencial do desenvolvimento deles.

Se as birras são desencadeadas por querer e não ter, o que exatamente é liberado com toda essa "perda"? Bem, abaixo da superfície de qualquer birra existe uma criança que está acumulando sentimentos de angústia, ou seja, uma combinação de frustração, desapontamento, ciúmes, tristeza e raiva. Às vezes eu vejo as birras como sentimentos que explodem no corpo, como se a "jarra dos sentimentos de angústia" do meu filho estivesse totalmente cheia e qualquer evento imediatamente antes da birra fizesse a jarra inteira transbordar. Isso me ajuda a reconhecer a birra dele não como uma irritação ou um exagero ridículo, mas como um ser humano expressando um sentimento oprimido ou de dor. Pode ser útil para os adultos lembrar que também temos crises. Ficamos cheios demais com angústia e, por vezes, temos uma grande liberação quando algo pequeno dá errado. Imagine um dia em que você perdeu sua carteira, gritaram com você em uma reunião de trabalho e ouviu que seus amigos jantaram sem você; agora você chega em casa e deseja colocar seu moletom confortável e vê que ele encolheu na lavagem e não cabe mais. Falo por mim quando digo que posso me imaginar rompendo em lágrimas. Talvez até solte um "NÃOOOOOOOO!!! NÃO, NÃO, NÃO!" bem alto. E se meu parceiro disser para mim "Becky, não é importante, pegue uma camisa diferente!"... bem, digamos que minha reação não seria muito bonita. Mas se ele visse a explosão como um sinal de que devo estar passando por problemas, que deve haver mais na história do que ele testemunhou na superfície... então eu começasse a me acalmar, porque me sentiria vista, compreendida, segura e bem por dentro. O moletom que encolheu foi o gatilho, mas o acúmulo de desapontamento, frustração e tristeza abaixo da superfície estabeleceu a base. Ajudar nossos filhos nas birras depende de nossa capacidade de ver através do evento que desencadeia a "crise" e reconhecer os sentimentos reais de dor por baixo. Aprender a reconhecer uma birra pelo que ela é por dentro, em vez de reagir ao que está acontecendo por fora, é uma habilidade parental essencial.

As estratégias que ofereço o ajudarão nesse reconhecimento e podem ser aplicadas quando uma criança tem uma crise emocional pura sem nenhuma agressão física, como bater, cuspir, morder, chutar ou jogar algo. As birras que envolvem agressão física e violações dos limites requerem abordagens diferentes, que detalho no próximo capítulo. Essas estratégias têm o mesmo objetivo: ajudar uma criança a desenvolver habilidades de regulação das emoções. Elas não são para terminar uma birra. Quando nossa intenção é simplesmente parar o grito ou o choro, as crianças sentem isso e aprendem só uma lição: "Os sentimentos que me dominam também dominam meus pais. Meus pais estão tentando acabar com isso, o que significa que minhas emoções realmente são tão ruins quanto parecem." Nossas crianças não conseguem aprender a regular um sentimento que nós, adultos, tentamos evitar ou encerrar. Nosso objetivo durante uma birra deve ser ficar calmos e manter as crianças seguras. Depois, queremos introduzir nossa presença para que as crianças possam absorver nossa regulação diante da desregulação delas. As estratégias a seguir visam conectar seu filho, mostrar a ele que você entende e ajudá-lo a manter sua bondade interna.

Estratégias

Lembre-se de Sua Própria Bondade

Os pais se esforçam para ficar calmos diante das birras porque a desregulação dos nossos filhos traz à tona *nossos próprios* sentimentos de autoculpa. A culpa externa vem sempre combinada com a culpa interna; se nos perguntamos "O que há de errado com meu filho?", então estamos nos perguntando "O que há de errado comigo?" Podemos até pensar "Não estou sendo um pai/mãe correto(a)." É um pensamento doloroso, tanto que muitas vezes buscamos acabar com a birra de uma criança na tentativa de acabar com nossa própria angústia. Portanto, da próxima vez em que seu filho começar "a se perder", antes de você fazer qualquer coisa, diga para si mesmo: "Não há nada de errado comigo. Nada de errado com meu filho. Posso lidar com isso." Talvez esse mantra perdure em um lugar privado, como no espelho do banheiro ou em sua mesa de cabeceira. Veja se consegue praticar a incorporação desse pensamento em sua rotina diária.

Provavelmente ajudará mais ficar calmo durante uma birra do que qualquer outra estratégia.

Duas Coisas São Verdade

Quero que você memorize estas palavras: "Duas coisas são verdade: sou responsável por esta decisão e minha resposta é não. Você é responsável por seus sentimentos e tem permissão para ficar chateado." As palavras em si realmente importam menos do que a ideia e o tom. A ideia é a de que temos permissão para tomar decisões e nossos filhos têm permissão para terem seus próprios sentimentos. E quanto ao tom? Não queremos dizer essas palavras com frieza ou indiferença, como se fosse "Você tem permissão para ficar chateado e eu não me importo". Queremos passar uma permissão e uma empatia verdadeiras, talvez até dizendo "Sei por que você se sente assim", "É *muito* ruim, eu sei!" ou "Ser criança pode ser muito difícil". O segredo para gerenciar as crises é se lembrar de três coisas: (1) não somos responsáveis pelos sentimentos dos nossos filhos, (2) nossos filhos não precisam dizer "Certo, tudo bem!" quando tomamos decisões e (3) comunicar que estamos bem com os sentimentos dos nossos filhos os ensinará que não há problemas em ter sentimentos fortes, que é essencial desenvolver a regulação das emoções.

Nomeie o Desejo

Uma de minhas estratégias favoritas para as birras é nomear o desejo sob a crise da criança, ou seja, literalmente dizer em voz alta o que seu filho deseja e não está conseguindo. Sempre existe um desejo não atendido a encontrar, sendo algo tangível, como sorvete no café da manhã, ou algo mais interno, como querer mais independência ou se sentir ouvido. Quando nomeamos o desejo, imediatamente vemos abaixo da superfície e identificamos o que parece tão difícil — querer e não ter. Nomear o desejo conecta você e seu filho, evidencia sua empatia e faz seu filho se sentir visto, ajudando-o a se sentir seguro e bem por dentro, e também o ajuda a acalmar. Nomear um desejo pode ser algo pequeno e concreto ou grande e mais temático. Pode ser tão simples quanto "Você gostaria de sorvete no café da manhã. Eu sei", "Você gostaria de ir mais tarde para a cama", ou uma imagem maior, como "Você gostaria de tomar suas próprias decisões" ou "Você gostaria que isso não tivesse acontecido".

Valide a Magnitude

Muitas vezes é pedido que os pais "nomeiem o sentimento" quando os filhos estão chateados ("Você está muito zangado!" ou "Você se sente triste, eu sei"). Isso pode ser útil quando tentamos conectar nossos filhos nos momentos "normais", mas nos momentos de grandes birras, acho que validar a *magnitude* do sentimento é muito mais eficiente. Quando validamos a intensidade dos sentimentos deles, ajudamos a reestruturar uma massa confusa de emoções como algo concreto e mais fácil de entender. Talvez sua filha esteja lutando para aguardar a vez dela de pegar os lápis que a irmã está usando. Você pode dizer:

— Você quer os lápis... Você quer MUITO... do tamanho desta sala! Ou não... do tamanho da casa inteira. O quê? Caramba! Do tamanho do bairro inteiro!

Ou digamos que você tenha que sair do parque e seu filho está muito zangado com isso. Para validar a magnitude, pode dizer:

— Você não está chateado "como sempre" com isso... está chateado do tamanho do MUNDO inteiro!

Isso é bom, pois significa que a criança se sente vista no tamanho dos sentimentos e consegue expressar a seriedade de como sente o momento. Assim que você validar a magnitude, faça uma pausa. Veja seu filho com amor. Talvez acrescente: "Estou muito feliz por saber o tamanho que tem. É muito importante. Estou aqui com você."

Como Acontece com Orly e Ezra?

Orly observa Ezra cair no chão e se lembra de sua função durante a birra da criança: "Meu papel é manter meu corpo calmo e meu filho seguro… não acabar com a birra." Isso permite que ela respire fundo e veja Ezra como *passando* por um momento difícil, não *dando* a ela um momento difícil. Ela se lembra de que essa crise provavelmente é um sinal de que vários momentos emocionalmente desgastantes se acumularam em Ezra, momentos que não foram bons e exigiram dele aguentar firme. E agora, no momento do sorvete no café da manhã, saiu tudo de uma vez. Orly diz para si mesma: "Não há nada errado comigo, nada errado com meu filho, posso lidar com isso." Então ela fala para Ezra:

— Duas coisas são verdade: sorvete não é uma opção no café da manhã e você tem permissão para ficar chateado. Entendo. Também amo sorvete. Quando você estiver pronto, podemos encontrar outra coisa deliciosa para o café.

Ezra faz uma pausa por um momento quando ouve, então volta a chorar e gritar pedindo sorvete. Orly se senta no chão ao lado dele e diz:

— Você quer muito sorvete. Eu sei. Você quer tanto, do tamanho da cozinha inteira… do tamanho da casa! É muito difícil querer tanto algo e não ter.

Ela espera a birra passar, e, por fim, ela termina. Orly fica esgotada, e Ezra também, mas Orly se lembra de que fez seu trabalho, e bem-feito.

CAPÍTULO 14

Birras Agressivas (Bater, Morder, Jogar Coisas)

> Liam de 4 anos observa sua irmã de 6 anos, Charlotte, pegar uma garrafa azul de água na cozinha. Liam grita:
>
> — Não, quero essa! Azul é minha cor favorita.
>
> A mãe, Allison, coloca limites dizendo:
>
> — Charlotte já pegou. Ah, eu sei. Você pode usar a vermelha ou a verde hoje.
>
> Liam explode. Ele vai até a gaveta de garrafas e, antes que Allison consiga alcançá-lo, começa a jogar as garrafas pelo cômodo. Allison se aproxima dele, e ele começa a bater e beliscar a irmã, gritando:
>
> — Odeio você! Odeio você

Até essas birras são normais. *Até* essas *birras são* saudáveis. Garanto. Essas birras, as que envolvem *violações dos limites* (contato corporal com outra pessoa e comportamento agressivo), são um sinal de que o lobo frontal da criança, a parte do cérebro responsável pelo funcionamento executivo, inclusive o controle dos impulsos, está totalmente desligado e fisiologicamente inundado, em um estado de "ameaça". Bater, chutar, beliscar, cuspir, morder... esses comportamentos nos mostram que o corpo da criança acredita estar em perigo e é incapaz de regular a si mesmo no momento, portanto, a criança reage de um modo que qualquer um de nós reagira em uma situação de perigo: uma autoproteção violenta.

O córtex pré-frontal do cérebro humano, responsável pelo desenvolvimento da linguagem, da lógica, da visão de futuro e da perspectiva (todos fatores que nos ajudam a regular e ficar com os pés no chão), é extremamente subdesenvolvido nas crianças jovens. Por isso elas têm explosões emocionais tão intensas. As crianças chegam no mundo capazes de sentir e vivenciar, mas não conseguem regular a intensidade de seus sentimentos e experiências. Elas não entendem os sentimentos de ansiedade e desconforto em seu corpo como os adultos entendem, então, quando têm dificuldades, podem se sentir assustadas, em vez de apenas desconfortáveis. Na situação anterior, da garrafa de água, Liam tem que lutar não apenas com a frustração por não ter a garrafa azul, como também com o sentimento de ser invadido e surpreendido com o aumento de sua frustração. Ele se sente frustrado, mas também assustado com a sensação de frustração. E o que isso significa biologicamente? Seu cortisol, o hormônio do estresse do corpo, aumenta, assim como sua pressão sanguínea e a frequência respiratória, e como resultado, seu pensamento se torna obscuro. Ele está no modo "lutar ou correr", causado pela "ameaça" de sentimentos assustadores e confusos dentro de seu corpo. Como as crianças interpretam as mudanças como ameaças até seus cuidadores mostrarem o contrário, os surtos explosivos e emocionais são o modo de a criança dizer: "Estou assustada com os sentimentos no meu corpo. Não entendo o que está acontecendo comigo. Estou sendo atacado por sensações terríveis e não consigo afastá-las porque estão dentro de mim. Socorro, socorro, socorro!"

Aprender a ficar firme e ajudar a criança nas birras muito explosivas é realmente difícil, em parte por causa do comportamento dos nossos filhos, mas também por causa do que é requerido de nós nesses momentos. Parar a espiral requer que os pais *incorporem sua autoridade*. Embora pareça fortalecedor, está no centro do desafio para muitos adultos, em especial as mulheres, em sua vida adulta: afirmar-se e ocupar o espaço. E como é muito difícil, vários pais, inconscientemente, pedem que os filhos sejam responsáveis por remediar os momentos difíceis, em vez de dizerem: "Sou o adulto aqui, estou no comando, sei o que fazer." A outra dificuldade é que, quando incorporamos nossa autoridade assim, temos que tolerar a criança não ficando feliz conosco. Temos que estar preparados para nosso filho gritar "Não me pegue!" quando o afastamos ou quando ele nos olha com raiva quando tentamos separá-lo de um amigo. Isso nos força a fazer perguntas difíceis: "Como me sinto ao tomar uma decisão que pode ser atendida com resistência?"; "Como é para mim afirmar minha autoridade?"; "Quando penso em alguém que amo sentindo raiva de mim, como me sinto? O que tenho vontade de fazer?" Essas perguntas são essenciais na jornada para incorporar nossa autoridade, para que possamos dar amor com limites quando nossos filhos estão fora de controle.

Assim que confrontamos nossas próprias lutas com uma autoridade afirmada, ainda enfrentamos o desafio de lidar com uma criança que mostra comportamentos fora de controle. É importante primeiro lembrar que esses momentos explosivos acontecem porque uma criança está *apavorada com sensações, desejos e sentimentos correndo dentro de seu corpo*. Quando você pensa na criança como apavorada, não como má ou agressiva, consegue dar melhor ela aquilo de que ela precisa. Então, lembre-se de que seu papel nessas birras é igual ao seu papel nas birras menos explosivas: manter seu próprio corpo calmo e manter a criança segura. Manter uma criança segura, nesse caso, significa focar a *contenção*, porque uma criança fora de controle precisa de um pai/mãe atuando com firmeza, colocando um fim no comportamento perigoso e criando um ambiente mais seguro e limitado no qual a criança não possa continuar causando danos.

Não tente ensinar, dar sermão nem desenvolver novas habilidades com seu filho nos momentos explosivos; a contenção é o único objetivo. Por vezes digo repetidamente na minha cabeça: "Conter, conter, conter. Estou fazendo tudo que posso. Fazendo o suficiente. Conter, conter, conter."

Estratégias

"Não Permitirei Isso"

Diga isso em voz alta, "Você não pode jogar as garrafas de água!" e "Pare de jogar! Por favor!" Depois faça uma pausa. Respire. Agora experimente isto: "Não permitirei que jogue as garrafas." Essas três palavras, "Não permitirei isso", são essenciais na caixa de ferramentas dos pais. "Não permitirei isso" comunica que o pai/mãe está no comando, que impedirá a criança de continuar agindo de modo desregulado e, por fim, de se sentir péssima. Como nos esquecemos muitas vezes, as crianças não se sentem bem quando estão fora de controle. Elas não gostam de sentir seu corpo como incapaz de tomar decisões boas e seguras, assim como os adultos não gostam de se ver comportando-se de modos terríveis. E mais, nesses momentos de birra, as crianças são mentalmente incapazes de parar. Se elas pudessem parar de jogar coisas, parariam; se pudessem parar de bater, parariam; se pudessem parar de morder, parariam. Uma criança desregulada precisa de um adulto atuando e fazendo a contenção que *elas não conseguem fornecer a si mesmas*. Entrar com "Não permitirei isso" e seguir concretizando essa ideia é um ato de amor e proteção.

O que quero dizer com "seguir"? Bem, "Não permitirei que você chute sua irmã" muitas vezes requer um pai/mãe separando fisicamente as duas crianças; "Não permitirei que você me bata" muitas vezes significa ficar pronto para bloquear um soco antes que ele aconteça; "Não permitirei que você pule no balcão" muitas vezes significa pegar fisicamente sua filha e tirá-la de lá.

É importante notar que "Não permitirei isso" não é uma estratégia de referência para as ocorrências do dia a dia; não estou recomendando que você dite o que seus filhos fazem o tempo todo nem afirme sua dominação. "Não permitirei isso" é para os momentos em que seu filho não consegue mais tomar boas decisões, quando está sendo inseguro ou está se comportamento de um modo que pede uma liderança firme. Nesses casos, se você usa uma linguagem "pare, por favor" ou "você não pode", a criança fica apavorada por não estar no comando. Isso apenas a deixará mais desregulada, pois ela sentirá que você evita a autoridade e basicamente pensará: "Por que meu pai/mãe está me colocando no comando? Está claro que meus pais me veem passando por problemas e não interferem para ajudar! Os sentimentos que dominaram e se apoderaram do meu corpo agora dominaram e se apoderaram do meu pai/mãe... e isso é mais assustador do que qualquer outra coisa." Não é para menos que nossos filhos não consigam "se acalmar" desse modo.

Diferencie Desejo de Ação

Ter o desejo de morder é normal; morder uma pessoa não é. Ter o desejo de bater é normal; bater em uma pessoa não é. Encontrar modos seguros de redirecionar os desejos dos nossos filhos pode ser algo muito mais bem-sucedido do que tentar acabar com os desejos em si. Por exemplo, uma criança que morde pode receber um mordedor. Quando você notar que ela está ficando chateada, ofereça o mordedor para interromper o ciclo de descarregar o desejo em outra criança. Uma criança que chuta pode ser colocada em uma sala onde possa mover suas pernas, se debater e chutar, mas com segurança, não de um modo que entre em contato com outra criança. Afinal, só conseguimos aprender a regular os sentimentos e os *desejos* se nos permitimos tê-los; muitas vezes os pais não têm o objetivo de se livrar do desejo ("Por que você quer bater em alguém? Qual é o seu problema?"), mas de humanizá-lo, então mudar onde permitimos que a criança o descarregue permite a ela ter regulação e, com o tempo, a tomar melhores decisões.

Contenha o Fogo

Imagine os sentimentos desregulados do seu filho como um fogo; não deve ser tão difícil, pois esses momentos normalmente parecem quentes e explosivos. Não existe um extintor para o fogo da desregulação emocional (afinal, nossas emoções são a essência de quem somos; não queremos extingui-las), portanto, nosso objetivo deve ser simplesmente conter o fogo. Como você faria isso com um fogo real? Bem, gostaria de tornar o ambiente com fogo o menor possível; se pudesse, "moveria" o fogo de uma área grande para uma mais confinada, perto da porta, esperando em segurança.

Se uma criança ainda está furiosa depois de você dizer "Não permitirei isso" e intervir para parar o comportamento fora de controle, então ela basicamente está implorando por contenção. Um limite firme, ou seja, impedir a criança de fazer algo que é perigoso, por vezes é a melhor forma de amor e proteção. Sinaliza para a criança que seu fogo emocional não assumirá o controle da casa inteira, do quintal ou da festa de aniversário. Isso pode ser dividido nestas etapas:

1. Reconheça quando uma criança passa do ponto de retorno. Diga para si mesmo: "O fogo emocional do meu filho precisa de contenção. Posso fazer isso." Seu filho tentará rejeitar sua ajuda porque o corpo dele interpreta tudo pela lente da ameaça, mas, na verdade, ele está dizendo: "Por favor, seja forte. Faça o que for melhor para mim, mesmo quando eu grito e protesto."

2. Pegue seu filho e leve-o para um cômodo relativamente "seguro" (ou seja, sem itens perigosos que serão arrastados para a tempestade emocional) e pequeno. Um cômodo pequeno mostra à criança, por meio da comunicação corporal, não verbal, que seu fogo emocional não pode queimar a casa inteira. Diga para ela: "Meu papel número um é manter você seguro, e segurança agora significa levar você para

BIRRAS AGRESSIVAS (BATER, MORDER, JOGAR COISAS)

seu quarto e me sentar com você lá. Você não está em apuros. Eu te amo. Estou aqui." De muitos modos, essas palavras são mais para você do que para a criança, para você ouvir sua própria autoridade e se lembrar do seu papel. Fique firme, mesmo quando a criança se debate; lembre-se, ela não está em um estado de desafio, está em um estado de terror. Você é a única pessoa que sabe do que ela precisa no momento: sua presença amorosa e contenção.

3. Entre no cômodo, feche a porta, sente-se à porta para que seu filho não possa sair. Ele tentará? Provavelmente sim. Por sorte, você é maior que ele. Fique sentado lá.

4. Impeça qualquer agressão física. Para se sentirem seguras e reguladas, as crianças precisam provar que os pais podem impedi-las de tomar decisões ruins e que seus sentimentos não as colocam em perigo e nem a outras pessoas. Fique preparado para bloquear um soco ou um chute e diga para seu filho: "Não permitirei que você me bata" ou "Não permitirei que jogue os livros".

5. Foque sua respiração profunda. Torne-a um pouco exagerada e audível, para si mesmo e para seu filho. Se você não fizer nada, exceto ficar sentado à porta e fizer a respiração "chocolate quente" profunda, estará em vantagem. As crianças captam o estado emocional dos seus pais; se elas conseguem sentir sua regulação, mesmo no estado de maior desregulação delas, você está ajudando que se acalmem.

6. Diga para si mesmo, várias vezes: "Não há nada de errado comigo, nada de errado com meu filho. Posso lidar com isso." Se parece estranho ficar sentado com seu filho assim, diga para si mesmo: "Isso parece estranho, o que é um sinal de que realmente é novo para mim. É um bom sinal, um sinal de mudança."

7. Não tente raciocinar, dar sermão, punir, dizer muita coisa. Seu filho está em um estado de ameaça; ele não consegue processar nenhuma palavra e provavelmente interpreta qualquer coisa dita como mais perigo. Mas talvez ele consiga responder a uma comunicação não verbal, como nossa linguagem corporal, tom de voz e ritmo. Pode ser bom imaginar seu filho falando uma linguagem diferente nesses momentos, como se ele pudesse "entender" sua intenção e seus movimentos, mas não as palavras em si. Como resultado, é de sua respiração profunda e presença calma que ele precisa. Aguarde. Pode levar cinco minutos; pode levar trinta minutos.

8. Antes de conversar com ele, encontre seu ritmo lento e tom suave. As birras altas e caóticas precisam de vozes calmas e firmes. Diga para seu filho algo como a seguir, mais devagar e calmo do que parece natural, enquanto olha para outro lado ou para o chão, porque quando uma criança (ou adulto) está no modo "lutar ou correr", o contato visual direto pode ser interpretado como ameaça. "Você é uma criança boa passando por dificuldades. Estou aqui. Amo você. Faça a sua parte. Você tem permissão para se sentir assim." Ou tente cantar uma música simples repetidas vezes, bem lentamente. Faça uma respiração diafragmática lenta e audível.

Todo esse trabalho de contenção envia uma mensagem para a criança: "Seus sentimentos podem sair, mas impedirei que eles destruam o mundo à sua volta. Colocar para fora os sentimentos o ajudará, mas agir com fúria só piorará as coisas para você. Portanto, permitirei o primeiro e evitarei o segundo."

Personifique os Sentimentos

No calor do momento, as crianças podem dizer coisas desagradáveis: "Odeio você!", "Quero ficar sozinha!" ou "Espero que você morra!" Faremos uma pausa e reestruturaremos como vemos essas palavras. Seu filho não está falando com você. Sim. Ele está dizendo essas palavras em voz alta e parece estar despejando em sua direção, mas considere isto: seu filho está realmente falando com os sentimentos opressivos, terríveis e ameaçadores *dentro do corpo dele*. É como se ele dissesse para a desregulação "Odeio você!", "Quero ficar sozinho!" e "Espero que você morra!" como um modo de se proteger ou até como uma busca por alívio. Quando você reestruturar as palavras das crianças assim, achará mais fácil estar presente e firme. Verá que seu filho se sente amedrontado, sob ataque, claramente precisando de você.

Contando a História

A maioria de nós sobrevive à birra e pensa: "Uau, estou feliz por acabar, vamos em frente!" Mas podemos ter um grande retorno no investimento se, assim que todos se acalmam, nos conectamos ao nosso filho e examinamos o momento desregulado. Voltando à cena do fogo emocional e colocando em camadas a conexão, a empatia e a compreensão, você adiciona os principais elementos da *regulação* sobre o momento da desregulação. Então, na próxima vez que seu filho tiver problemas, esses elementos serão mais fáceis de acessar.

Contar a história é basicamente rever um momento de crise caótico para desenvolver coerência. Por vezes é uma estratégia; você não precisa examinar toda crise, mas pode ser útil tirar isso da sua caixa de ferramentas de vez em quando. Digamos que seu filho fez uma birra agressiva quando o irmão disse que não poderia participar da brincadeira. Horas, ou mesmo um dia depois, você pode dizer:

— Deixe-me ver se entendi direito... você queria brincar com Dante e Kaito... e Dante disse não... e você falou "Por favor, por favor", mas Dante disse não de novo... e isso foi muito ruim, difícil, então você chutou e gritou... Papai pegou você e o levou para seu quarto, se sentando com você... depois esperamos juntos e seu corpo se acalmou..."

É quando muitos pais perguntam *"E depois*? O que eu faço depois? Falo para ele como agir de modo diferente na próxima vez?" Não! O simples ato de adicionar sua presença, coerência e uma narrativa mudará como a experiência é armazenada no corpo da criança; lembre-se, o caminho que termina na regulação (ou seja, menos birras) começa com compreensão e conexão, e contar a história faz exatamente isso. Agora talvez você sinta suavidade ou abertura para dizer: "Hmm, é muito ruim não ser incluído. Eu me pergunto o que você poderia fazer se acontecesse de novo quando Dante tiver um amigo aqui..." Isso é bom, não fará mal algum. Mas lembre-se de que o principal elemento é a conexão e a narrativa, não a solução.

Como Acontece com Liam e Allison?

Allison vai até Liam e o afasta da gaveta de garrafas dizendo:

— Não permitirei que atire isso!

Allison sabe que Liam está em um estado de ameaça e não cai na armadilha do "Eu odeio você", ela reconhece que o problema real são os sentimentos de medo e desregulados de Liam, não suas palavras ou o comportamento na superfície. Allison vê que seu filho está fora de controle e o leva para o quarto, bloqueando uma tentativa de soco ao segurar seu pulso. Ela diz apenas:

— Meu papel número um é manter você seguro, e agora segurança significa levá-lo para o quarto e me sentar lá com você. Você não está em apuros. Eu te amo. Estou aqui.

Ela fecha a porta, o faz sentar e fica ao lado dele. Liam se debate, grita e berra: "Sai! Odeio você!" Allison visualiza isso como se Liam estivesse realmente falando com os sentimentos dele, não com ela, o que a ajuda a reconhecer seu papel como líder firme enfrentando essa tempestade. Conforme Liam continua, Allison sente seu coração disparando e nota sua frustração aumentando. Ela fala para Liam:

— Preciso de um momento, vou sair para respirar, depois volto aqui. Amo você. Você é uma criança boa.

Ela sai do cômodo, respira fundo algumas vezes e se lembra de que está segura e consegue lidar com isso. Então volta, impede Liam quando ele tenta chutá-la e diz algumas palavras aqui e acolá: "Estou aqui", "Coloque para fora" e "Tudo bem, você é uma criança boa passando por problemas". Por fim, Liam se acalma e pede um abraço. Allison não pune nem guarda rancor, ela o abraça e diz:

— Eu sei... eu sei... eu amo você.

CAPÍTULO 15

Rivalidade entre Irmãos

> Hari, de 6 anos, e Annika, de 4 anos, estão brincando com blocos enquanto o pai, Ray, prepara o almoço. Ray ouve um grito, depois um choro, e, então, uma cacofonia de ruídos. Ele corre para a sala de jogos e vê Hari juntando os blocos, impedindo a irmã de pegá-los. Annika corre para o pai dizendo:
>
> — Ele me empurrou! Ele me jogou no chão!
>
> Hari grita:
>
> — Não é verdade! Ela pegou os blocos que eu estava usando! Ela está sempre me metendo em confusão!

Por que irmãos brigam tanto? Bem, começaremos com a brilhante analogia de Elaine Mazlish e Adele Faber, autoras de um dos meus livros favoritos para pais, *Siblings Without Rivalry* (sem publicação no Brasil). Elas nos lembram de que, quando uma criança tem um irmão, isso se assemelha para elas a como você se sentiria se seu parceiro tivesse outra pessoa. Imagine seu parceiro voltar para casa e dizer "Ótimas notícias! Teremos uma segunda esposa! Você será a grande esposa e agora teremos uma pequena esposa, e seremos uma grande família feliz!" Se você for como eu, olhará em volta pensando "O QUÊ? Estou em um universo alternativo? Por que isso seria bom para *mim*?" Todos os seus parentes e vizinhos perguntam se você está *muito* animado com a nova vida, então, nove meses depois, todos trazem presentes e a abraçam, e para sempre você deverá amar essa mulher e conviver às mil maravilhas? Imagine que um dia você tira algo, alguma coisa que costumava ser sua, das mãos dela e todos gritam com VOCÊ dizendo: "Você não pode fazer essas coisas! Não pode pegar o brinquedo da pequena esposa! Veja como ela é pequena, indefesa e inocente!" A essa altura, acho que estaríamos mais do que confusas... estaríamos cheias de raiva por não nos sentirmos vistas. Isso. É. Ter um irmão.

Para uma criança mais velha, o acréscimo de um irmão ativa necessidades de apego e medos do abandono. As crianças, quando vistas pela lente do apego, estão sempre tentando descobrir se estão seguras. Elas perguntam:

— Minhas necessidades serão atendidas? Eu me sinto vista e valorizada por quem eu sou, por meus traços únicos, interesses, paixões e modos de ser? Sou vista como uma criança que é boa por dentro em minha família?

Quando as crianças se atacam, estão "dizendo" para seus pais que se sentem inseguras, que seu irmão parece uma ameaça à sua necessidade essencial de se sentir segura na família. Voltemos à metáfora de como seria para nós e do que nós precisaríamos de um parceiro, caso tivéssemos problemas com uma segunda esposa: pressupondo que não podemos convencer nosso parceiro de "se livrar" da outra esposa, pelo menos precisaríamos que ele realmente nos ouvisse, visse nossa experiência, nos desse tempo e atenção especiais e tolerasse os vários sentimentos que teríamos em relação à nova esposa. Quanto mais nos sentíssemos seguras em nossa relação com o parceiro, menos ameaçadora seria a nova esposa. Claro, ainda seria difícil e conflituoso, pois ter que compartilhar a atenção de alguém que você ama com outra pessoa é um desafio constante, mas há alguns fatores que tornariam isso pior e outros que o tornariam mais gerenciável.

Na categoria "mais gerenciável": os pais precisam aceitar que seus filhos têm vários sentimentos sobre os irmãos. Muitos pais se apegam a uma narrativa comum, mas irreal: "Os irmãos devem ser os melhores amigos!", "Meus filhos sempre devem ser bons entre si!" ou "Dei ao meu filho o presente do irmão, ele deve estar muito feliz". Estou sugerindo que ter mais de um filho é uma má ideia, que os irmãos costumam ser inimigos, que eles sempre devem ter terríveis uns com os outros? Não mesmo. Essas ideias são tão extremas quanto as primeiras. Estou dizendo que as relações entre irmãos são complexas, e quanto mais valorizamos essa complexidade, melhor conseguimos preparar nossos filhos para tolerar todos os sentimentos que surgem, para que possam regulá-los melhor. Quando isso acontece, os sentimentos deles não aparecem com tanta frequência no comportamento, e esse é o nosso objetivo. Lembre-se: o problema não são nossos sentimentos, a regulação deles é que é. A capacidade das crianças de regular os sentimentos depende de nosso desejo de reconhecer, validar e permitir tais sentimentos (e colocar limites quando os sentimentos entram em ações perigosas). Quanto mais conectamos nossos filhos sobre como eles se sentem, nesse caso, o ciúme ou a raiva de um irmão, menos provável eles explodirem na forma de comportamento: insultar, bater, zombar, humilhar.

Veja outra consideração importante em relação a entender a rivalidade entre irmãos: a ordem do nascimento. Essa ordem merece um livro próprio, mas deixe-me dizer algumas coisas aqui. Os primeiros filhos se acostumaram a ser sozinhos; eles são programados para ter total atenção dos pais, portanto, ter um novo irmão abala completamente a base de seu mundo. Essas crianças podem se ajustar, claro, mas temos que valorizar a magnitude da mudança, considerando o fato de que todas as suas expectativas de mundo se basearam em vê-las como apenas uma criança na família. Muitas vezes, os primeiros filhos parecem egocêntricos quando um novo irmão entra na família, mas abaixo do "Não gosto dele, mande de volta para o hospital!" ou dos pedidos de "Olha pra mim! Olha pra mim!" está uma criança cujo circuito está passando por uma grande mudança. O segundo e o terceiro (quarto etc.) filhos têm a programação oposta: o circuito deles é modelado pela presença de outra pessoa constantemente em seu espaço, constantemente capaz de fazer coisas que eles não podem (ainda), constantemente competindo por tempo e atenção. É frustrante ser o segundo filho. Você não pode fazer uma torre de blocos sem ver o irmão mais velho fazendo com isso mais facilidade, não pode correr no quintal sem ver o irmão correndo mais rápido, não pode treinar a leitura inicial sem ver o irmão mais velho lendo sem esforço. Não tem problema corrigir aqui, é só uma dinâmica para entender. Claro, a dinâmica dos irmãos não é igual. Algumas famílias veem o filho mais novo fazer coisas com mais facilidade que o mais velho; o filho mais novo aprende a ler enquanto o mais velho tem dificuldade; o mais novo é um grande atleta nos esportes, já o mais velho é mediano; essas sutilezas têm seus próprios desafios. Mas ter em mente a dinâmica da ordem do nascimento é essencial quando você considera o que está realmente acontecendo com seus filhos, como eles se sentem, quais inseguranças são suscitadas e quais necessidades não atendidas as crianças mostram por meio de seus comportamentos.

Estratégias

Momento Sem Telefone

Não existe uma estratégia tão importante para relações saudáveis entre irmãos do que o Momento Sem Telefone ou o tempo dedicado para cada criança passar sozinha com o pai/mãe. Quanto mais segura uma criança se sente com os pais, mais ela consegue ver o irmão como um companheiro, não como um rival. Quando meus filhos estão em uma situação particularmente desafiadora de irmãos, lembro a mim mesma: "Eles se sentem soltos e inseguros. Cada um precisa de mais conexão comigo para se sentir ancorado nesta família. Tudo bem, vamos marcar um Tempo Sem Telefone!" O Momento Sem Telefone é a base de mudança em várias áreas; verifique o Capítulo 11 para obter detalhes sobre isso como acontece.

"Não Fazemos Tudo Igual, Fazemos Segundo as Necessidades Individuais"

Vejo muitas famílias definirem uma meta de ser "imparciais" como um método de tentar diminuir o conflito, mas, na verdade, tornar as coisas imparciais é um dos maiores combustíveis do conflito. Quanto mais trabalhamos para ter imparcialidade, mais criamos oportunidades para *competição*. Quando tornamos as coisas imparciais, aumentamos a hipervigilância de uma criança; basicamente dizemos "Continue a observar seu irmão como um falcão. Veja se consegue rastrear tudo que seu irmão tem, porque é como se consegue descobrir o que você precisa nesta família". E existe um motivo de longo prazo que explica por que não desejamos visar a "imparcialidade" em nossas famílias: queremos ajudar nossos filhos na orientação *interna* para descobrirem suas necessidades, não na *externa*. Quando meus filhos forem adultos, não quero que pensem "O que meus amigos têm? Quais trabalhos, casas, carros eles têm? Preciso ter o que eles têm". Fale sobre uma vida de ansiedade e vazia. Isso leva a uma vida sem *interior*, ou seja, não importa quem você é por dentro, só como se compara com os outros por fora.

Veja como se afastar da imparcialidade: quando seu filho grita "Não é justo!", tente mudar o olhar dele para dentro. Não force; modele. Em vez de fazer as coisas iguais ("Logo você terá sapatos novos!"), rotule o que acontece dentro da criança: "É muito difícil ver seu irmão ganhar sapatos novos. Você pode ganhar sapatos novos? Agora não, amor. Nesta família, toda criança tem aquilo de que precisa, e seus sapatos ainda estão em ótimo estado. Você tem permissão para ficar chateado. Eu entendo."

Ou, se seu filho grita "Não é justo, você levou Mara para tomar sorvete quando eu estava no futebol! Você precisa me levar amanhã, só eu, você precisa!", uma "orientação imparcial" levaria você a dizer "Levarei você para tomar sorvete amanhã, tudo bem", o que ensinaria a seu filho que ele deve ver os outros (nesse caso, seu irmão) e determinar aquilo de que ele precisa. Veja um roteiro para uma resposta com base em uma orientação das "necessidades individuais":

Pai/Mãe: *"Você quer tomar sorvete comigo, hein?"*

Filho: *"Sim, você precisa me levar!"*

Pai/Mãe: *"Certo, então quando você pensa sobre nosso Momento Sem Telefone amanhã, é como gostaria que fosse indo tomar sorvete?"*

Filho: *"Hmm… talvez. Ou quem sabe poderíamos ir ao parque juntos. Hmm. Talvez isso. Eu posso te avisar?"*

Pai/Mãe: *"Certo. Pense nisso e então me diga o que é melhor para você."*

Nesse cenário, a criança aprende a olhar para dentro, para ela mesma, e determinar sua necessidade.

Permita o Desabafo (mas Apenas com Você)

Quando seus filhos sabem que podem falar com você honestamente sobre seus sentimentos em relação aos irmãos, é menos provável que descontem seus sentimentos no irmão ou na irmã. Então, faça questão de dizer para seus filhos "Ter uma irmã pode se difícil, hein?" ou "Tudo bem ter muitos sentimentos sobre seu novo irmão: empolgação, tristeza ou raiva. Todos esses sentimentos são corretos, e podemos falar sobre eles". Quando seus filhos ficarem mais velhos, você poderá utilizar algo ainda mais direto: "Iremos à competição de ginástica da sua irmã mais tarde… Sei que é complicado ver a irmã fazer algo e ter tanta atenção. Você ainda é uma boa criança ao se sentir assim. Podemos falar sobre isso." Lembre-se: nossos sentimentos são forças; os sentimentos que não nos permitimos ter provavelmente sairão de nosso corpo como comportamento. Quanto mais você permite que seus filhos sintam ciúmes, mais consegue resolver os problemas nos momentos em que o sentimento aparece; quanto menos permite o ciúme ("Não diga isso sobre sua irmã!") e menos habilidades uma criança desenvolve para lidar com ele quando surge, mais provavelmente o ciúme surgirá como insultos ("Márcia é a pior ginasta aqui, ela é péssima!") ou comportamento (fazer barulhos altos enquanto os espectadores devem ficar quietos, correr de você e gritar estridentemente).

Esse é o problema com o desabafo: tenho uma política de tolerância zero com irmãos se insultando ou xingando um ao outro. Na minha cabeça, isso é bullying e é algo que encorajo que as famílias sejam duras para evitar. Xingar não é uma provocação inocente; é um modo de a criança minar a confiança da outra, em especial quando os pais não intervêm para impedir. E é por isso que encorajo que os pais estabeleçam com cada criança o que é certo falar entre elas, sozinhas, sobre sentimentos de raiva ou ciúme entre irmãos; assim, há um espaço dedicado para esses sentimentos. Você pode até expressar isso com seu filho quando vocês estão sozinhos: "Sei que ter irmãos é complicado. E sei que você tem muito a dizer sobre sua irmã. Você pode falar comigo sobre isso quando estamos juntos, só nós dois, e não tentarei convencê-lo do contrário nem direi para não se sentir assim. Tentarei lembrar e ajudar. E... veja outra coisa importante: é certo que eu não permitirei que fale palavras pesadas, insultos nem provocações para sua irmã. Meu papel número um é manter todos seguros nesta família, e segurança inclui as palavras que usamos entre nós."

Intervenha quando Há Perigo, Desacelere e Descreva quando Não Há

Queremos ensinar nossos filhos a resolver os problemas entre si, e não a depender de nós para julgar quem está certo ou errado, quem vai primeiro e quem vai depois. Para tanto, temos que ensiná-los a *desacelerar* quando estão agitados; assim que as crianças regulam, elas tendem a resolver os problemas naturalmente. A exceção? Quando há perigo, e isso significa não apenas bater, jogar coisas, lutas físicas e ameaças, mas também agravos verbais que são cruéis, envolver xingamentos ou bullying. Nessas situações, devemos intervir para proteger as *duas* crianças; a criança sendo ameaçada e a criança fora de controle. Ambas precisam de nossa ajuda.

Intervenha (Situações Perigosas)

Quando nossos filhos estão fora de controle, eles precisam de nós para assegurar que estamos no controle. Mais uma vez, é onde você pode usar a frase "Não permitirei isso", que vimos no capítulo anterior: "Não permitirei que você bata na sua irmã. Algo chato deve ter acontecido. Você tem permissão para estar furioso e posso ajudar a encontrar um modo de expressar isso." Talvez a frase "Não permitirei isso" precise ser combinada com uma ação física para reforçar as palavras, como ficar entre seus filhos ou afastar uma criança da outra. Depois de intervir, avalie se seus filhos se acalmaram ou precisam ser separados ainda mais, não porque um deles é ruim ou tem problemas, mas porque você precisa de mais espaço para manter todos seguros. Se esse for o caso, use estas palavras: "Preciso que os dois vão para seus quartos, agora. Vocês não têm problemas. Meu papel número um é manter todos seguros, e agora segurança significa os dois separados para que possamos acalmar nossos corpos. Estarei com vocês daqui a pouco. Eu os amo." Talvez também signifique levar uma criança desregulada para o quarto dela dizendo: "Sei que isso é ruim para você. Bater nunca é bom. Sua irmã precisa de minha ajuda para acalmar o corpo dela. Voltarei para ver você também, sei que você também precisa de mim. Amo você."

As situações perigosas com "Não permitirei isso" também podem incluir palavras desagradáveis, insultos ou provocações; esse é outro motivo para um pai/mãe intervir e separar os filhos, para proteger uma criança do bullying e proteger a outra para não continuar no papel de agressor. Ambas precisam de nossa ajuda.

Desacelere e Descreva (Situações Sem Perigo)

Quando nossas crianças discutem ou intensificam, mas não há uma violação de limites com o corpo (bater, chutar) ou as palavras (ameaças, xingamentos), nosso papel é desacelerar as coisas, mas *não resolvê-las*. Modele a regulação *em si mesmo* sem forçar a regulação nelas ("Sei que preciso respirar fundo!", em vez de "Respire fundo!"), lembrando a seus filhos que você não é o juiz da verdade, ajudando os dois a descrever sua perspectiva sem ficar do lado de um ou fazer que seja a "criança ruim" ou a "criança boa". Veja um exemplo: seus filhos estão tentando descobrir quem fica com o carro de bombeiros favorito hoje. Os dois gritam e estão chateados. A solução seria como "Deixe Jéssica usar primeiro, ela tem 2 anos, caramba!" ou "Micael, você brinca agora, depois Jéssica brinca". Mas desacelerar seria assim: "Pegarei o carro de bombeiros por um segundo; tudo bem, peguei. Agora sei que *eu* preciso respirar fundo." Respire fundo duas vezes para que seus filhos "peguem emprestada" sua regulação. "Hmm, duas crianças, um carro! Isso é complicado. Eu me pergunto o que podemos fazer? Imagino se tenho uma solução aqui..." Então faça uma pausa. Lembre-se, seu papel é desacelerar a situação para que seus filhos possam regular seus corpos e ter acesso às suas próprias habilidades de solução dos problemas. Aqui, você está ajudando as crianças a aprenderem o processo que leva à solução; quando corrigimos as coisas para nossos filhos, apenas incutimos neles a necessidade de que nós resolvamos os problemas, e isso é frustrante para todos.

Como Acontece com Hari, Annika e Ray?

Ray se lembra de "Desacelerar, não resolver" e começa a modelar a regulação *nele mesmo*:

— Nossa, tem muita coisa acontecendo aqui! Sei que eu preciso respirar fundo!

Ele coloca a mão no coração e faz algumas respirações audíveis; isso é muito diferente do que Hari e Annika normalmente veem em um pai/mãe, sendo suficiente para fazer com que pausem. Ray continua:

— Vejo duas crianças chateadas… sei que os dois não gostam de como as coisas estão. Sei também que não serei a pessoa a decidir o que estava certo ou errado nem o que aconteceu de fato. Annika… parece que você queria brincar com os blocos também… e Hari, parece que você tinha um plano de construção e queria os blocos. Ah, isso é muito complicado. Duas crianças, ambas querendo os blocos, ambas cheias de ideias criativas… Aposto que se realmente pensarmos… poderemos encontrar uma solução. Hmm…

Então ele faz uma pausa. Por fim, Hari diz:

— Aqui, pegue estes.

E Annika parece satisfeita. Ray fica esgotado com isso, mas se lembra de que seus filhos estão aprendendo a resolver problemas e esse processo foi muitíssimo útil nesse sentido. Ele também armazena dados para mais tarde, notando que Annika e Hari podem estar achando complicado ter irmãos, assim ele decide marcar um Momento Sem Telefone com cada um.

CAPÍTULO 16

Grosseria e Rebeldia

> Farrah, de 8 anos, pergunta à mãe, Heather, se pode ir para a casa da amiga sábado à noite.
>
> — Você sabe que veremos a vovó no sábado, então não será possível — diz Heather.
>
> — Odeio esta família — Farrah murmura baixinho.
>
> — O que você disse? — pergunta Heather. — O que foi?
>
> Farrah explode:
>
> — Eu disse que odeio você e odeio esta família! Você é a pior mãe do mundo!
>
> — Por que você acha que pode falar comigo assim? Vá para seu quarto agora!

Q uando as crianças são grosseiras ou até muito rebeldes, os pais têm duas opções: podemos ver o comportamento pela lente do desrespeito a *nós* ("Meu filho não me respeita!") ou pela lente da desregulação das emoções *deles* ("Meu filho está passando por dificuldades agora").

É uma tentação ficar com a primeira lente, é a rota mais fácil e normalmente mais arraigada. Mas pense sobre si mesmo; por que às vezes você é grosseiro com as pessoas? Por que responde ou desobedece seu chefe? Sugiro o mesmo motivo, sempre: eu me sinto incompreendido. Eu quero me sentir visto e não sou. Eu me sinto frustrado com o fato de a outra pessoa realmente não me ouvir e minha relação com ela não ser tão forte quanto poderia neste momento. Saber como eu agiria ajuda a orientar minha abordagem quanto à grosseria ou à rebeldia nos filhos.

Digamos que você fale para seu filho de 7 anos, Hunter, que ele não pode jogar videogames esta manhã. Então, quando vai para a sala depois do café da manhã, você o vê jogando videogame. Quando usamos a lente do desrespeito, pensamos: "Eu disse não! Minhas palavras não têm valor? Hunter faz o que quer, ele não respeita os adultos!" Sentir-se desrespeitado pode ser muito provocador, portanto, a maioria de nós desejaria gritar ou punir, não porque isso daria a Hunter um novo respeito por nós, mas porque, como adultos, não podemos tolerar os sentimentos desconfortáveis da falta de empoderamento em nosso corpo, assim, nos impomos punindo para nos sentir melhor.

Mas quando vemos o comportamento de Hunter pela lente da desregulação da emoção, podemos pensar: "Hunter queria muito algo, eu disse não, e ele não conseguiu tolerar o sentimento de querer e não ter. Tenho que trabalhar nisso com ele. E mais, eu me pergunto se algo está errado entre nós, em nossa conexão, que acabou refletindo em ele não me ouvir."

Como sabemos, as crianças não têm ótimas habilidades de regulação das emoções. Quanto maior e intenso é um sentimento, menos elas conseguem gerenciá-lo bem. Assim, em vez de falar sobre o sentimento, respirar fundo ou ter um momento para se recompor, ou seja, todas as coisas que você pode querer que um adulto faça quando tem um sentimento forte, na criança esse sentimento pode surgir na forma de uma rebeldia gritante, no caso de Hunter, ou no caso de Farrah, como "Odeio você" ou "Espero que você se afogue!" E quanto maior e mais intenso é o sentimento, mais provavelmente ele se manifestará com essas declarações ou esses comportamentos, que muitas vezes levam os pais a punir a criança ("Você não pode dizer isso para mim!" ou "Vá para seu quarto já!"). Agora estamos em um ciclo vicioso: a grosseria da criança é atendida com a reação dos pais, que leva a criança a se sentir mais incompreendida e sozinha, o que aumenta a intensidade do sentimento dela (lembre-se: não é tanto o sentimento, é a solidão em um sentimento que parece tão ruim) e leva a um comportamento e palavras mais desregulados.

Como pais, devemos tentar separar as habilidades de regulação subdesenvolvidas dos nossos filhos (porque ainda são limitadas, podem se mostrar como grosseria e rebeldia) dos sentimentos reais e normais (raiva, tristeza). Devemos aprender a ver abaixo da expressão e enxergar as palavras como um pedido desesperado de compreensão da imagem maior. E devemos desaprender a ideia de que, se não punirmos o comportamento original, muito provavelmente ele acontecerá de novo. Não reforçamos o comportamento ruim pulando a punição. A ideia é a de que, se "deixarmos uma criança se safar", ela aprenderá que "tudo bem falar com os pais assim"...bem, isso pressupõe uma visão muito negativa do comportamento humano, uma na qual não acredito.

Imaginemos a grosseria na superfície em nossa própria vida: você teve um dia difícil e seu parceiro pergunta se você tirou os pratos da lava-louças. Você reage: "Fiz um milhão de coisas. Não tirei os pratos. Você consegue fazer uma coisa sozinho?" Em vez de retrucar ou repreender você por sua grosseria na superfície, imagine seu parceiro dizendo: "Nossa, isso foi grosseiro. Mas, amor, você deve estar sobrecarregada para ter reagido assim. Isso é mais importante do que seu tom. Vamos começar assim — como foi seu dia? Quero entender."

Como se sente? Na sequência, é mais ou menos provável que você seja grosseira com seu parceiro? E como se sentiria se, em vez de falar isso, ele respondesse: "Não tolero sua grosseria. Sem TV por uma semana!" Acho que todos sabemos que esse cenário não termina bem para ninguém. O mesmo princípio serve para nossos filhos; ver a grosseria com empatia e bondade fará com que eles se sintam vistos e ajudará a inspirar a bondade em troca.

Estratégias

Não Morda a Isca

Responder ao comportamento superficial do seu filho, como se as palavras dele fossem a única verdade, é morder a isca. Ver o comportamento dele como um sinal de algo mais profundo e mais vulnerável, ou seja, ver os *sentimentos abaixo das palavras*, não as palavras em si, significa *não* morder a isca. Essa diferença é tudo.

Como funciona?

- Passo 1: Coloque um limite em torno do comportamento da criança ("Não permitirei isso..." ou "Não permitirei que você...").

- Passo 2: Tenha uma **interpretação generosa**, reconhecendo os sentimentos mais profundos, as preocupações e o desejo de ser visto. Por vezes, a presença sem palavras é suficiente (lembre-se, as crianças interpretam sua presença como um sinal de sua bondade, pois você está mostrando para seu filho que ele não o assusta).

Exemplos:

- "Desligarei o console e pegarei o controle. Veja, algo está acontecendo. Eu disse não e você começou a jogar mesmo assim. Vamos descobrir mais tarde, depois de pensarmos sobre isso; algo sobre videogames torna muito difícil que você me ouça, e também deve estar acontecendo algo entre nós para isso ter acontecido."

- "Nossa, são palavras pesadas... Você deve estar muito chateado para ter dito isso. Sei que você está chateado porque a torre caiu. Eu ficaria assim também. Estou aqui. Amo você."

- "Não permitirei esse tom... para ter dito isso, você deve estar chateado com muitas coisas. Eu adoraria ficar a sós com você. Sei que é muito difícil ser adolescente neste momento. Quero ouvir e entender. Amo você, mesmo quando está bravo comigo."

- Às vezes as palavras são um peso; sempre se permita respirar fundo e acenar com a cabeça, talvez olhando para o chão. Nos momentos intensos, até o contato visual pode ser demais, mas esse gesto simples diz: "Ouvi você. Estou aqui. Amo você."

Incorpore Sua Autoridade, Sem Punir ou Assustar

Diante da rebeldia gritante:

1. Respire fundo algumas vezes. Lembre-se, rebeldia não é sinal de desrespeito nem de uma criança má.

2. Incorpore sua autoridade. Descreva o que você está fazendo conforme reafirma seu papel de estabelecer limites (lembre-se de sempre saber seu papel). Você pode dizer "Estou tirando você do sofá", enquanto pega seu filho, que não deve pular no sofá. Ou quando encontra sua filha escondida no *closet* com o iPad depois do tempo permitido terminar: "Você pode me dar o iPad agora ou, se for muito difícil me passar, posso pegá-lo de você." Então talvez: "Irei tirá-lo de você, querida, e eu sei que não será agradável."

3. Mantenha o limite, mas lembre-se de que você está fazendo isso porque seu filho ainda não tem a capacidade de controle dos impulsos, não porque ele desobedeceu você. Isso pode significar ficar no quarto com a criança que claramente não conseguiu ouvir sua regra para não pular, ou colocar o iPad em algum lugar que sua filha não possa acessar. Não espere que seu filho desenvolva de repente a capacidade de controle dos impulsos só porque foi "pego". A criança está **dizendo** a você que ela precisa de sua ajuda com o limite. Agora você precisa ser a pessoa que ajuda.

4. Considere se há um modo de **sublimar** o desejo, isto é, você pode ajudar seu filho a expressar seu desejo geral de um modo que não viole seu limite? A linguagem aqui poderia ser "Você realmente quer pular. Não deixarei que pule no sofá. Vamos para fora pular na grama" ou "Acho que está me dizendo que precisamos fazer uma

lista das atividades que são divertidas para você fazer quando estou ocupada com os e-mails do trabalho".

5. **Reflita e aja depois.** Com qual controle do impulso seu filho tem problemas? Quando as coisas se acalmarem entre vocês, é possível ajudar a criança a praticar o desejo e, então, fazer uma pausa, respirar e escolher uma opção melhor? Você precisa de mais aceitação do seu filho para que ele ouça certas regras?

Conte a Verdade

Na próxima vez em que você definir uma regra da qual sabe que filho não gostará, diga isso. Quando faz isso, estabelece sua conexão validando a experiência dele e cria uma oportunidade para debater e lidar com o assunto com antecedência. Nesse caso, você pode dizer: "Nada de pular no sofá. Eu sei, que chato, não é? Você ama pular nas coisas e com certeza o sofá é elástico. Eu me pergunto em que você *poderia* pular?" ou "Tenho que ver alguns e-mails do trabalho. Sei que você conhece a regra da família; nada de iPad até mais tarde. Talvez seja difícil para você pensar em algo divertido para fazer enquanto estou ocupada e sei que gostaria de ter o iPad como uma opção. Entendi. Hmm... o que você poderia fazer enquanto trabalho um pouco?"

Conecte e Desenvolva Regulação Quando Todos Estão Calmos

Quando as crianças retrucam ou resistem, muitas vezes os pais querem se *desconectar* delas. Contudo, do que nossas crianças mais precisam nesses momentos é dos esforços para reconectar. Lá no fundo, uma criança cheia de grosseria e rebeldia está gritando: "Não acho que você entende o que se passa dentro de mim. Preciso que você tente entender, quero que esteja por perto, para me ver como uma criança boa por dentro. Isso não significa permitir que eu me comporte como eu gostaria; significa se perguntar junto comigo por que estou agindo assim, tentando encontrar meios de me reconectar." O segredo aqui é o Momento Sem Telefone. Você também poderia experimentar "Eu já contei sobre quando..." e o Jogo do Abastecido.

Como Acontece com Farrah e Heather?

Quando Farrah grita "Eu odeio você", é importante para Heather se lembrar de que "Isso é desregulação, não desrespeito" e reconhecer o sentimento de Farrah.

— Entendo... é chato não ir para casa da Amina.

Isso pega Farrah de surpresa, mas ela ainda retruca:

— Você não entende! Nunca entenderá!

Então Heather se lembra de que por vezes a presença é suficiente. Ela respira fundo de novo, olha para o chão e acena lentamente com a cabeça:

— Estou aqui — diz ela.

Mais tarde naquela noite, depois de as duas se acalmarem, Heather se senta na cama de Farrah.

— Sei que você odeia não fazer coisas divertidas com seus amigos. Eu também odiava. Eu já contei sobre quando não fui à festa de 16 anos da minha amiga porque tive que ir ao campeonato de futebol do meu irmão? Foi horrível, eu fiquei muito brava.

Depois, Heather reforça a bondade de Farrah dizendo:

— Você é uma criança boa com dificuldades. Eu sei disso. Nada que você faça ou diga mudará o quanto eu a amo.

CAPÍTULO 17

Choradeira

> Adeze está fazendo o dever de casa na mesa ao lado da mãe, Imani, que a ajuda e também responde aos e-mails no celular e segura o irmão mais novo de Adeze, que engatinha por toda a sala. Adeze quebra a ponta do lápis e diz para a mãe, com uma voz chorosa:
>
> — Preciso apontar o lápissssss! Arranja outro pra mim?
>
> Imani se sente a ponto de explodir.

Se a choradeira lhe dá arrepios, bem-vinda ao clube. Sou o membro fundador. E mais... vejamos um pouco mais a fundo. O que lhe dá calafrios, e por que, são pistas importantes sobre nós mesmos. Até a frase "isso lhe dá calafrios" reflete como certos comportamentos disparam circuitos em nosso corpo. Entender o que realmente acontece quando a choradeira nos enlouquece nos ajudará a descobrir o que fazer com ela.

Muitas vezes os pais interpretam a choradeira como ingratidão, ou seja, quando nossos filhos lamentam que eles não gostam do jantar que preparamos ou realmente querem um brinquedo novo, pode parecer que eles não estão reconhecendo todo o esforço que fizemos para lhes dar tanto. Contudo... acho que essa interpretação costuma não considerar o que acontece com as crianças nesses momentos. Vejo assim: as crianças se queixam quando se sentem desamparadas.

Por vezes eu uso a fórmula choradeira = forte desejo + impotência. Quando uma criança quer se vestir, mas a tarefa parece insuperável, ou quando ela quer brincar, mas você disse não, são momentos em que a choradeira aparece. Então por que a choradeira dispara algo dentro nós? É mais do que apenas o tom alto da voz das crianças ou a natureza aparentemente sem fim dos pedidos. Se a choradeira representa o desamparo, então pode disparar se você cresceu em uma família em que teve que bloquear sua vulnerabilidade. Se frases como "Recomponha-se!", "Vença por seus próprios méritos!" ou "Pare de agir como um bebê, vamos lá, você consegue fazer isso!" eram comuns na sua família, então provavelmente não havia muita tolerância para seu próprio desamparo. Como resultado, você pode ter aprendido a bloquear essa parte em si. Agora, quando seus filhos choramingam, é como se seu corpo dissesse: "Ah, sei o que fazer aqui. Bloquear, bloquear!" Ele reage ao seu filho como aprendeu a reagir a você.

Mas a verdade é que, mesmo para os adultos, essa combinação de querer e desamparo é brutal. Eu choramingo nessas condições. Me lembro de certa vez ir a uma cafeteria antes do trabalho, e a porta estava trancada. O gerente colocou a cabeça para fora e disse:

— Estamos atrasados hoje, abriremos em vinte minutos.

Meu coração parou. Estava louca por um café porque tinha saído cedo de casa sem cafeína, mas não podia esperar vinte minutos ou me atrasaria para uma reunião. "Porrrr favorrrr?", eu choraminguei. Minha voz parecia horrível de fora e meu corpo se sentia horrível por dentro — desespero e desamparo.

As crianças também choramingam quando buscam conexão, para indicar que se sentem sozinhas e não vistas em seus desejos. Embora nosso papel como pais seja tomar decisões que achamos certas para nossos filhos mesmo diante do protesto, ainda podemos praticar a compreensão e a conexão. Sentir-se sozinho e desesperado é muitíssimo difícil, uma vez que os seres humanos se sentem mais seguros quando temos conexão e esperança. Isso não significa que você deve ceder às demandas ridículas dos seus filhos, porém, quanto mais você foca os sentimentos abaixo da superfície e lhes dá a conexão necessária, menos seus filhos choramingam. E quando eles fizerem isso, porque farão em algum momento, lembre-se de que a dinâmica subjacente é o segredo para passar pelo momento sem mudar sua decisão. Saber o que motiva a choradeira nos ajuda não só a reduzi-la, mas também a responder a ela com eficiência quando é inevitável que apareça.

Consideremos meu exemplo da cafeteria. Não era responsabilidade do gerente me ajudar a me sentir mais segura emocionalmente, claro, mas digamos que ele tivesse saído e simplesmente falado "Estamos atrasados hoje. Sei que normalmente abrimos às 8h, então faz sentido que você esteja aqui esperando um café. Estamos com problemas e só podemos abrir às 8h20 hoje. Sei que está desapontada. Querer café e não ter é a pior coisa!" Fico imaginando se eu teria um colapso com minha choradeira desesperada dizendo "Porrrr favorrrr?" Provavelmente não. E digamos que eu tivesse um colapso e o gerente respondesse "Já passei por isso" (conexão) ou "Sei que é uma droga e acho que você conseguirá" (esperança). Acho que eu teria me sentido muito melhor.

Existe um motivo final para as crianças choramigarem, e ele é importante: muitas vezes, elas buscam alívio emocional, e choramingar é um sinal de que tudo parece demais. Em geral, é um indicador de que uma criança precisa "colocar tudo para fora". Em uma recente tarde de sábado, meu filho se queixou de que queria água com "nove cubos de gelo", então reclamou que a água estava fria demais, depois insistiu que eu aquecesse a água mantendo o gelo nela. Depois de sobrevivermos a isso, ele olhou seu almoço e insistiu que não queria a massa com queijo; queria sem queijo, então um pouco de queijo, na verdade todo o queijo, então disse que não queria massa nem queijo.

Eu estava ficando cada vez mais frustrada, suas queixas estavam me dando calafrios, então parei e pensei: "Certo. Na verdade, meu filho está me pedindo para colocar um limite para que ele possa soltar os sentimentos. Sua choradeira e irracionalidade são seus modos de dizer para mim 'Mãe, fique firme, forneça uma contenção firme para mim. Preciso chorar muito'." Parei de tentar melhorar as coisas e apenas disse:

— Não parece bom, hein? Nada parece como você deseja. Entendi, amor. Alguns momentos são assim.

Ele não me olhou de volta em resposta e disse:

— Ah, mãe, você me entende tão bem.

Não. Ele gritou, protestou e chorou. Eu o levei para o quarto e me sentei com ele por um tempo, até ele colocar tudo para fora. É isso que eu sabia: ele precisava disso. Suas queixas eram um pedido.

Estratégias

Canalize Seu Chorão Interno

Se você é visivelmente acionado pela choradeira do seu filho e cresceu em uma casa em que a vulnerabilidade não era tolerada, quero que experimente algo. Agora, coloque sua mão no coração e diga para si mesmo: "Tudo bem precisar de ajuda e se sentir impotente. As pessoas fortes e resilientes se sentem assim às vezes." Talvez até experimente choramingar na frente do espelho. Reclame dos e-mails que precisa responder, de não querer limpar a casa, do quanto se sente cansado. Ironicamente, quanto mais você *aceita* choramingar consigo mesmo, menos é atingido por isso. Quando seus filhos se queixarem e você sentir o sangue ferver? Diga em voz alta: "Um momento. Preciso respirar fundo." Então, coloque a mão no coração e diga para si mesmo "Estou seguro. Posso passar por isso", conforme respira fundo.

Humor

A melhor solução para a choradeira de uma criança é a brincadeira de um adulto. Quando respondemos a uma choradeira com bobagem ou humor, damos aquilo de que a criança mais precisa: conexão e esperança, ambas presentes nos momentos leves. (Contudo, é importante lembrar que brincadeira *não* é deboche. A primeira pretende conectar e adicionar leveza, a segunda distância e adiciona vergonha.) Da próxima vez que seu filho disser "Preciso que você pegue meu pijamaaaaaaa!", respire fundo, lembre ao seu corpo de que você está segura, e então experimente algo como "Ah, não! Ah, não! Ah, não! Choradeira de novo! Como ela conseguiu" — vá até a janela, olhe para fora — "entrar aqui mais uma vez?" Continue com o monólogo e veja seu filho se soltar. "Certo, não sei como ela entrou, mas pegaremos algumas. Vá para outra criança!" Ande até seu filho e finja "pegar" a choradeira do corpo dele, depois jogue-a pela janela, porta afora ou por algum outro lugar. Depois, volte até seu filho e diga algo como "Tudo bem, desculpe. O quê? Ah, você quer seu pijama?" Você pode pegá-lo para seu filho nesse momento. Você não está "reforçando" a choradeira, está apenas adicionando brincadeira e conexão.

Reformule o Pedido com Sua Própria Voz e Continue

Muitos pais acreditam que devem fazer a criança reformular seu pedido com uma voz "mais forte" depois da choradeira, para não "reforçar" o choro. Não há nada errado nisso e com certeza é bom às vezes dizer "Você pode me pedir de novo sem choramingar?" de um modo que não pareça muito pedante ou controlador. Mas, às vezes, entramos em uma luta por poder desnecessária com nossos filhos quando insistimos que eles reformulem os pedidos com um "tom mais apropriado", e de repente, um momento menor se torna uma grande batalha. Não vale a pena (nada vale quando termina com duas pessoas presas em uma luta por poder). Em vez de solicitar um pedido reformulado, acho que modelar eu mesma e seguir em frente é mais humano e mais eficiente. Como seria? Quando seu filho diz "Papai, preciso do meu liiiiiivro!"... em vez de "Preciso que você diga isso de novo com uma voz mais forte", experimente "Papai, por favor, pode pegar aquele livro? Muito obrigado". Então troque de lado e responda "Com certeza, amor, tudo bem". Entregue o livro, respire fundo, pule o sermão e confie que seu filho ouve a diferença e incorpora a mudança.

Veja a Necessidade

Quando as crianças estão choramingando, elas estão pedindo uma combinação de mais atenção, mais conexão, mais cordialidade, mais empatia, mais validação. Há inúmeras coisas que podemos fazer em resposta a uma choradeira que atesta essas necessidades não atendidas:

- Coloque o celular de lado e diga: "Coloquei meu celular de lado porque sinto que me distraio e você nota isso. Estou aqui agora. Estou aqui."
- Agache até o nível da criança e diga: "Algo não está bem para você. Acredito em você. Vamos descobrir."
- Tenha empatia com a condição da infância em geral: "Às vezes é realmente difícil ser criança. Eu sei." Talvez continue se for relevante, "Você gostaria de tomar suas próprias decisões. Entendo isso."
- Permita a liberação: "Solte tudo, amor. Tudo parece ruim. Estou aqui com você. Tudo bem."
- Faça o Jogo do Abastecido: "Acho que você está me contando... que não está abastecido com a mamãe. Posso abastecer você?"

Como Acontece com Adeze e Imani?

Imani está ciente de que a choradeira a afeta, então, quando Adeze choraminga para apontar o lápis, ela respira fundo e responde:

— Como essa choradeira entrou aqui? Não acredito em como ela foi sorrateira! Devemos ter deixado a porta aberta! Tudo bem, pegarei a choradeira... e a jogarei lá fora!"

Imani vai até a janela, a abre e faz o movimento de jogar fora antes de fechar a janela de novo. Isso permite a ela fazer algo com seu corpo para que se sinta mais calma e tenha um tempo para conseguir ser menos reativa. Imani volta até Adeze e diz:

— Tudo bem, consegui! Espero que seus colegas Gabi e Raj não peguem e fiquem chorosos com os pais deles... afff!

Então ela troca e diz:

— Certo, desculpe. O que você pediu? Um lápis com ponta? Com certeza, pegarei para você.

Quando Imani entrega o lápis a Adeze, ela nota que a filha parece mais leve. Elas acabam tendo um ótimo jantar juntas, evitando a luta por poder ou a discussão que acontecia no passado.

CAPÍTULO 18

Mentir

> Quando Jake sai da escola e vai para casa, sua mãe, Dara, diz para ele:
>
> — Sua professora me ligou e disse que você empurrou Owen no parquinho. O que aconteceu?
>
> — Eu não empurrei ninguém. Não foi o que aconteceu — Jake responde.
>
> Dara pressiona:
>
> — Não minta na minha cara! Você terá mais problemas mentindo do que contando o que aconteceu!
>
> — Não estou mentindo — diz Jake. — Por que você acredita mais na professora do que em mim? Você sempre me culpa!
>
> Dara e Jake travam.

Por que as crianças mentem? Bem, comecemos com o que não *leva à mentira* antes de entrarmos no que leva a ela. Quando os filhos mentem para nós, muitas vezes o padrão é termos a pior interpretação possível. Pensamos "Meu filho é muito desobediente!", "Meu filho acha que pode me enganar!" ou "Meu filho mentiu na minha cara... que sociopata, tem algo muito errado com ele!" Mas ver a mentira pela lente de ser desrespeitado ("Você está mentindo para mim? Não me desrespeite assim!") é um grande erro; isso nos coloca contra as crianças e em uma luta por poder entre pais e filhos, em que ninguém vence. A realidade é que mentir quase sempre não é sobre desobediência, dissimulação ou sociopatia (mesmo quando você só está dizendo isso por brincadeira). Como muitos comportamentos vistos neste livro, mentir é muito mais sobre os desejos básicos de uma criança e seu foco em apego do que sobre ser manipulador ou "enganar". Agora, não estou dizendo que você deve "deixar seus filhos soltos" quando eles mentem. Mas minha abordagem para lidar com a mentira não é arrancar uma confissão no momento. É chegar à essência do que *leva* à mentira, para que possamos encarar isso e criar um ambiente no qual dizer a verdade se torna mais possível. Não podemos mudar um comportamento que não entendemos, e punições, ameaças e raiva nunca são componentes nos ambientes que favorecem a compreensão ou a mudança.

As crianças mentem por muitos motivos. Primeiro, a linha entre fantasia e realidade é mais tênue para elas do que para os adultos. Muitas vezes as crianças entram no jogo do faz de conta, em que elas não são limitadas pelas leis da realidade, entram em mundos diferentes e assumem as características de diferentes personagens. Sou muito fã dos jogos do faz de conta. É onde as crianças podem expressar e explorar as questões com as quais lutam, porque é um mundo seguro, dentro do controle delas. Mas quando você pergunta à sua filha se ela quebrou a lâmpada, sabendo com certeza que foi ela quem fez isso, e ela diz "Não, eu estava brincando no meu quarto", a criança pode ter problemas com sua culpa, ter medo de desapontar ou enfurecer você naquele momento, entrando na fantasia. Podemos ver isso de dois modos: a criança está "evitando dizer a verdade" ou dizer a verdade é tão difícil e assustador que ela entra no mundo do faz de conta, no qual tem controle e pode ditar um final que pareça melhor para ela.

Quando começamos a ver as mentiras na estrutura do desejo de uma criança, ou seja, o desejo dela de ter controle e mudar o final, observamos a mentira não por seu impacto em nós, mas como um sinal da necessidade da criança de se sentir segura e bem por dentro. Afinal, são essas necessidades que orientam as crianças o tempo todo, assim como os adultos. Quando uma criança acha que seu pai não a vê como digna de ser amada e valorizada, ela escapa para a fantasia, onde a bondade é preservada. O que se manifesta como mentir é realmente um subproduto da evolução: a sobrevivência dos nossos filhos depende de seu vínculo conosco, e esse vínculo depende de eles se sentirem seguros e desejados. Quando você pergunta à sua filha se ela quebrou a lâmpada, imagino que o primeiro pensamento dela seja algo assim: "Gostaria que a lâmpada não tivesse quebrado. Gostaria de não ter brincado perto da lâmpada. Gostaria de estar brincando no meu quarto." Esses desejos aparecem como "Eu estava brincando no meu quarto", mas caracterizar isso como uma "mentira" — e responder com "Não minta para mim!" — ignora a essência do que está acontecendo abaixo da superfície.

As crianças também mentem se acreditam que dizer a verdade ameaçará o vínculo com seus pais. O vínculo é um sistema de proximidade. É literalmente estar próximo dos seus cuidadores e sentir que eles querem ficar perto de você. As crianças estão sempre monitorando suas relações com os pais tendo isso em mente. Elas se perguntarão: "O que direi ao meu pai/mãe me afastará deles ou ajudará a me manter próximo e conectado?" Se uma criança antecipa que o pai/mãe interpretará seu comportamento pela lente de ser "má por dentro", afastando-a, ela mentirá sempre. Afinal, o corpo é designado para se proteger do abandono. Ou seja, ser vista como uma criança má ("Não posso lidar com você agora, vá para seu quarto!" ou "Que tipo de pessoa mente na cara da mãe? Qual o problema com você?") é a maior ameaça na infância. O que vemos e rotulamos como mentira muitas vezes é como o corpo de uma criança protege a si mesmo; isso está longe de ser "manipulação", pois é uma forma de autodefesa.

Por fim, vale a pena observar que um terceiro grande motivo para as crianças mentirem é afirmar sua independência. Todos nós, crianças e adultos, temos a necessidade humana básica de sentir que podemos nos situar, que sabemos quem somos e existimos por direito próprio. Por isso, odiamos nos sentir controlados, porque parece que alguém não reconhece nossa personalidade separada. As pessoas farão de tudo para se rebelar nessas situações, até de modos que agem contra elas, só para ter uma pequena fatia da vida que lhes parece própria. As crianças, de todas as idades, precisam ter uma parte de suas vidas separadas dos seus pais, para acessarem os sentimentos de propriedade e soberania. Para algumas crianças, mentir se torna uma estratégia central para atingir essa necessidade humana básica. Quando uma criança que cresce em um ambiente com alimentação restrita rouba um biscoito, ela sabe que é sua própria pessoa; quando um adolescente que cresce com muita pressão acadêmica para de estudar para as provas, ele sabe que é independente de seus pais. Portanto, quando as crianças mentem — "Não peguei o biscoito!" ou "Já estudei!" —, elas estão tentando manter uma parte de suas vidas em que sentem ter o eu e a separação. Claro, nesses casos, um pai/mãe costuma ser obrigado a responder aumentando o controle, o que só aumenta a motivação para mentir. Agora, veja algo interessante sobre os ciclos, até os "negativos": assim que reconhecemos os componentes de um ciclo, temos informações suficientes para mudá-lo. Mudar o ciclo de controle parental/mentira da criança muitas vezes começa (sem surpresas aqui!) conectando nossos filhos nesse exato padrão. Abordar seu filho em um momento calmo e compartilhar algo como: "Ei, quero lhe dar mais independência. Sei que parece terrível, quando a pessoa é criança, ter tão pouca responsabilidade. Por onde podemos começar? Em qual área você gostaria de ter mais controle?" Veja o que seu filho diz e siga a partir desse ponto.

Antes de entrarmos nas estratégias, quero reiterar algo importante, porque é fácil que os pais se fixem em "corrigir" ou "citar" uma mentira específica. Quando se trata de criar filhos com tendências para mentir, minha abordagem é dizer mais verdade no futuro, em vez de aumentar as "confissões" agora. As estratégias descritas aqui não terminarão com seu filho dizendo "Eu menti! É verdade!" E não é esse o objetivo. O objetivo é mudar o ambiente de casa para que seus filhos vejam você como um adulto seguro que pode tolerar uma variedade maior de experiências deles. Isso pode requerer respirar fundo e engolir nosso orgulho no momento da mentira, o que nos permite deixar que o momento passe sem exigir reconhecimento e focar o objetivo de longo prazo e maior impacto. Garanto que valerá a pena.

Estratégias

Reestruture a Mentira como um Desejo

Ver a mentira como um desejo nos permite continuar a ver nosso filho como uma criança boa, e isso é essencial ao responder às mentiras. Usar a linguagem do desejo em resposta às falsidades de uma criança muda a direção da conversa, pois permite mais opções do que apenas "dizer a verdade" e "mentir". Agora, existe um lugar intermediário, e sua capacidade de ver e verbalizar essa área cinza pode suavizar a intensidade do momento e criar um modo de conectar seu filho. Quando seu filho diz "Fiz uma viagem para a Flórida também!", você pode dizer "Hmm... aposto que você gostaria de férias na Flórida. É muito ensolarado e quente lá. Imagino o que faríamos se fôssemos". Quando seu filho diz "Não derrubei a torre da minha irmã, ela simplesmente caiu!", você pode responder "Você gostaria que a torre ainda estivesse de pé..." ou "Às vezes faço coisas e gostaria de não ter feito... é muito difícil quando isso acontece". Ver a mentira como um desejo nos permite sentir que estamos na mesma equipe do nosso filho, ao invés de vê-lo como o inimigo. Essa mudança de perspectiva possibilita mudar e deixa nosso filho mais inclinado a dizer a verdade da próxima vez.

Espere e Dê Abertura **Mais Tarde**

Com meus filhos (claro, que mentem para mim às vezes!), minha estratégia de referência no momento é pausar, ou seja, não falo nada e só espero. Com meu filho de 5 anos, pode ser assim:

Meu filho: *"Mãe, eu não baguncei o quebra-cabeça e escondi as peças embaixo do sofá. Não fui eu, não fui eu!"*

Eu: *"Hmm..." Balanço a cabeça, sem dizer nada.*

Meu filho: *"Eu não fiz isso!"*

Por que não digo nada? Porque é claro que meu filho está na defensiva, com culpa e/ou vergonha em relação a isso, o que está acabando com ele. Eu sei que não posso argumentar com isso, não quero entrar em uma luta por poder e me lembro de que temos que reduzir a vergonha primeiro para tornar possível uma mudança depois. Horas mais tarde, posso dar a meu filho uma interpretação generosa de seu comportamento "ruim", que eu considero uma abertura para ser honesto: "Estou pensando sobre o quebra-cabeça que eu estava fazendo com seu irmão... sobre quando você entrou na sala de jogos e o viu... hmm... talvez tenha sido difícil ficar longe dele... eu entendo..." Meu filho provavelmente diria: "Eu não fiz isso. Não fiz, não fiz" Então eu teria que continuar, mas também refletiria, sozinha, sobre o incidente. Eu me perguntaria: sobre o que é a mentira? Meu filho, com sua mentira, está me "contando" que deseja mais independência? Que ele sente ciúmes do meu tempo com o irmão mais velho? Que sente pressão para ser perfeito e se sente limitado? Assim que refletimos sobre o significado de um comportamento ("O que é real, o que meu filho está me dizendo sobre sua dificuldade ou necessidade?"), temos a base para outras intervenções.

"Se Isso Acontecesse..."

Quando uma criança é pega na mentira, acho eficiente mostrar passo a passo como eu responderia se ela compartilhasse a verdade. Digamos que você receba uma ligação da escola da sua filha informando que ela não fez o dever de casa semana passada. Você chega em casa e pergunta a ela, que responde repetidas vezes:

— Eu fiz! Eu fiz! Eu não quero falar sobre isso! — protesta. Depois de uma pausa inicial, quando você sente que tem uma pequena abertura, pode dizer:

— Ah... tudo certo... bem, tudo que estou dizendo é que se uma criança nesta família tivesse alguns dias sem dever de casa, eu realmente tentaria entender. Porque toda criança nesta família, se não fez o dever de casa, teria um motivo para tanto. Isso me faz pensar sobre quando eu tinha 7 anos e não fiz o dever por alguns dias. Algo sobre escrever parecia muito complicado e era muito difícil para eu fazer. De qualquer modo, se acontecesse, eu me sentaria com você e conversaríamos. Você não teria problemas...

Então pegue leve. Não olhe para seu filho e diga: "Então você não fez, certo?" Apenas continue. Confie que isso entre na cabeça. Claro, você pode voltar para a criança mais tarde e dizer:

— Ei, amor. Escrever é difícil. Ou pelo menos era para mim. Estou aqui. Você é uma criança boa mesmo quando não faz o dever de casa. Eu sei disso. Amo você.

E também posso acrescentar "Eu me pergunto o que você poderia fazer se algo parece difícil de começar" se percebo uma abertura.

Perguntando à Criança do que Ela Precisa para Ser Honesta

Se mentir é um problema em sua casa, conecte-se com seu filho *fora* do momento para ter uma discussão maior sobre do que ele precisa para ser honesto. Isso é muito eficiente com as crianças mais velhas, que estão mais equipadas para verbalizar esses pensamentos. Você pode começar assim:

— Ei... quero falar com você por alguns minutos. Não é um problema. Estou apenas pensando sobre as vezes em que é difícil me dizer a verdade. Não estou culpando você, porque percebo que deve haver coisas que você precisa de mim para me dizer a verdade. Deve haver coisas que estou fazendo e contar a verdade assusta você, ou talvez você pense que pode acabar tendo problemas. De qualquer modo, eu me pergunto o que você precisa de mim ou se existe algo que eu poderia fazer diferente. Quero que esta seja uma casa onde você pode me dizer a verdade sobre as coisas, mesmo se pensa que não são boas.

Como Funciona para Dara e Jake?

Dara faz uma pausa quando nota Jake insistindo em sua mentira.

— Tudo bem — diz ela. — Estou ouvindo. Vamos conversar mais tarde.

— Você acredita em mim? — Jake pergunta. — Que eu não fiz isso?

Dara compartilha isso:

— Não tenho certeza sobre em que acredito neste momento. O que sei é que amo você e você é uma criança boa, mesmo quando tem dificuldades. Acredito que todas as crianças e adultos às vezes fazem coisas das quais não se orgulham, e é meu papel ajudar você a entender o que acontece nessas vezes, não punir nem dar um sermão. Tudo que estou dizendo é que, se eu tivesse um filho que empurrou alguém, apostaria que algo aconteceu antes e que foi muito ruim. Eu diria para meu filho que isso não faz com que empurrar seja bom, mas nos dá um modo de pensar sobre o que foi ruim ou difícil e chegar à raiz do problema. De qualquer modo, respirarei fundo algumas vezes aqui e começarei a preparar o jantar... Estou aqui se você quiser. Amo você e descobriremos juntos.

Jake parece absorver parte disso e vai embora. Mais tarde, Dara aparece no quarto dele e diz:

— Sei como é se sentir julgado e não ter o benefício da dúvida. É terrível. Eu sei.

Jake acaba dizendo que Owen o chamou de perdedor e de bebê e que ele ficou tão bravo a ponto de empurrá-lo. Dara sabe como ajudar Jake a regular sua raiva, mas guarda esses dados e usa mais tarde. Ela prefere focar a conexão com ele dizendo:

— Estou feliz por estarmos conversando sobre isso. É muito importante.

CAPÍTULO 19

Medos e Ansiedade

> Blake, de 5 anos, tem medo de fogo. Ela chora nas festas de aniversário quando as velas são acesas, muitas vezes se acalmando em questão de segundos. Em uma viagem para acampar com os amigos, Blake volta para a área de acampamento com o pai, Leo, e vê outra família acender uma grande fogueira. Leo diz várias vezes para Blake que ela está segura e o fogo ficará contido. Então, ele mostra que o fogo é divertido, não assustador. Blake se agarra ao pai, grita e chora, e Leo se sente frustrado e inseguro sobre como proceder.

O *medo, em seu nível mais básico, é a resposta do corpo a uma ameaça* percebida. Pense na última vez em que você estava muito assustado. Talvez seu coração tenha começado a acelerar ou seu estômago ficou revirando. Em todos os seres humanos, o medo é registrado no corpo como um conjunto de experiências somáticas, em geral um ritmo cardíaco elevado, aperto no peito ou desconforto no estômago. Essas experiências internas enviam a mensagem "Estou em perigo agora", que leva à nossa experiência emocional do medo. Esses sentimentos se manifestam no corpinho das crianças de modo tão visceral como nos adultos. É importante entender: as crianças não exageram seus medos ou os criam para chamar atenção. Elas vivenciam o pânico em seus corpos e precisam da ajuda de um adulto para se sentirem seguras de novo. Nosso objetivo como pais deve ser reconhecer quando nosso filho está em um estado de medo e ajudá-lo a sair do "Estou em perigo" para "Estou seguro".

Embora a maioria dos pais entenda esse objetivo, por vezes seu instinto é dissuadir as crianças dos medos explicando por que elas não devem se preocupar. Quando uma criança diz "Isso me assusta!", é como se os pais tivessem o desejo de responder "Não, não, seu sentimento está totalmente errado".

Tentar racionalizar um medo ou convencer uma criança de que ela não deve ter medo no momento nunca é uma estratégia de sucesso. Quando uma criança sente medo, seu corpo vivencia uma resposta de estresse. No estado "Estou em perigo", a parte do pensamento lógico no cérebro desliga para que o cérebro possa focar sua energia na sobrevivência. Isso significa que quando seu filho está no modo medo, racionar com ele não dará uma sensação de segurança. O que ajudará seu filho a se sentir seguro é sentir sua presença; a solidão no medo, afinal, é a parte mais assustadora, ou seja, as crianças precisam de menos lógica, mais conexão.

E mais, quando tentamos convencer uma criança a parar de sentir medo, deixamos de ver uma informação útil. A abordagem "Veja por que você não precisa ter medo" foca dar à criança uma experiência nova e diferente; a abordagem "Nossa, deve haver algo aqui, fale mais" foca aprender mais sobre a experiência do seu filho. Perguntar ao seu filho sobre um medo de cães, por exemplo, pode revelar que ele acabou de ler um livro no qual o personagem principal foi mordido; perguntar sobre o medo de ficar sozinho pode revelar algo que aconteceu certa tarde quando você estava no trabalho; perguntar sobre o medo de pegar o ônibus escolar pode revelar que seu filho testemunhou uma briga entre dois alunos. Aprender os detalhes relacionados a um medo lhe dá mais informações para ajudar seu filho.

Por fim, não queremos dissuadir nossos filhos de seus medos porque queremos que eles confiem em seus sentimentos de ameaça e desconforto. No futuro, queremos que as crianças confiem em seus sentimentos quando estiverem em situações realmente ameaçadoras. Queremos que elas sigam seus instintos quando pensam: "Hmm... tem algo errado aqui. Meu corpo está me dizendo que isso não está certo. Preciso sair dessa situação."

Os mesmos princípios se aplicam quando falamos sobre a ansiedade mais geral de uma criança, ao invés de um medo específico. Quando nossos filhos estão ansiosos ("Não sei se quero ir para a natação!" ou "Não acho que farei uma boa prova de Matemática"), muitas vezes temos vontade de dizer por que está tudo bem ("Você ama nadar, você estará bem!" ou "Tenha bons pensamentos, amor!"). Mas assim como acontece com os medos específicos, tentar convencer uma criança a sair de um estado de ansiedade só piora as coisas. Por quê? As crianças estão sempre assimilando o que evitamos *versus* o que queremos nomear e confrontar. Achamos que desejando que uma criança pense ou se sinta de um modo mais "positivo", estamos ajudando-a, mas as crianças assimilam uma mensagem muito mais profunda, ou seja, que elas não devem se sentir de tal modo e que o sentimento de nervosismo, vergonha ou hesitação é errado. Isso programa uma criança para ter ansiedade com a ansiedade. É como se elas estivessem programando uma crença que diz "Não devo me sentir assim".

Você não pode apenas "se livrar" da ansiedade. A ansiedade só pode ser gerenciada com eficiência aumentando nossa tolerância a ela, permitindo que exista e entendendo sua finalidade. Isso abre espaço para que outras emoções surjam, impedindo que a ansiedade assuma o controle. Quando não tentamos combater um sentimento dentro de nós, mas reconhecê-lo enquanto ainda operamos em nossa vida diária, criamos a oportunidade de mais paz dentro de nós mesmos. O papel de um pai/mãe não é mudar o sentimento em si, mas ter curiosidade sobre a ansiedade de seus filhos e ajudá-los a se sentir à vontade consigo mesmos quando a ansiedade surge.

Estratégias

Salte Junto com Eles

Imagine seu filho sentindo ansiedade em certa situação. Pode ser algo pequeno, como ir a uma festa de aniversário, ou algo grande, como a morte de um parente. Agora visualize seu filho em um pequeno buraco no chão, com esse buraco representando a ansiedade. Seu filho está nesse desconforto. Queremos que nossos filhos sintam que estamos *pulando junto com eles*, fazendo companhia a eles, não tentando tirá-los de lá. Quando pulamos juntos, acontecem duas coisas: nosso filho não se sente mais sozinho e mostramos a ele que a coisa que parece tão terrível não é tão terrível para *nós*, porque queremos ficar junto dele. Digamos que à noite seu filho se preocupe que você não estará lá pela manhã, apesar do fato de que você nunca o deixar sem avisar. Deixe a lógica de lado e "salte junto": diga algo como "Quando você vai para a cama, se preocupa muito com o fato de que eu não estarei lá pela manhã, hein? Nossa, é um pensamento muito assustador...". (Afastar-se poderia ser como "Amor. Não há nada para se preocupar, nunca saio sem dizer a você!")

Ensaios

Muitas vezes os pais não querem propor situações que geram ansiedade nos filhos; evitamos pensar ou falar sobre elas, cruzando os dados e esperando que nossos filhos de repente esquecerão seus medos ou tais situações sejam diferentes na próxima vez. Mas acredite, evitar sempre aumenta a ansiedade. Se não queremos nomear e discutir uma situação que causa ansiedade em nosso *filho*, isso diz para ele que *nós* devemos estar ansiosos também e só aumenta a ansiedade dele. Os *ensaios* dão aos pais uma oportunidade para mostrar que achamos que uma situação desafiadora pode ser conquistada e dão às crianças oportunidades de praticar como elas reagirão quando a "coisa real" acontecer. Os ensaios podem ajudar as crianças a se sentirem mais preparadas para os momentos de separação, consultas médicas, eliminatórias nos esportes, brincadeiras, ler em voz alta na sala de aula... Na verdade, conforme eu digito, não consigo imaginar nenhuma situação mais estressante que *não* seria melhorada com um ensaio. Você pode praticar os ensaios diretamente com seu filho ou montar um cenário com bichinhos de pelúcia; usar os bichinhos é especialmente útil para as crianças mais jovens, que não podem representar diretamente, ou as crianças que resistem à ideia de treinar uma situação assustadora.

Um ensaio para uma separação pode ser assim: "Na segunda-feira será seu primeiro dia na escola. Vamos imaginar como queremos dizer tchau, então praticaremos algumas vezes para que nosso corpo se prepare para quando chegar o momento!" Então proponha uma pequena rotina e pratique, talvez até se afastando ou respirando fundo, usando um mantra se a criança se sente triste. Mesmo que seu filho fique aflito, lembre-se de que esse treino não o tornará mais ansioso; pelo contrário, permitirá que ele domine e se sinta confortável em uma situação difícil.

Um ensaio para o *checkup* no médico, usando bichinhos de pelúcia, pode ser assim: você fica com o urso, e sua filha, com o unicórnio de pelúcia. Você, como urso, diz:

— Olá, Unicórnio, bem-vindo ao consultório! Você e sua mãe podem voltar comigo para a sala de exames.

Lá, faça o passo a passo da consulta exatamente como aconteceria, talvez até representando alguns momentos de desafio ("Tudo bem, Unicórnio! Preciso que você se sente no colo da sua mãe enquanto examino sua orelha para verificar se tudo está bem! Você pode ficar imóvel, Unicórnio? Muito bem!").

Roteiro para Lidar com Medos Específicos

Pode ser tentador não falar sobre medos, como se não lembrando nossos filhos do medo deles eles pudessem esquecê-los. Claro, não é assim que funciona; o melhor modo de ajudar uma criança com medo é discutir sobre isso, pois é assim que mostramos que nós, os adultos, não estamos assustados como ela em relação ao assunto. Veja um roteiro de exemplo para lidar com os medos de um modo produtivo para pais e filhos.

Passo 1: Fale com seu filho sobre o medo dele, visando apenas coletar informações e ter uma compreensão. Comece com algo como "Fale mais sobre como é entrar nos ambientes sozinho quando está escuro" ou "Parece que entrar nas partes da casa, sozinho, é complicado para você". Pergunte mais, fale menos; não convença nem explique, apenas colete informações. Depois reformule o que você descobriu para ver se "está certo". Você pode dizer: "Tudo bem, deixe-me ver se entendi. Quando você entra em algum lugar sozinho na casa e está escuro, parece assustador no seu corpo. Você não tem certeza do motivo, mas sabe que se sente assim. Está certo?"

Passo 2: Valide que o medo da criança "faz sentido". Ajudar a criança a entender o medo é o segredo para ajudá-la a se sentir com coragem suficiente para confrontá-lo. Diga algo como: "O escuro pode ser assustador porque não conseguimos ver. E pode ser assustador quando não estamos certos do que existe à nossa volta. Faz sentido que andar pela casa sozinha quando está escuro seja difícil para você!"

Passo 3: Diga para seu filho que você está feliz por vocês terem conversado sobre o medo. Use a palavra "importante". Isso comunica que o sentimento de medo dentro dele vale a pena de ser comentado, que o encoraja a combater esses sentimentos, ao invés de afastá-los (o que só os tornaria maiores!). Experimente: "Estou muito feliz por falarmos sobre isso. É algo muito importante."

Passo 4: Envolva seu filho na solução do problema. Dê ideias "principais", mas permita que seu filho vivencie o momento "ahá" da troca de ideias para um mecanismo de enfrentamento. Resista ao desejo de explicar o medo ou resolver o problema por conta própria. Frases como "Penso que" e "Estou imaginando se" ajudam a envolver seu filho na solução do problema. Pode ser assim: "Hmm... fico imaginando se podemos ir até o porão e começar a descer os degraus, um por vez... diga quando o sentimento assustador começa e quando parece aumentar." Quando você pergunta sobre o medo assim, incute sua presença parental no momento, e conforme a criança se sentir menos sozinha no medo dela, não terá uma apreensão tão forte. Em seguida, talvez diga: "Estou imaginando o que você diria para si mesmo conforme desce um degrau por vez..." Ou talvez você dê uma solução como: "Estou pensando em praticar descer um degrau agora, então, em alguns dias, talvez outro degrau, e no dia seguinte, mais alguns degraus... hmm..."

Passo 5: Crie um mantra. Para as crianças com problemas com ansiedade, os mantras podem ser muito úteis no momento. Falado em voz alta ou recitado internamente, um mantra foca a atenção delas nas palavras calmas, não na fonte de aflição. Exemplos de mantras incluem "Tudo bem ficar nervoso. Posso passar por isso", "Posso sentir medo e coragem ao mesmo tempo" e "Estou seguro, meus pais estão por perto". Trabalhe com a criança para desenvolver um mantra que pareça bom para ela e encoraje-a a repeti-lo durante os momentos de medo.

Passo 6: Compartilhe uma história de "lidar lentamente com um medo". A sua pode ser assim: "Isso me lembra de quando eu tinha sua idade e tinha medo de cães. Ainda me lembro de como esses momentos ruins eram sentidos no meu corpo". Não ofereça uma correção rápida, como: "Então percebi que eu estava seguro e estava tudo bem." Ofereça uma história de luta lenta, algo como: "Lembro de conversar com meu pai sobre isso e perceber que estava tudo bem sentir medo. Lembro que meu pai e eu lemos muito sobre cães, então comecei a andar mais próximo dos cães com ele. Então, um dia, meu pai me ajudou a tocar em um. Pouco a pouco, os cães pareceram menos assustadores. Foi difícil ter coragem quando me sentia com medo!"

Como Acontece com Blake e Leo?

Leo lembra a si mesmo: "Sei que a fogueira não é *assustadora* para mim, mas *é assustadora para Blake*. Meu objetivo é ajudar Blake a entender e se sentir menos sozinha com esse medo, não convencê-la a parar com ele." Ele puxa Blake para o lado e diz:

— Tem algo sobre o fogo que assusta você, hein? Acredito em você. Estou aqui com você.

Ele imediatamente sente o corpo dela relaxar e fica surpreso por essa frase simples, que não pareceu ser nada para ele, ter feito diferença para ela. Então continua:

— Eu costumava ter medo das coisas também quando tinha sua idade. Ainda fico assustado com coisas agora. Por vezes digo para mim mesmo: "Tudo bem se sentir nervoso. Tudo bem se sentir nervoso." Digo isso algumas vezes enquanto respiro fundo.

Leo está regulando junto com Blake nesse momento. Blake parece se acalmar, e Leo fala para ela:

— Você pode sentar no meu colo se quiser. Podemos sentar bem aqui, longe do fogo. Quando você sentir que está pronta para se aproximar ou se quiser assar alguns marshmallows, é só dizer. Você saberá quando está pronta. E se não estiver, tudo bem também.

CAPÍTULO 20

Hesitação e Timidez

> Jai tem 6 anos e não gosta de brincar em grupos grandes. Na festa de aniversário da ginástica, Jai se esconde atrás da mãe, Nala, enquanto as outras crianças se separam e começam a brincar no equipamento. Com uma voz suave e baixa, Nala diz:
>
> — Jai, você tem 6 anos e conhece todas as crianças aqui! Você está sendo ridículo!
>
> Jai começa a chorar e Nala fica frustrada.
>
> — Você está me constrangendo!
>
> Então Nala se sente cheia de culpa. Ela não sabe o que fazer.

Hesitação e timidez não são problemas a corrigir. Na verdade, muitas vezes acho que a timidez e a hesitação deixam os *pais* mais ansiosos do que as crianças e, como resultado, intervimos com a intenção de facilitar nosso próprio desconforto, em vez de ver o que está acontecendo com nossos filhos e lhes dar aquilo de que precisam no momento. Se isso ecoa em você, não o torna um pai/mãe ruim. De fato, seu desejo de refletir sobre o que os comportamentos dos filhos despertam em você, separando aquilo de que você precisa daquilo que seu filho precisa, o que é prova de que você é um bom pai/mãe.

Ter um filho hesitante, ou seja, que não está pronto para participar da festa de aniversário, que não deseja jogar basquete, que resiste a conversar com os adultos em um encontro da família, pode levar a uma das dinâmicas entre pais e filhos mais sugestivas emocionalmente, sobretudo se você é um adulto que valoriza a independência e a extroversão. Uma das ansiedades primárias que despertam a reação de um pai/mãe à timidez do filho é a preocupação de que ele "será assim para sempre" ou "nunca ficará à vontade em um grupo". Mas não queremos cair em um ciclo de autorrealização no qual a ansiedade de um pai/mãe sobre a hesitação do filho faz a criança se sentir ainda mais ansiosa e hesitante. Quando isso acontece, a criança internaliza o julgamento dos pais, fazendo com que se sinta mais sozinha em suas emoções e até mais presa nelas, o que leva a mais frustração dos pais. Então o ciclo continua e a hesitação e a ansiedade se intensificam. Como quebrar o ciclo? Bem, não mudando o filho; começamos refletindo sobre nós mesmos e fazendo o trabalho internamente.

Vejamos a timidez em um contexto adulto: você vai a um coquetel com seu parceiro, se sente nervosa, e então diz: "Quero ficar perto de você um pouco, tudo bem?" Penso em duas respostas que você pode receber. Primeira: seu parceiro olha e diz: "Você está sendo ridícula, você conhece todos aqui." Depois de ver você ainda hesitando, ele sussurra: "Tudo bem, agora você está me constrangendo. De verdade." Segunda resposta: seu parceiro olha para você e diz: "Algo não parece bom para você no momento. Vejo isso. Tudo bem, nada de mais. Fique comigo até estar pronta para conversar com as pessoas; você saberá o momento."

Pense sobre como cada resposta faz você se sentir. A ansiedade melhorou? De repente você se sente mais capaz?

Agora reveremos a opção um. Se, mais tarde naquela noite, seu parceiro diz "Ouça, respondi daquele jeito porque nem sempre posso ser uma muleta para você. É preciso aprender a agir por conta própria!", isso faz algum sentido para você? Ou você deseja que seu parceiro confie que se ele der aquilo de que você precisa *hoje*, e talvez converse com você sobre o que estava acontecendo naquele momento tenso, você possa desabrochar de um modo que seja certo no seu caso, no tempo que funciona para você? Em que linha do tempo você está, afinal? Na sua ou na do seu parceiro? E nossas crianças? Estão em *nossa* linha do tempo ou na delas? Acho que todos nós sabemos a resposta. Embora seja certo que pode ser desgastante oferecer o constante apoio emocional de que uma criança tímida pode precisar ao tentar se separar ou se juntar às pessoas, ou seja, um cansaço que pode ter um papel em nossas reações instintivas ou negativas a esse comportamento, a paternidade é um exercício de paciência. É sobre ver nossos filhos por *quem* eles são e do que precisam quando separados de quem *nós* somos e do que precisamos.

A maioria de nós, em algum momento em nossa vida, foi ensinada que confiança significa participar, em vez de esperar, saltar, em vez de pausar e avaliar. Não tenho certeza do motivo de ser assim. Há uma profunda ironia aqui, porque converso com muitos pais que me dizem que seus adolescentes não conseguem parar de pensar em si mesmos e relutam em ser diferentes do grupo. Nunca me esquecerei do dia, no meu consultório, em que tive uma consulta com os pais de uma criança tímida de 6 anos, seguida de uma consulta com os pais de um adolescente fácil de impressionar de 16 anos. Os primeiros pais me disseram:

— Chase vê todos os amigos brincando e fica para trás; mesmo quando os amigos pedem para ele participar, às vezes ele diz não! Ele é muito tímido. Gostaria que tivesse mais confiança.

Então, na consulta seguinte, os pais do adolescente disseram:

— É como se Alex fizesse qualquer coisa que seus amigos fazem. É como se não pudesse pensar por si mesmo, ele é muito fácil de influenciar. Gostaria que fosse mais confiante.

Então, o que *é* confiança e como ela se relaciona com timidez ou hesitação? Para mim, confiança é a experiência de saber como você se sente e acreditar que está tudo bem ser você mesmo, nesse sentimento, nesse momento. Uma criança não está segura se quer participar e observa de lado por um tempo, e isso pode ser uma forma de confiança. E desenvolver a confiança em crianças hesitantes vem dos cuidadores dizendo: "Estou aqui. No seu tempo." Essas mensagens comunicam uma compreensão de que a criança conhece seus sentimentos melhor do que nós. Eles dizem para nossas crianças: "Tudo bem ser você agora." A confiança não é necessariamente participar de um grupo ou interagir em uma atividade de imediato. Pode ser, caso uma criança realmente se sinta preparada por dentro, mas com certeza não é se ela se sente coagida. Confiança não é *estar* pronto, confiança é *saber* quando você está pronto.

Estratégias

Verifique Consigo Mesmo

A timidez é um gatilho para muitos pais, sobretudo se você é uma pessoa particularmente extrovertida ou que cresceu em uma família que valorizava se envolver, participar e agir, ao invés de pausar. Agora, imagine que seu filho seja o único sentado no colo do pai/mãe em uma reunião de grupo, em que as outras crianças estão felizes brincando longe dos pais. Observe como você se sente. Tem o desejo de afastar seu filho? Não há sentimentos ou desejos errados aqui, apenas informações importantes a coletar, portanto, lembre-se: "Notar como eu me sinto não me torna um pai/mãe ruim. Todos os sentimentos são permitidos, como eu digo para meus filhos. Conhecer meu próprio gatilho me ajudará a separar minha experiência e a do meu filho." Se você nota que a timidez, a hesitação ou o apego do seu filho o chateia, lembre-se de que o desejo de uma criança em não se juntar ao grupo provavelmente é um traço que você valorizará nela mais tarde. Experimente fazer uma mudança de 180º em sua interpretação da timidez e tente dizer para si mesmo: "Meu filho sabe quem ele é, o que é e não se sente à vontade, mesmo diante de outras pessoas agindo de modo diferente. Que corajoso, que impressionante, quanta confiança!"

Validar + "Você Saberá Quando Está Pronto"

Quando seu filho hesita ou se sente tímido, comece validando o sentimento, ao invés de tentar convencê-lo a não fazer isso. Pressuponha que a hesitação do seu filho venha de um lugar real, mesmo que você não entenda; validar os sentimentos sob a reticência é o que ajuda as crianças a se sentirem mais à vontade consigo mesmas, e quando se sentem assim, elas se abrem a uma variedade maior de respostas (também é assim com os adultos).

Veja uma frase poderosa para usar com seus filhos: "Você saberá quando está pronto para _____." Isso comunica que você confia na criança, que a ensinará a confiar em si mesma e que a autoconfiança é a essência da confiança. Mas essa frase também sugere a ideia de movimento, isto é, implica que seu filho finalmente ficará mais à vontade. Queremos que nossos filhos acreditem que são os melhores sensores de seus sentimentos, porque é isso que os permite tomar boas decisões. Portanto, se seu filho não quer falar com os vizinhos em uma festa da rua, essa estratégia poderia ser: "Parece que você precisa de um minuto. No seu tempo. Você saberá quando estiver pronto para conversar." Ou quando você conversa com seu filho que parece nervoso ao participar de uma festa de aniversário dançante: "Você não esteve lá antes. Tudo bem dar uma olhada. Pode ficar perto de mim enquanto faz isso. Você saberá quando estiver pronto para participar."

E se a criança nunca se sente pronta? Nesse momento você pode estar pensando: "Faço exatamente isso e, ainda assim, em toda reunião social, meu filho se esconde atrás de mim e se recusa a participar." Isso não significa que você está usando a estratégia "incorretamente".

Lembre-se da nossa IMG: uma criança que sempre fica de lado e tem dificuldades para se separar deve se sentir muitíssimo congelada, ansiosa e fora do seu ambiente. Ela pode precisar de um tempo longe das reuniões maiores. Isso não é conivência, não é "encorajar" a timidez, pode ser apenas a reunião onde seu filho está. Ou algumas outras estratégias podem ajudar nessa situação: cancele a timidez contando a seu filho uma história de seu esforço de separação quando criança; dê uma vacina emocional conversando antes sobre os sentimentos que podem surgir nessas situações; e prepare, o que explicarei a seguir.

Preparação

As crianças que se sentem hesitantes ficam bem com a preparação do que está por vir, em termos de logística e emoções. Antes de ir a, digamos, uma reunião familiar, compartilhe detalhes com seu filho:

— Veremos muitos familiares hoje. Almoçaremos com tia Márcia e você verá tia Márcia e tio Reinaldo com seus filhos Pedro e Evan, então também verá tia Fiona e tia Laura com o bebê João. Vovó e vovô podem aparecer também. Hmm... como será, como será com tantas pessoas... em uma casa diferente... com primos que você não vê há tempos? Eu me pergunto se isso poderia ser complicado no início, em especial se os adultos vêm até você e fazem milhares de perguntas... — Então espere. Há muito poder em prever os sentimentos: quando você nomeia e reconhece com antecedência, é como se desse ao seu filho permissão para senti-los, que é meia batalha em relação à regulação. Tente preparar seu filho para um sentimento sem adicionar uma solução ou uma estratégia de enfrentamento; apenas faça uma pausa, como se realmente fosse suficiente. Veja o que a criança faz em seguida.

Evite os Rótulos

Nossas crianças responderão às versões delas mesmas que refletimos de volta. Quando rotulamos as crianças, dizendo coisas como "Ah, ela é tímida" ou "Ele nunca gosta de conversar com os mais velhos, é muito reservado", nós as trancamos em papéis com uma rigidez que dificulta o crescimento. Em vez de rotular, forneça uma interpretação generosa do comportamento do seu filho, sobretudo se outra pessoa vai direto no rótulo. Se um membro da família diz "Aisha, por que você é tão tímida?", respire, entre na conversa e compartilhe: "Aisha não é tímida. Ela está descobrindo o que a deixa à vontade, e isso é ótimo. Ela compartilhará mais sobre a escola quando estiver pronta." Talvez esfregue as costas dela conforme diz isso, para que saiba que você faz parte da equipe dela.

Como Acontece com Jai e Nala?

Depois da festa, Nala se sente horrível com o que disse para Jai. Ela se lembra de que nunca é tarde demais, então fica firme e respira fundo; ela lembra para si mesma: "Sou uma boa mãe passando por um momento difícil." Ela conversa com Jai sobre o nervosismo dele. Pede desculpas por pressioná-lo para participar, chamá-lo de ridículo e por ficar constrangida, e diz para ele que na próxima vez que houver uma atividade em grupo, os dois conversarão com antecedência e ela dirá que está tudo bem ele ter o seu tempo. Antes de uma brincadeira em grupo no próximo fim de semana, Nala conversa com Jai sobre como será, quantas crianças estarão lá e como pode ser estar em grupo. Ela valida previamente os sentimentos, percebendo que pode preparar antes, que se sente esperançosa e eficiente. Nala diz para Jai:

— Algumas crianças gostam de participar logo. Outras gostam de assistir primeiro. Os dois modos são certos para uma criança. Apenas você conhece o seu corpo, portanto, apenas você sabe o que será certo no seu caso.

Com certeza Jai deseja se sentar com a mãe no banco por um tempo, e ele é a única criança a fazer isso. Nala vê bravura e coragem nisso e sussurra para ele:

— É legal saber quem você é e que sabe quando está pronto. No seu tempo, faça o que parece certo para você. Estou aqui.

Nala sente o corpo de Jai mudar um pouco e o nota olhando em volta com mais curiosidade. Quando sua amiga Raya o convida, Jai corre para brincar.

CAPÍTULO 21

Intolerância à Frustração

> Braeden tem 4 anos e está trabalhando em um quebra-cabeças de doze peças. Seu pai, Ethan, está por perto. Braeden tem três peças encaixadas e está tentando colocar outra, sem conseguir. Vendo seu filho, Ethan fica frustrado e diz:
>
> — Braeden, essa não encaixará ainda. Você não vê que não encaixa! Elas nem têm a mesma cor!
>
> Braeden olha para o pai, joga a peça e diz:
>
> — Sou muito ruim com quebra-cabeças! Odeio eles!
>
> Em uma consulta logo depois dessa interação, Ethan me diz que esse é um dos muitos exemplos de Braeden trabalhando bem até algo se tornar um desafio; nesse ponto, ele tende a se afastar ou insistir que o pai/mãe tem que completar para ele.

Este é outro paradoxo profundo sobre a aprendizagem: quanto mais aceitamos o não saber, os erros e as dificuldades, mais nos preparamos para o crescimento, o sucesso e a realização. É assim igualmente com adultos e crianças e é um lembrete crítico sobre a importância de normalizar as dificuldades e aceitar os erros como uma oportunidade para aprender e desenvolver tolerância à frustração. Afinal, quanto mais uma criança consegue tolerar a frustração, mais tempo consegue seguir com um quebra-cabeças difícil, trabalhar em um problema matemático complicado ou ficar engajada escrevendo um trabalho. E, claro, essas habilidades se traduzem para além dos trabalhos acadêmicos também, pois tolerar a frustração é o segredo para gerenciar os desapontamentos, comunicar-se com eficiência com pessoas de diferentes opiniões e seguir com as metas pessoais.

Se queremos que nossos filhos desenvolvam tolerância à frustração, temos que desenvolver tolerância à frustração deles. É uma verdade inconveniente, eu sei. Por vezes, quando minha filha está com muita dificuldade em algo, eu me lembro de que ela está me vendo e absorvendo minha relação com a frustração dela, e isso forma a base para a própria relação dela com sua frustração, ou seja, quanto mais eu estiver bem com o esforço dela em relação ao desafio, significando que eu a deixo trabalhar, em vez de oferecer uma solução, mais ela estará bem com isso. Se ela conseguir dizer que eu acho ser normal ter dificuldades com Matemática, ela não terá problemas em ter dificuldades com Matemática; se eu mostrar paciência por aprender a amarrar os sapatos, ela terá paciência ao praticar essa nova habilidade. Além de qualquer estratégia ou roteiro que eu forneço neste capítulo, a coisa mais impactante que podemos fazer com nossos filhos é nos mostrar calmos, regulados, sem pressa, sem culpas, sem um modo focado em resultados quando realizam tarefas difíceis e quando nos testemunham realizando tarefas difíceis.

A frustração é, bem, difícil e frustrante de gerenciar, e muitas vezes ela coloca crianças e adultos em espirais do tipo "Não posso fazer isso!", "Não quero mais tentar!" e "Faz para mim!" O que torna tão difícil tolerar a frustração é que ela requer que se abra mão de nossa necessidade de terminar, ser rápido, estar certo e finalizar as coisas; a tolerância à frustração requer que sejamos firmes no que acontece no momento, que estejamos bem mesmo quando não sabemos como fazer algo e focar o esforço, não o resultado. É muito mais fácil fazer quando

INTOLERÂNCIA À FRUSTRAÇÃO

navegamos o mundo com uma "mentalidade do crescimento", ou seja, a crença de que as habilidades podem ser cultivadas com esforço, estudo, persistência, e que falhas e lutas não são inimigos da aprendizagem, mas elementos-chave no caminho para aprender.

A mentalidade do crescimento, um conceito introduzido pela primeira vez pela psicóloga Carol Dweck, fornece uma estrutura para aceitar os desafios e desenvolver a tolerância à frustração nas crianças. Isso diz que qualquer pessoa pode melhorar em algo se trabalha nisso e que deve agir assim mesmo diante de obstáculos. Já as pessoas com uma "mentalidade fixa" acreditam que as habilidades são inatas, isto é, você pode fazer algo ou não pode, e se você falha nesse algo, é um indício de que nunca conseguirá fazê-lo. Sem nenhuma surpresa, as crianças (e os adultos!) que aceitam a mentalidade do crescimento acolhem os desafios, aprendem com os erros e seguem com coisas difíceis por mais tempo, porque acreditam que o trabalho dedicado leva ao crescimento. Uma mentalidade do crescimento nos ensina que o trabalho dedicado e a melhoria estão sob nosso controle, já os resultados específicos não. Conclusão: quanto menos obcecados ficamos pelo "sucesso", mais queremos experimentar coisas novas, desenvolver e crescer, e claro, esses são os elementos-chave em todos os sucessos.

Uma das melhores coisas sobre a mentalidade do crescimento é que ela desenvolve uma tolerância para aprender. A "tolerância para aprender" pode parecer uma frase estranha — aprender é algo bom, então por que seria difícil tolerar? Lembre-se, nossos filhos aprendem todo dia... e aprender não é fácil. Quero que você visualize uma linha do tempo na qual o primeiro ponto é "Não Saber" e o ponto final é "Saber". Todo o espaço entre os dois pontos é "Aprender". Esse espaço pode ser muito desconfortável, sobretudo quando somos mais jovens. Muitas vezes, as pessoas ficam nesse espaço de aprendizagem por mais tempo do que gostariam; é natural querer saber o que já aconteceu ou ter o desejo de voltar ao conforto de não saber, onde não temos que nos esforçar, arriscar falhar ou ficar constrangidos. A aprendizagem expõe nossas fraquezas e nos faz sentir vulneráveis. Requer coragem de nós.

Para ajudar nossos filhos a se tornarem bons aprendizes (que eu diria ser mais importante do que "inteligente" ou "finalizar as coisas"), temos que ajudá-los a ficar no espaço "não saber e ainda trabalhar nisso". E isso vem de como respondemos à frustração das crianças. Em geral eu me lembro de que meu papel como pai/mãe não é ajudar meu filho a sair do espaço de aprendizagem e entrar no saber... mas ajudá-lo a aprender a ficar nesse espaço de aprendizagem e tolerar não ter o saber! Assim, em vez de resolver os problemas das crianças no lugar delas, menosprezar suas lutas ou perder a paciência com seus esforços para entender o que pode parecer simples para um adulto, temos que permitir que nossos filhos façam o trabalho sozinhos. Quanto mais as crianças ficam nesse espaço intermediário, mais elas conseguem ser curiosas e criativas, toleram o trabalho dedicado e buscam uma grande variedade de ideias.

Estratégias

Respirações Profundas

Quando ficamos frustrados, uma das melhores coisas que podemos fazer é respirar fundo. Respirar fundo acalma nosso sistema nervoso, e isso nos prepara para acessar todos os outros mecanismos de enfrentamento. Quando você notar seu filho ficando frustrado, em vez de dizer "Respire fundo", modele isso em você mesmo. Quando seu filho de 3 anos fica chateado ao tentar colocar comida no garfo, olhe para outro lado, inspire e expire com sons audíveis. Quando seu filho de 6 anos tenta aprender os sons das letras, respire fundo algumas vezes na presença dele. Lembre-se: nossos filhos aprendem a autorregulação com nossa regulação em conjunto; respirar fundo permite que seu filho veja que pode haver segurança e calma na frustração. Sem mencionar que nossa respiração profunda coloca *nossos* pés no chão, ou seja, é menos provável responder com nossa própria irritação ou reação.

Mantras

Amo mantras. Eles pegam os momentos ou as emoções que parecem grandes e assustadores, como episódios de frustração, e nos dão algo pequeno e gerenciável para focar. Como resultado, podem dar uma boa base para as crianças. Mas em vez de pressionar muito com um mantra que seu filho deve dizer para si mesmo, tente estruturar um com algo que você aprendeu por experiência. Pode ser como:

— Sabe, quando eu tinha 6 anos, ficava muuuuuito frustrado quando as coisas ficavam difíceis! Meu Deus, era muito ruim! E ainda me lembro de algo que meu pai — sim! O vovô Harry! — me disse. Falou que quando ele fica frustrado, coloca a mão no coração, respira e diz para si mesmo "Isso parece difícil porque é difícil, não porque estou fazendo algo errado". E assim, eu começava a dizer isso para mim mesmo! Se você quiser tentar também, pode ser legal... parece um pouco bobo, mas ajuda mesmo. Aqui, mostrarei a você...

Para as crianças mais jovens, um mantra poderia ser "Posso fazer", "Gosto de ser desafiado", "Posso fazer coisas difíceis" ou "Isso é complicado e posso seguir em frente".

Estruture a Frustração como um Sinal de Aprendizagem, Não um Sinal de Falha

Veja algo que comecei cedo a dizer para meus filhos:

— Você sabia que aprender é difícil? De verdade! Sempre que qualquer um de nós aprende algo (eu, você, todos), parece frustrante!

Se meu filho parece absorver o que estou dizendo, continuo:

— E mais, ouça isso, porque é estranho... A frustração, aquele sentimento de "Nossa, não posso fazer" ou "Nossa, só quero terminar!"... é um sentimento que tenta fazer nosso cérebro dizer para nós que estamos fazendo algo errado, mas, de fato, esse sentimento é um sinal de que estamos aprendendo e fazendo algo certo! É complicado.

Ficaremos atentos a esse sentimento para nos lembrar de que estamos aprendendo e que aprender deve ser assim.

Como usar isso no momento? Bem, digamos que meu filho esteja se vestindo e eu sei que pode ser frustrante fazer isso; antes de ele começar, posso dizer:

— Ah, você vai se vestir, hein? Vamos nos preparar para esse sentimento frustrante...

Então posso murmurar comigo mesma, de modo que meu filho possa ouvir: "Becky, coisas novas parecem difíceis... sempre são difíceis... tudo bem... posso fazer coisas difíceis..."

Valores Familiares na Mentalidade do Crescimento

Pode ser muito útil, como família, estabelecer um conjunto de *valores familiares na mentalidade do crescimento* que você pode consultar nos momentos de luta ou desafio (dos seus filhos e seus). Veja quatro desses valores que amo e que muitas vezes anoto nas áreas de trabalho ou na cozinha, para minha família inteira ver:

1. Em nossa família, amamos ser desafiados.
2. Em nossa família, trabalhar com dedicação é mais importante do que propor a resposta certa.
3. Em nossa família, sabemos que não saber anda lado a lado com aprender algo novo. Amamos aprender coisas novas, portanto, aceitamos os momentos "Eu não sei".
4. Em nossa família, tentamos lembrar que seguir com algo difícil faz nosso cérebro se desenvolver. E somos ótimos no crescimento do cérebro.

Assim que estabelecer seu conjunto de valores, fale sobre eles, em especial quando você cometeu um "erro" ou não sabe algo. Sou famosa por dizer os valores da mentalidade do crescimento em voz alta enquanto cozinho: "Nossa... acho que acabei com essa receita! Bem, era nova e certamente me desafiou. Em nossa família, amamos ser desafiados. E aprendi como fazer melhor na próxima vez, portanto, é impressionante!" A frustração pode ser muito "solitária" e "não boa o bastante" para uma criança, portanto, quanto mais você deixa ela ver suas próprias lutas e modelar as habilidades de tolerância à frustração que deseja que ela aprenda, mais a criança irá absorvê-las.

Pense em Termos de Enfrentamento, Não de Sucesso

Tolerância à frustração é a capacidade de ficar no espaço entre não saber e saber ou iniciar e terminar, significando que realmente queremos desenvolver as habilidades do nosso filho para *enfrentar sentimentos difíceis*, em vez de desenvolver habilidades para *encontrar o sucesso*. Assim, nossos filhos ficam mais à vontade enquanto trabalham com dedicação, antes de atingirem o sucesso. Mas fazer isso começa com uma mudança de mentalidade por parte dos pais. Diga para si mesmo: "Não tenho que ensinar meu filho a colocar a camisa corretamente... preciso ensiná-lo a tolerar quando não dá certo. Não tenho que ensinar a acertar a solução do problema de Matemática, preciso ensiná-lo a regular seu corpo ao trabalhar no problema."

Vacina Emocional, Ensaios e "Eu já contei sobre quando...?"

Vacina emocional é uma estratégia principal para desenvolver tolerância à frustração, porque prever com antecedência a frustração que virá ajuda a preparar o corpo do seu filho. Os ensaios também são poderosos, porque você pode praticar uma habilidade antes. Pode prever a frustração que sua filha terá ao montar uma pulseira, por exemplo, e então fingir que faz isso, pausar e praticar uma respiração profunda e um mantra ("Posso fazer coisas difíceis"). Assim, você preparou previamente o sistema nervoso da criança para um futuro momento difícil e também colocou uma camada do mecanismo de enfrentamento útil com antecedência. Por fim, contar para seu filho sobre um momento quando você ficou frustrado, ou representar uma frustração no momento, ajudará a criança a se sentir menos sozinha em sua luta. É muitíssimo difícil desenvolver tolerância para a frustração quando você aprende em um ambiente em que ninguém mais parece ter problemas. Mais sobre vacina emocional e "Eu já contei sobre quando..." no Capítulo 11, e você pode ler sobre ensaios no Capítulo 19.

Como Acontece com Braeden e Ethan?

Ethan começa acalmando seu próprio corpo. Ele coloca a mão no coração, respira algumas vezes e diz para si mesmo que está seguro e pode começar de novo com seu filho. Ele repara dizendo:

— Ei, filho, tive um sentimento forte agora e foi comigo, não com você. Sinto muito por ter reagido assim.

Após alguns minutos, quando ele sente uma abertura, Ethan compartilha com Braeden:

— Sabe algo que eu nunca lhe contei? Os quebra-cabeças são difíceis! E eles devem ser assim! Não acho que contei o bastante. Por vezes, achamos que se algo parece difícil significa que estamos fazendo errado, mas significa que estamos fazendo certo!

— Não importa — diz Braeden. — Não vou fazer.

Ethan não morde a isca e se lembra de ensinar o enfrentamento, não o sucesso. Ethan tenta algo novo: em silêncio, ele pega algumas peças e começa a colocá-las ao lado. Ele modela o esforço, não montando de imediato, suspirando um pouco e dizendo em voz alta: "Nossa, é difícil!" Ethan espera que Braeden o desmascare e diga "Papai, sei que você está fingindo", mas ele não faz isso. Ao contrário, ele olha com interesse. Ethan sabe que ainda não pode ser muito direto, então continua. Ele canta um mantra suave para si mesmo, "Se não encaixa, coloque de lado... e tente outra peça...", e modela a flexibilidade colocando uma peça e tentando outra. Por fim, Braeden se aproxima de Ethan e pede para colocar a última peça. Ethan considera isso uma grande vitória.

CAPÍTULO 22

Comida e Hábitos Alimentares

> Gia, de 5 anos, adora salgadinhos, e seus pais lutam para ela fazer refeições de verdade. Às 16h, Gia diz para a mãe, Eva:
>
> — Estou faminta! Preciso comer algo. Biscoito Goldfish! Biscoito Goldfish!
>
> — É melhor esperar o jantar — diz Eva, e Gia se apressa para o armário de biscoitos.
>
> Eva odeia a ideia de Gia estar com fome, então diz:
>
> — Tudo bem, tudo bem, mas me prometa que jantará bem mais tarde.
>
> Gia promete, fica calma, come o lanche, e então, na hora do jantar, se recusa a comer. Eva fica irritada.

Os *hábitos alimentares das crianças podem causar muita ansiedade nos pais;* eles podem despertar inseguranças sobre nossa paternidade ou gerar lutas por poder com nossos filhos. Um motivo para o processo de alimentação despertar tantas emoções nos pais é que, de alguns modos, ele representa nossa capacidade de sustentar nossos filhos e abastecê-los com aquilo de que precisam para sobreviver e prosperar. Afinal, o principal papel do pai/mãe é manter os filhos vivos. Em nossas interações com os filhos relacionadas à comida, é como se muita coisa estivesse em jogo; como, quanto e o que nosso filho come é um indicador para o bom papel que desempenhamos como pais. Ver seu filho rejeitar o jantar que você preparou pode ser como se a criança dissesse: "Não aceitarei o que você tem a oferecer, rejeito a comida e rejeito você; você é um pai/mãe ruim!" Mas ver seu filho comer brócolis pode ser como a criança dizendo: "Aceito seu esforço de me sustentar, aceito a comida e aceito você; você é um pai/mãe incrível!" Quando os pais estão na mesa de jantar e começam a falar sobre o que os filhos comerão ou não, o que eles realmente estão avaliando é se estão fazendo um bom trabalho, se estão fazendo o suficiente, se os filhos desejam "ingerir" o que eles querem oferecer. Entender essa conexão mais profunda entre paternidade e alimentação é, de fato, o primeiro passo para reduzir a intensidade na hora da refeição. Ajuda separar o que realmente acontece dos sentimentos mais profundos que são despertados em nosso corpo em torno dessa questão e nos ajuda a intervir com base no que está diante de nós, e não nos nossos medos e inseguranças.

As *interações* alimentares com nossos filhos tocam em questões mais profundas também: questões da soberania do corpo, quem está no controle e se uma criança pode tomar suas próprias decisões que surgem nos episódios relacionados à alimentação entre pais e filhos. Quando as crianças reagem na hora da refeição e dizem "Não estou com fome", "Não quero isso" ou "Comerei apenas se você fizer massa", o que elas realmente estão fazendo é perguntar: "Qual a responsabilidade dos pais e dos filhos?", "Quando posso tomar minhas próprias decisões?", "Você confia em mim?" As crianças forçam os limites, protestam contra as escolhas dos pais e pedem opções não disponíveis para sentirem sua própria independência... e fazem isso fora da hora da refeição também, claro.

Esses dois conflitos, ou seja, a questão interna da insegurança parental e a questão externa da soberania do corpo, acabam se cruzando. Conforme uma criança força um limite em torno da comida ou a rejeita por completo, um pai/mãe se sente uma "pessoa ruim", fazendo com que foque de novo o controle do filho em uma tentativa de parecer "bom" mais uma vez. Contudo, quanto mais uma criança se sentir controlada, mais ela se apegará à rejeição ou ao limite forçado para avaliar sua independência, o que leva ao desespero parental aumentado, a lutas por poder intensas e frustração para todos.

Então, o que fazemos? Como podemos desenrolar esse ciclo negativo para estabelecer padrões de comida e refeição que sejam melhores para o sistema familiar? Acredito que a resposta começa com o trabalho pioneiro da nutricionista, psicoterapeuta e autora Ellyn Satter, que criou o que é conhecido como "Divisão de Responsabilidade" em relação à alimentação. Veja um resumo rápido da estrutura de Satter:

- **Papel do pai/mãe:** decidir qual alimento é oferecido, onde é oferecido, quando é oferecido.
- **Papel do filho:** decidir se e quanto comer do que é oferecido.

O que é tão incrível na estrutura de Satter é que ela permite o desenvolvimento de padrões alimentares saudáveis, mas também dá suporte à autorregulação, à autoconfiança, ao consentimento e muito mais.

Você pode ter notado que a divisão de responsabilidade de Satter é bem familiar para muitos princípios de papéis na família vistos no Capítulo 3. Acredito que o sistema familiar funciona melhor quando todos sabem sua função, e Satter acredita que uma relação saudável com a comida e com o corpo de alguém surgirá quando houver clareza sobre o papel de cada membro da família e quando cada um de nós "ficar em sua faixa". Satter diz que os pais devem ser responsáveis pelos limites em torno da alimentação — isso é o que, onde e quando. Basicamente, os pais entram em cena primeiro. Eles tomam as decisões básicas e definem opções e limites; depois, a criança assume o controle. Você pode até pensar nos pais como um contêiner, ou seja, eles estabelecem os limites externos, mas dentro do contêiner, as crianças estão livres para explorar e se expressar. Digo que o papel de uma criança no sistema familiar é explorar e expressar sentimentos; no modelo de Satter, as crianças exploram e se expressam por meio de suas decisões alimentares, isto é, o que entra na boca delas, se elas engolem, quanto comem de qualquer coisa e o que deixam de lado.

Veja outra coisa que amo na divisão de responsabilidade de Satter: ela dá aos pais um modo de se sentirem bem no seu papel, não importa se a criança come ou não. Os pais podem dizer para si mesmos: "Meu papel é o que, quando e onde. Fiz bem o meu trabalho? Certo, servi frango, massa e brócolis. Decidi o jantar às 17h30, e isso acontece apenas na mesa de jantar. Uau, sim, fiz tudo isso, bom trabalho!" Com certeza, a mente do pai/mãe naturalmente passará por perguntas como "Meu filho comeu massa... Fico pensado por que ele não come vegetais? O que estou fazendo de errado?" Mas espera-se que é quando um alarme interno pode soar. "Ah, espere. Isso é papel do meu filho! Essas decisões são dele. Deixe-me voltar para mim mesmo e para o meu papel. Continuarei fazendo meu trabalho e confiarei que ele fará o dele... Estou fazendo bem o meu trabalho."

Acredito que esta é a ideia mais importante em relação a crianças e comida: minimizar a *ansiedade* em torno da comida é mais importante do que o *consumo* da comida. Existem exceções? Com certeza. Se seu filho tem uma condição de saúde ou um médico mostrou preocupações com a saúde da criança, claramente são situações especiais. Mas mesmo assim, prestar atenção nos sentimentos da criança *durante* a refeição é essencial. Afinal, a mesa de jantar é só mais um espaço onde podemos ver o comportamento das crianças (nesse caso, comer) como uma janela para como elas se sentem; como sempre, as crianças precisam dos pais para definir limites e emanar confiança e respeito pela individualidade para que elas possam explorar, experimentar e prosperar. Lembre-se, as crianças têm um pouco de responsabilidade; muitas vezes, a única coisa realmente sob o controle delas é o que acontece em seus corpos. Comer e controlar o uso do banheiro são áreas nas quais os pais realmente têm que verificar com seu próprio desejo de controlar para que possam dar a seus filhos a liberdade de que eles precisam.

Estratégias

Mantra

Eu disse em outro lugar que os mantras ajudam as crianças a colocarem os pés no chão quando a ansiedade toma conta delas, mas isso acontece também com os pais. Se você sabe que as situações com comida para seus filhos o deixam ansioso ou se é difícil para você abrir mão do controle em relação a comer, use um mantra para lembrá-lo de seu papel e do seu foco. Você pode tentar dizer: "Meus únicos papéis são o que, quando e onde. Posso fazer isso. Posso fazer isso." "O que meu filho come não é o mais importante. Estou fazendo um bom trabalho. Meu filho estará bem." Ou talvez: "O que meu filho come não é um indicador da minha paternidade."

Explique os Papéis

Amo conversas honestas e diretas com meus filhos sobre meu papel e os papéis deles em torno da comida e da alimentação. Compartilhe a divisão de responsabilidade de Satter como um modo de se manter responsável e permitir que seus filhos saibam que eles estão ou não no controle. Pode ser algo assim:

— Ei, aprendi algo interessante hoje e queria compartilhar com você. Quanto à comida, você tem o seu papel, e eu tenho o meu, e nossos papéis são totalmente diferentes. É minha função decidir o que comemos, quando e onde. E só para você saber, sempre oferecerei pelo menos uma coisa de que você gosta, para que comer nunca seja estressante. Seu papel é decidir se come o que eu sirvo e quanto. É interessante, não é? Significa que você tem que escolher o que entra no seu corpo, mas também que não precisa me dizer para fazer algo novo se não quer algo que escolhi naquele dia. Eu escolho o que comemos no dia, mas não faço você comer mais nem dizer o que precisa terminar de comer. O que você acha?

Estratégias Específicas da Sobremesa

Não há um modo certo em relação à sobremesa; o segredo é simplesmente manter a decisão no seu papel. Lembre-se, você toma todas as decisões em torno da sobremesa: o que é, se é servida ou quando é oferecida. Depois disso, o papel é do seu filho. Mas isso significa que os pais não devem vincular sobremesa a quanto a criança come, porque isso é domínio da criança, não do pai. Sei o que você está pensando... "Mas meu filho só quer a sobremesa, não jantaria se eu não vinculasse a quantas porções ele comeu!" Esse é um bom momento para refletir e ver se o modelo da divisão de responsabilidade faz sentido para você; se faz, então há algumas coisas a fazer quanto à sobremesa. Você pode servir uma pequena sobremesa *com* o jantar, ao mesmo tempo, em um prato ao lado do brócolis, do frango e da massa. De uma perspectiva prática, eu não tornaria a sobremesa tão grande a ponto de o frango ter o mesmo tamanho, mas também não gosto da ideia de adiar a sobremesa para ser considerada um prêmio cobiçado. Servir a sobremesa com o jantar a torna menos interessante. Passa uma mensagem de confiar em seu filho e o prepara para focar menos a sobremesa ao longo do tempo. Outras famílias com as quais trabalhei servem a "sobremesa" como um lanche da tarde, para que o jantar não fique vinculado a ela.

Estratégias Específicas do Lanche

Ah... os lanches. As comidinhas crocantes, salgadas e deliciosas que temos em nossa despensa, aquelas que as crianças cobiçam, que juramos não comprar mais, mas acabam nas sacolas do mercado de qualquer jeito. Não há um modo certo em relação aos lanches. Alguns pais escolhem não ter lanches, outros dão livre acesso a eles, e há aqueles que fazem algo intermediário. Não existe uma superioridade moral nas decisões sobre os lanches, portanto, registre qualquer culpa parental que você esteja sentido e pergunte a si mesmo: "Minha abordagem do lanche funciona para minha família?" Se você está pensando "Bem, não muito, porque quero que meus filhos comam mais no jantar" ou "Não muito, porque meus filhos não comem mais lanches", bem essa é a única resposta de que você precisa. Por outro lado, se você não se importa com a quantidade de lanches dos seus filhos, então tem algo que funciona no seu caso. Se deseja mudar, é essencial se lembrar de que seu papel é "o que, quando, onde"; você não precisa da permissão dos seus filhos, só precisa anunciar a mudança e permitir que eles tenham reações e sentimentos. Veja um roteiro rápido: "Farei uma mudança nos lanches da nossa casa. Temos lanches demais, o que significa que não jantamos o bastante, que é quando consumimos o alimento que ajuda seu corpo a crescer. Quando você chegar da escola, os únicos lanches que darei são _____ e _____. Sei que é uma grande mudança e sei que levará um tempo para se acostumar."

Tolere a Oposição

Tomar decisões alimentares com nossos filhos requer nos avaliar, dizer não, tolerar as reclamações das crianças e a angústia quando elas surgem. É uma parte essencial da implementação da divisão de responsabilidade de Satter, porque depois de saber nosso papel, precisamos desempenhá-lo, e isso depende de nossa habilidade de lidar com nosso filho não estando feliz conosco. Isso parece fácil na teoria "Certo, meu filho não está feliz comigo, tudo bem!", mas tolerar uma criança infeliz que está com fome e faz birras durante as refeições... é complicado! Veja alguns roteiros que ajudam:

- Lembre-se do que você sabe ser verdade: "Sei que qualquer criança se sente segura com um dos alimentos oferecido. Não é a opção favorita, mas é legítima. Meu papel é servir, e o papel dela é decidir; não é muita coisa, mas ambos fazemos nossos trabalhos."
- Lembre-se de que você não precisa de um acordo: "Não preciso que meu filho concorde comigo."
- Dê permissão para seu filho ficar chateado: "Você tem permissão para ficar triste."
- Nomeie o desejo: "Você gostaria de ter _____ no jantar, em vez de..." ou "Você gostaria de estar no controle de cada escolha de alimento".
- Separe o protesto do seu filho da sua decisão: o protesto/birra do meu filho não significa que tomei uma decisão ruim. E isso não significa que sou um pai/mãe ruim ou frio."

- Lembre a si mesmo e ao seu filho do seu papel: "Meu papel como pai/mãe é tomar decisões que considero boas para você, mesmo quando sei que você não gostará delas."

Como Acontece com Gia e Eva?

Eva percebe que está *pedindo permissão*, em vez de *incorporar sua autoridade* com Gia em relação às decisões da comida, então ela lembra de seu papel *versus* o papel de Gia e conversa com ela certa manhã no fim de semana, quando as coisas estão calmas:

— Gia, faremos algumas mudanças sobre os lanches para que nossos corpos tenham fome na hora do jantar. Você ainda pode comer os biscoitos Goldfish; na verdade, colocarei alguns deles no seu prato na hora do jantar para que fiquem junto com o outro alimento. Para o lanche da tarde, darei a você frutas e queijo, e a hora do lanche terminará às 15h. Sei que essas mudanças podem parecer difíceis e sei que nos acostumaremos.

Eva se sente nervosa, mas confiante, conforme avalia a mudança. À tarde, Gia tem uma crise na hora do lanche, pedindo biscoitos Goldfish e pretzels. Eva fica firme, dizendo:

— Sei que você quer essas comidas agora. Podemos comer algumas fatias de maçã e queijo agora ou, se não for bom para você, podemos esperar até o jantar para começar. Você tem permissão para fichar chateada. Sei que gostaria de estar no controle! É difícil ser criança. Amo você. Estou aqui.

Eva se lembra de que se Gia escolhe não lanchar, ela pode passar para a hora do jantar mais cedo para atender às necessidades de fome da filha. Eva se sente forte com isso, lembrando a si mesma: "Nossa, é como eu lido com muitos outros protestos, como aqueles para o tempo usando o celular/TV ou querendo brinquedos novos. Mantenho o limite e permito que Gia tenha sentimentos. Funciona com a comida também."

CAPÍTULO 23

Consentimento

> Kiki e seu irmão Lex, de 4 e 7 anos, respectivamente, estão visitando os avós. Quando chegam, o avô abraça Lex, então se aproxima de Kiki, que corre e diz:
>
> — Sem abraços!
>
> O avô vai até ela e diz:
>
> — Não vejo você há meses! Dê um abraço no vovô! Ficarei muito triste se você não me abraçar. Você quer me ver triste, lindinha?
>
> A mãe de Kiki, Tasha, se sente chateada e culpada; o pai dela parece visivelmente magoado e a filha está claramente resistente. Ela não sabe como responder.

Diga isto comigo: "Sou a única pessoa em meu corpo. Sou a única pessoa que sabe o que quero, para o que estou preparada e o que parece certo para mim."

Continuando: "Sou responsável pelo meu corpo. Sou responsável pelos limites do meu corpo. Sou responsável por quem me toca, por quanto tempo e quantas vezes. Posso gostar de algo um dia e não querer no outro dia. Posso ficar à vontade em tocar algumas pessoas e não outras. Sou a única pessoa que pode tomar essas decisões."

E mais: "Haverá vezes em que eu me avalio com base no que parece certo para mim e outras pessoas não gostarão. Elas resistirão. Falarão sobre o que querem de mim, não sobre respeitar o que estou dizendo que é confortável para mim. Não é meu papel deixar as outras pessoas felizes. O desconforto delas é um sentimento no corpo delas e não é minha culpa nem minha responsabilidade fazer esse sentimento desaparecer."

Certo, uma pausa. Observe como seu corpo reage a essas declarações. O que acontece com você? Tais declarações são consistentes com o que lhe foi ensinado na infância? Estão em sincronia com como você lida atualmente com as decisões sobre seu corpo? E quando você era criança, adolescente ou um adulto jovem? Antes de podermos considerar como as questões da soberania do corpo acontecem com nossas crianças, temos que verificar em nosso próprio circuito e ver o que elas despertam em nós.

O modo como interagimos e reforçamos a ideia da soberania do corpo, ou a noção de que temos sobre o direito de controlar totalmente nosso próprio corpo, inevitavelmente impactará nossas crianças. Sentir que você tem o direito de tomar decisões sobre seu corpo não vem de um ambiente de sala de aula nem de um livro; sentir que você tem o direito de tomar decisões sobre seu corpo vem da experiência nos primeiros anos de vida em relação a... se você sentiu que tinha o direito de tomar decisões sobre seu corpo. Isso se resume a uma pergunta, cuja resposta as crianças aprendem não com nossas palavras, mas com o modo como lidamos com situações complexas: "Tenho permissão para dizer não para os outros, mesmo se ficarem chateados?"

Pessoalmente, quero que meus filhos tenham palavras como "Não", "Não gosto disso" e "Pare" em seus vocabulários. Também quero que eles tenham algo talvez até mais importante: a capacidade de usar essas palavras. Qual a diferença? Bem, cada uma de nossas crianças conhecerá a palavra "não" ou a frase "não quero" quando chegar na adolescência, mas a confiança de realmente manter os limites em torno dessas palavras vem das primeiras experiências da criança conosco. Dependerá muito de se elas foram encorajadas a prestar atenção nos sentimentos de disposição e conforto de seu corpo ou se foram encorajadas a deixar de lado esses sentimentos em favor de fazer as outras pessoas felizes.

Veja bem, não estou falando apenas sobre permitir que nossos filhos decidam se eles abraçam ou não seus avós. O exemplo de Kiki é intensificado, porque ele simboliza o conflito entre agradar os outros e agir de acordo com os sinais do nosso corpo, mas existem muitos outros momentos quando estamos construindo o circuito para o consentimento do corpo. Quando uma criança fica hesitante em participar de uma festa de aniversário, fica chateada com uma piada bem-intencionada, diz que está cheia mesmo depois de um pequeno jantar ou reclama que o porão escuro parece assustador, tudo isso são momentos para programar o circuito do corpo.

Lembre-se, as crianças estão sempre fazendo perguntas, e uma delas é: "Eu conheço os sinais no meu corpo melhor do que qualquer outra pessoa, ou as outras pessoas estão certas sobre o que acontece dentro de mim? Eu interpreto corretamente as sensações no meu corpo, ou preciso contar com outras pessoas para fazer tudo certo?" Agora considere os exemplos a seguir e note as duas respostas dos pais, uma que constrói o circuito para o consentimento e a capacidade de dizer não, e uma que constrói o circuito para a dúvida.

Uma criança hesita em participar de uma festa de aniversário

- Circuito para o consentimento: "Você não tem certeza sobre brincar com outras crianças agora. Tudo bem. No seu tempo."
- Circuito para a dúvida: "Você está sendo ridículo, vá se juntar aos seus amigos."

*Uma criança fica magoada
com uma piada bem-intencionada*

- Circuito para o consentimento: "Posso ver que você ficou mal com isso. Acredito em você. Não direi isso novamente."
- Circuito para a dúvida: "Meu Deus, você é tão sensível! Porrr favorrrrr!"

Uma criança diz que está cheia no jantar

- Circuito para o consentimento: "Só você conhece seu corpo, portanto, é o único que pode saber se está cheio. Veja bem: quando o jantar acabar, a cozinha fechará. Verifique para ter certeza, veja o que seu corpo está dizendo e confirme se você está bem para passar a noite."
- Circuito para a dúvida: "Você não pode estar cheio. Mal comeu. Se quiser sair da mesa, terá que comer mais oito colheradas."

*Uma criança diz que tem medo do
porão quando está escuro*

- Circuito para o consentimento: "Há alguma coisa no porão escuro que é assustadora para você. Sabe disso. Acredito em você. Estou muito feliz por você compartilhar isso comigo."
- Circuito para a dúvida: "Você é a rainha do drama. Qual o problema? é só o porão."

Em cada exemplo do circuito para o consentimento, o adulto acredita na experiência da criança. Isso não significa que ele permite que a criança se comporte de um modo específico, mas que a experiência da criança é vista como real e fonte de verdade. Em cada exemplo do circuito para a dúvida, o adulto intervém como se a sensação do adulto sobre como a criança deve reagir fosse mais "verdadeira" do que a experiência expressada e real da criança. As crianças desenvolvem a dúvida em resposta a serem informadas repetidamente que "Você não se conhece". Por isso recomendo que todos os pais cortem as seguintes palavras de seu vocabulário parental (fique à vontade para cortá-las de todas as interações fora da paternidade também!): "dramático", "rainha do drama", "sensível demais", "histérica", "desproporcional", "ridículo". São palavras definidas como *gaslighting**, que dizem para uma criança que você não confia nela, que a programam para não confiar nela mesma.

Tudo bem, uma pausa. Verificando a vergonha dos pais! Registre qualquer pensamento "Ah não... baguncei tudo" ou "Sou o pior pai/mãe no mundo" que aparece em você. Pensei assim também, garanto, e sei como isso é doloroso. Coloque uma mão no coração, assegurando que os pés estejam no chão, e respire fundo algumas vezes. Diga para si mesmo: "Não é tarde demais... para mim nem para meu filho. Minha reação é um sinal de que eu me importo, não um sinal de que sou ruim. Meu desejo de refletir e tentar algo novo me diz que quebro ciclos com coragem."

Estratégias

"Acredito em você"

Construir um circuito para o consentimento vem de construir um circuito para a autoconfiança. Se as crianças não confiarem em si mesmas e em seus sentimentos, elas não acreditarão em sua habilidade de assumir o controle das decisões pessoais. Quando sua filha fala que está frio, mesmo quando parece perfeitamente agradável para você, acredite nela:

---

* Gaslighting é uma forma de manipulação e abuso psicológico na qual uma pessoa distorce informações, omite outras ou inventa mentiras para benefício próprio e controle sob alguém. Em casos mais graves, o indivíduo afetado pode começar a duvidar de sua própria memória, percepção e sanidade. [N. da R.]

— Você está com frio, hein? Acredito. Vejamos o que podemos fazer em relação a isso.

Quando seu filho fala que ele não gosta de cócegas, acredite nele:
— Ouvi. Cócegas não são legais para você. Acredito, estou feliz por me dizer e não farei mais.

Quando a criança fala que fica assustada com um desenho animado, acredite nela:
— Isso é assustador para você. Acredito.

"Existe algo em..."

Por vezes não sabemos o que acontece com nosso filho; podemos ver que ele está chateado, mas não temos ideia do que está acontecendo nem por que ele está triste. Talvez seu filho tenha uma crise com uma camisa vermelha, mesmo que seja sua cor favorita, talvez sua filha de repente fique devastada quando você sai para trabalhar, mesmo que tenha feito isso cinco dias na semana por nove anos da vida dela. Em geral esses momentos geram invalidação e *gaslighting*, e todas as palavras que sugeri cortar do vocabulário parental. Nesses momentos, gosto de usar a frase "Existe algo em..." Ela informa que você acredita na criança e validou a experiência dela, mesmo que não entenda exatamente o que está acontecendo. Pode ser assim: "Existe algo nessa camisa vermelha que não é legal para você..." ou "Existe algo em dizer adeus hoje que não é legal para você..." Só porque você não entende a experiência do seu filho não significa que ela não seja real, e essa frase ajuda a fechar a lacuna.

"Você É o Único no Seu Corpo"

Veja algo que digo para meus filhos com muita frequência: "Você é o único no seu corpo, então só você pode saber o que prefere." Consentir, em sua essência, é sobre nossa crença de que apenas *nós* sabemos o que acontece conosco, apenas *nós* sabemos o que queremos, apenas *nós* sabemos o que é confortável em determinado momento. Quando seu filho diz "Gosto da minha camisa ao contrário", talvez você diga "Você é o único em seu corpo, então só você pode saber o que prefere"; quando sua filha diz "Não gosto de rosa! Gosto de verde", desenvolva a confiança dela respondendo: "Você é a única no seu corpo, então só você pode saber o que prefere." Talvez até acrescente: "É muito legal que você saiba quem você é e o que parece bom no seu caso" ou "Você se conhece muito e isso é incrível".

Questionamento Socrático

Amo fazer perguntas instigantes aos meus filhos em relação ao tema consentimento. Faço isso com outros temas também, uma vez que meus filhos aprendem melhor quando *são encorajados a pensar e considerar*, o que vem de *fazer perguntas*. Mas acho que as perguntas de consentimento são especialmente instigantes, então essa estratégia é muito eficiente nesse contexto. Na próxima vez em que você tiver uma "abertura" com seu filho, ou seja, um momento calmo, quando vocês estão bem, explore os temas de tomada de decisão, avaliação dos desejos e das necessidades do outro, e tolerância da angústia das outras pessoas. Eu começaria com "Aaaaaah, tenho uma pergunta interessante...", e então compartilharia o seguinte (não tudo!):

— O que é mais importante: fazer algo que parece certo para você ou deixar as outras pessoas felizes? E se não podemos ter ambos? Quando deixar outra pessoa feliz, em vez de fazer algo que parece certo, é bom para você? Quando seria muitíssimo importante escolher fazer o que parece certo, mesmo se outra pessoa fica muito infeliz? E se você faz algo que deseja e outra pessoa fica chateada com você... isso significa que você é uma pessoa má? Por que sim ou não?

Como Acontece com Kiki e Tasha?

Tasha se lembra do circuito para o consentimento; ela deseja que os filhos consigam avaliar seus desejos e suas necessidades mesmo que outras pessoas fiquem chateadas e conhece esses circuitos, que são ativados na vida adulta, mas são criados durante a infância. Tasha diz para Kiki:

— Você não quer abraçar o vovô, hein? Tudo bem. Você é a única em seu corpo, então é a única pessoa que poderia saber o que é certo no seu caso. E veja outra coisa: você vê que o vovô está triste porque quer um abraço. Tudo bem. Outras pessoas têm permissão para ter sentimentos quando você diz não. Você não tem que mudar de ideia porque alguém está chateado.

Então Tasha se aproxima do pai dela e diz:

— É muito importante para mim que meus filhos saibam que são responsáveis por seus corpos. Sei que você pode discordar do modo como os educo neste momento, tudo bem, mas não envie mensagens confusas a ela em relação a isso.

CAPÍTULO 24

Lágrimas

> Abdullah, pai de Yusuf, de 7 anos, acabou de receber um e-mail informando que o filho não viajou com a equipe de beisebol. Abdullah se aproxima de Yusuf e fala:
>
> — Ei, garoto. Você não viajou com a equipe. Você ainda está na outra equipe, então isso é ótimo, certo? Você pode jogar com seus antigos amigos.
>
> Abdullah nota que Yusuf começa a chorar. Ele não está certo sobre o que dizer ou se deve distrair Yusuf com algo positivo para diminuir a mágoa.

Veja uma lista de verificação rápida de múltipla escolha: *imagine você conversando com um amigo e nota, de forma totalmente inesperada, que está começando a chorar. Como se sente com as lágrimas? Quais pensamentos lhe vêm à cabeça?*

- **A)** "Não há motivos para estar chorando! Isso é ridículo."
- **B)** "Isso deixará meu amigo desconfortável."
- **C)** "Eu me pergunto o que meu corpo está tentando me dizer. Deve ser algo importante."

Não há uma resposta certa aqui, apenas informação. O que você observa? Você critica a si mesmo por chorar? Está preocupado com a reação do amigo? Ou sente curiosidade, respeito e compaixão?

Podemos aprender muito sobre nossas histórias pessoais com o modo como sentimos nossas lágrimas. Nessa reflexão de múltipla escolha, começamos a entender como o choro era tratado em nossa família. Afinal, embora as lágrimas sejam universais, nossa relação a elas é muito específica e baseada no circuito que desenvolvemos no início de nossa vida.

As lágrimas operam em nosso sistema de apego como um sinal de que precisamos de apoio emocional e conexão dos outros. São um sinal de como nos sentimos e da força pura desse sentimento. Por vezes imagino minhas lágrimas conversando comigo, dizendo: "Algo muito grande está acontecendo por dentro e eu literalmente sou um *líquido* saindo dos seus olhos na tentativa de fazer você pausar e observar." Mas as lágrimas também são uma manifestação visceral da vulnerabilidade de uma criança, e isso pode ser um grande gatilho para os pais. Lembre-se, nos primeiros anos de nossa vida, nossos gatilhos nos dizem o que aprendemos *a fechar em nós mesmos*, portanto, a "vergonha relacionada ao choro" muitas vezes é passada por gerações: uma criança chora porque precisa do apoio emocional do pai/mãe, o pai/mãe tem o gatilho porque aprendeu a fechar suas próprias necessidades de apoio quando era jovem, então responde a uma criança do modo como recebia a resposta, e o ciclo da conexão com a vergonha continua. Ou, por outro lado, as lágrimas podem ser um gatilho para a culpa dentro do pai/mãe, porque você pressupõe que a angústia do filho é sua culpa ou um sinal de falha parental. Sejamos a geração que muda isso. Sejamos a mudança. Lembremos desta verdade: "O corpo nunca mente. As lágrimas são o modo como o corpo envia uma mensagem sobre como alguém se sente. Não tenho que gostar das minhas lágrimas ou das lágrimas do meu filho... mas tenho que respeitá-las."

Sempre que falo sobre lágrimas, me fazem a mesma pergunta: "Mas e as 'lágrimas falsas' ou o 'choro falso'?" Respondo essa pergunta com outra: por que você chama essas lágrimas de falsas? Precisamos nos afastar e refletir sobre como a *estrutura da situação* nos faz *sentir em relação à criança*. Quando rotulamos algo como "lágrimas falsas", estamos julgando. Colocamos distância entre nós mesmos e nosso filho, e o vemos como manipulador ou "inimigo". Eu tremo em pensar sobre esse impacto, porque, como pais, queremos fazer o oposto, queremos nos aproximar do nosso filho com compaixão, uma curiosidade aberta fundamentada na ideia de que as crianças (e os adultos!) estão sempre fazendo o melhor que podem com os recursos que têm disponível, ou seja, as crianças têm o bem dentro de si... então o que acontece quando elas têm um aumento de sua expressão emocional? *Essa* é a pergunta que quero responder, porque aborda a criança com admiração, com uma atitude de conectar, ao invés de julgar, vendo nosso filho como um parceiro.

Pensemos um pouco sobre as lágrimas falsas. O que me levaria, como adulto, a aumentar a expressão das minhas emoções? Afinal, nenhum de nós está imune a isso. Bem, se quero ter a seriedade dos meus sentimentos reconhecida ou minhas necessidades conhecidas, e sinto que alguém responde a mim com desinteresse, invalidação ou de forma a minimizar o que sinto, então sem dúvidas meu corpo aumentaria com uma expressão mais intensa. Eu estaria desesperada para me sentir vista e compreendida. Quando vemos as lágrimas falsas com essa lente, pensamos menos sobre a expressão na superfície e mais sobre as necessidades subjacentes não atendidas. Palavras como "Posso ver que algo importante está acontecendo com você. Eu me importo com isso. Muito mesmo" são roteiros poderosos para sua caixa de ferramentas nesses momentos. Agora lembre-se, isso não significa que você tem que "ceder" a qualquer coisa que seu filho quer no momento, afinal, sabemos com nossos papéis na família que duas coisas podem ser verdade: podemos manter um limite firme e ainda abordar uma criança com empatia e validação.

Estratégias

Converse Sobre as Lágrimas

Converse sobre o choro com seu filho *fora do momento em que ele está chorando*. Talvez faça uma pausa na leitura de um livro quando você nota uma personagem se sentindo triste:

— Ela parece triste. Fico pensando se ela vai chorar. Às vezes, eu choro quando estou triste. Outras vezes não. De qualquer modo, está tudo bem.

Ou converse sobre um momento em que você chorou:

— Ainda me lembro de quando eu tinha sua idade e me deixaram pegar um sorvete na sorveteria. Eu queria muito um sanduíche de sorvete... e eles tinham acabado! AH, NÃO! Eu chorei. Fiquei muito desapontado.

Aqui, estamos retirando a vergonha da experiência do choro; afinal, quando você compartilha claramente com seu filho que você chorou, mesmo com coisas aparentemente "pequenas", seu filho se sente menos sozinho com suas lágrimas.

Conecte as Lágrimas com Algo Importante

Digo para meus filhos:

— As lágrimas nos dizem que algo importante está acontecendo em nosso corpo — e continuo. Outro dia, eu assistia um programa na TV, quando chorei e nem entendi o motivo! Você sabe que às vezes nosso corpo sabe coisas antes que nosso cérebro? Meu corpo deve ter pensado em algo importante. Mesmo que eu não tenha entendido porque estava chorando, sabia que ainda estava tudo bem.

Essa é uma mensagem extremamente poderosa para o seu filho: por vezes nosso corpo sabe coisas que nossa mente não entende ainda.

Vi muitos adultos lidarem com suas lágrimas com uma espiral de autoculpa do tipo "Isso não faz sentido, por que estou chorando, qual o problema comigo?"; é uma grande proteção à saúde mental das crianças ensiná-las cedo de que precisamos ter paciência para entender nossas lágrimas e as mensagens do nosso corpo.

Questionamento Socrático

Reserve um tempo para se perguntar em voz alta com seus filhos sobre as lágrimas, encorajando-os a pensar profundamente e questionar a narrativa comum de que as lágrimas são um sinal de fraqueza. Veja algumas perguntas iniciais, todas para promover reflexão, não respostas:

— O que você acha que as lágrimas nos dizem? Elas são boas, ruins ou nem boas nem ruins, talvez apenas lágrimas? Você sabia que as lágrimas liberam o estresse do nosso corpo? Não é interessante? Existem pessoas que não gostam de chorar. Posso imaginar o motivo? Meninos e meninas podem chorar? Adultos e crianças podem chorar? Homens e mulheres podem chorar? É mais certo para meninas ou meninos chorar, ou é certo para ambos? Por quê? Como você aprendeu isso?

Como Acontece com Abdullah e Yusuf?

Abdullah respira fundo e se lembra de que as lágrimas não são inimigas, a tristeza não é inimiga, a vulnerabilidade não é inimiga... a solidão em nossos sentimentos, essa sim é a verdadeira inimiga. Essa é a parte mais dolorosa de todas. Então Abdullah conta a história do que aconteceu a Yusuf, lembrando-se de que sua presença, não suas soluções, darão conforto a ele:

— Você queria muito entrar para a equipe. É muito decepcionante, eu sei.

Depois faz uma pausa e fala com a voz dentro *dele* que aprendeu a julgar *suas próprias* lágrimas; ele diz para si mesmo: "As lágrimas são boas. As lágrimas são importantes." Depois, com mais naturalidade, fala para Yusuf:

— Nossas lágrimas nos dizem que algo importante está acontecendo em nosso corpo. Nesta família, gostamos de saber coisas importantes, então deixamos as lágrimas saírem. Estou aqui com você. Estou bem aqui.

Yusuf chora e o próprio Abdullah sente lágrimas nos olhos também. Esse é um momento poderoso entre pais e filho, do tipo que Abdullah desejaria ter tido mais com seu próprio pai.

CAPÍTULO 25

Desenvolvendo Confiança

> Charlie, de 6 anos, está correndo no quintal com os amigos, brincando de pega-pega. Sua mãe, Clara, nota que ele continua sendo pego e é um pouco mais lento do que seus amigos mais atléticos. Assim que os amigos de Charlie vão embora, ele começa a chorar e diz para sua mãe:
>
> — Eles são mais rápidos que eu. Eu sempre sou pego. Sou a criança mais lenta na minha turma!
>
> Clara odeia ver seu filho sofrendo. Ela imagina se deveria dizer a Charlie que ele só teve um dia ruim ou lembrá-lo que é ótimo em xadrez e artes.

As crianças costumam aprender que confiança significa se sentir bem, ter orgulho e ficar feliz consigo mesmas. Não é assim. Sei que pode parecer uma declaração ousada, mas realmente acredito que seja hora de reestruturar a discussão em torno da confiança. Quando definimos confiança como "se sentir bem com nós mesmos", acabamos tentando dissuadir nossos filhos de sua angústia, desapontamento ou percepção de que eles não são muito bons em certas coisas; isso é triste, porque acredito que o caminho da reafirmação e da sustentação realmente destrói a confiança.

Ouça com atenção. Para mim, confiança não é sobre se sentir "bem", é sobre acreditar que "realmente sei o que sinto agora. Sim, esse sentimento é real, sim, ele tem permissão para existir, e sim, sou uma boa pessoa enquanto me sinto assim". Confiança é nossa capacidade de nos sentir à vontade com nós mesmos na maior variedade de sentimentos possível e é desenvolvida a partir da crença de que está tudo bem ser quem você é, não importa o que esteja sentindo.

Começaremos com um exemplo de adulto. Digamos que você esteja em uma reunião importante com sua chefe. Você concorda fazendo um movimento de cabeça e tenta acompanhar, percebendo que não tem ideia sobre o que ela está falando. Confiança, nesse caso, é sobre autoconfiança; é nossa capacidade de nos sentar na reunião e dizer internamente "Hmm. Não tenho ideia do que ela está me perguntando no momento. Estou totalmente confuso. Confio no meu sentimento e não significa nada ruim em relação a mim", e então dizer externamente: "Espere um pouco, estou muito confuso e quero ter certeza de que entendi certo. Podemos começar de novo, para que possamos ficar em sincronia?" A confiança nessa reunião não vem de tentar se convencer de que você não está confuso, vem de permitir esse sentimento e tê-lo.

É muitíssimo comum pais bem-intencionados que ouvem o problema de uma criança e então o invalidam, talvez não dizendo "Não seja um bebê!", mas de um modo mais sorrateiro, como tentar convencê-la a se sentir feliz quando ela está triste ou a sentir orgulho quando está desapontada. Quando tentamos convencer uma criança a se sentir de modo diferente de como está realmente sentindo, ela aprende: "Acho que não sou uma boa avaliadora dos meus sentimentos... achei que estava chateada, mas meu adulto mais confiável me diz que não é um grande problema. Não posso confiar nos sentimentos dentro de mim; afinal, aprendi que outras pessoas sabem melhor como eu me sinto." Desculpe. Isso é assustador. Quando pensamos nos adultos que esperamos que nossos filhos se tornarão, estou muito certa de que a maioria de nós deseja que as crianças tenham uma bússola interna forte, um "instinto" que elas possam localizar dentro de seus corpos. É isso que permite aos adultos tomarem decisões no meio da incerteza, recusar planos sociais porque eles se sentem esgotados e precisam de uma boa noite de sono ou falar com um colega que os deixou fora de uma reunião importante. Esse tipo de confiança vem de confiar nos instintos, de uma autoconfiança que afirma "Aprendi a confiar nos meus sentimentos". E em relação às crianças, quero que as minhas consigam dizer: "Sei que estou chateada com o que aconteceu com minha amiga, mas ela está tentando me convencer de que estou exagerando e que não é um grande problema. Mas espere, como ela pode saber como me sinto? Eu sei como me sinto! Sou o único que poderia saber isso." Confiança acontece quando os pais permitem e conectam o sentimento que o filho já tem. E quando você conecta com algo mais difícil, ou seja, emoções como tristeza, desapontamento, ciúme ou raiva, você tem um retorno no investimento ainda maior por desenvolver a confiança, porque está preparando seu filho para sentir que ele pode "ser ele mesmo", não importa o que, em uma grande variedade de sentimentos. Que presente!

Desenvolver confiança não é apenas dizer a coisa "certa" quando as coisas dão "errado" para nossos filhos. Também é sobre o que dizemos quando as coisas dão "certo". Porque existe um tipo de comentário que muitas vezes achamos que desenvolverá confiança, mas de fato atrapalha, e é o elogio. "Bom trabalho, amor!" "Você é muito esperto!" e "Você é um artista incrível!" Essas frases bem-intencionadas criam uma dependência da criança de uma validação externa ou uma aprovação de outras pessoas. Já a validação interna, que é o que queremos encorajar em nossas crianças, é o processo de buscar aprovação em si mesmo. É a diferença entre observar os bons sentimentos fora, ao invés de observar dentro. Veja um exemplo: seu filho de 6 anos acabou de fazer um desenho; buscar validação externa seria procurar o pai/mãe e perguntar "Você gosta, você gosta? Você acha que é bonito?" Buscar validação interna seria fazer uma pausa, olhar a imagem e compartilhar seus próprios pensamentos. Outro exemplo:

uma adolescente está com raiva do namorado por algo que ele disse para ela; buscar validação externa seria perguntar a cinco amigas se elas acham que é um "grande problema"; buscar validação interna seria observar seu próprio desconforto e decidir dizer algo.

Agora veja algo: todos nós buscamos validação externa e todos gostamos dela. E está tudo bem. O objetivo não é tornar uma criança imune à aprovação ou à opinião de outras pessoas, mas aumentar a interioridade dela, ou seja, o que ela é por dentro, de modo que não se sinta vazia nem confusa na ausência de uma opinião de fora. E mais, a confiança não pode ser desenvolvida a partir da validação externa ou do elogio. Com certeza esses comentários parecem bons, mas nunca se mantêm; pelo contrário, desaparecem quase tão rápido quanto aparecem, nos deixando desesperados pelo próximo elogio para que possamos nos sentir bem com nós mesmos de novo. Isso não é confiança... é vazio.

Um aviso rápido sobre o elogio: comentar sobre o que acontece dentro de uma criança ou sobre o processo e não o produto de uma criança a orienta a olhar para trás, não para fora. Comentários como "Você se dedicou muito nesse projeto", "Notei que está usando cores diferentes no desenho, fale sobre isso" ou "Como pensa em criar isso?" — isso apoia o desenvolvimento da confiança, porque em vez de ensinar seu filho a esperar palavras positivas dos outros, você o ensina a observar o que ele está fazendo e aprender mais sobre si mesmo.

Estratégias

Oriente com Validação

Se nos lembramos de que confiança vem de saber que está tudo bem se sentir como você se sente, podemos desenvolver confiança em nossos filhos mostrando a eles que vemos seus sentimentos como reais e gerenciáveis. Quando nomeamos os sentimentos e os validamos, mostramos à criança que esses sentimentos são certos. Veja como seria:

Situação: Seu filho conta que ficou triste quando você o deixou na escola.

Oriente com Validação: "Você ficou triste quando ficou lá, hein? Faz sentido, ficar lá pode ser difícil", em oposição a: "Mas o resto do dia foi ótimo, certo?"

Situação: Sua filha diz que não quer ir para o treino de futebol.

Oriente com Validação: "Algo no futebol parece complicado agora, hein? Faz sentido. Vamos pensar nisso juntos", em oposição a: "Mas você ama futebol!"

Como você pensaria em...?

"Como você pensaria em desenhar isso?"

"Como pensaria em iniciar sua história?"

"Como pensaria em resolver o problema de Matemática?"

"Como pensaria em usar esses materiais juntos?"

Quando imaginamos com nossas crianças sobre o "como", em vez de elogiar "o quê", ajudamos a construir a tendência delas de olhar para dentro e estar curiosas sobre si mesmas, talvez até se encantar com as coisas que fizeram. Afinal, nada melhor do que alguém por perto mostrando interesse em como pensamos sobre as coisas, como propomos nossas ideias ou aonde queremos ir em seguida. Quando perguntamos ao nosso filho "Como você pensaria em...?", dizemos que estamos interessados no processo dele, não apenas no produto; isso desenvolve uma autoconfiança interna que declara "As coisas dentro de mim são interessantes e valiosas".

A Parte Interna acima da Externa

O circuito para a autoconfiança depende da habilidade de uma criança de localizar a identidade acima do comportamento observado; isso vem de crescer em uma família que foca mais o que está "dentro" da criança (qualidades de perseverança, sentimentos, ideias) do que o que está "fora" (realizações, resultados, rótulos). Em relação à equipe de esporte da sua filha, por exemplo, a parte interna pode ser o esforço dela na prática, sua atitude quando vence e perde e seu desejo de experimentar coisas novas; a parte externa pode ser a quantidade de gols ou chutes, ou rótulos como "jogadora mais valiosa". Em relação ao meio acadêmico, a parte interna pode ser querer tentar um problema extra de Matemática, passar um tempo estudando e mostrar entusiasmo sobre uma matéria; a parte externa pode ser uma nota, uma pontuação no teste ou um rótulo como a "criança mais inteligente na turma". Quanto mais nossas famílias focam a parte interna, mais as crianças valorizam essa parte também, o que basicamente se traduz em valorizar quem elas são acima do que fazem.

"Você Realmente Sabe como Se Sente"/ "Tudo Bem Se Sentir Assim"

Se confiança é sobre *autoconfiança*, então desenvolver confiança em nossos filhos vem de ensiná-los a confiar em seus sentimentos. Isso é algo difícil até para os adultos. Sempre nos questionamos, imaginando coisas como "Exagerei na reação?", "Tudo bem me sentir assim?", "Outra pessoa se sentiria assim se estivesse no meu lugar?" Todos são sinais de insegurança e eles nos dizem que em algum ponto nossas próprias experiências foram atendidas com invalidação, solidão ou tentativas de nos convencer do contrário dos nossos sentimentos. Como pais, programaremos a autocompaixão e a autoconfiança nos sentimentos dos nossos filhos. Podemos fazer isso com frases como "Você realmente sabe como está se sentindo agora" ou "Nossa, você se conhece mesmo"; essas respostas ensinam a criança a olhar para dentro com abertura, não com julgamento. Quando seu filho agarra você no parque, é possível dizer:

— Você não está pronto para participar ainda. Tudo bem. Você realmente sabe como se sente agora.

Quando a criança chora por não ser convidada para uma festa do pijama, experimente:

— Você está muito desapontado. Tudo bem se sentir assim.

Como Acontece com Charlie e Clara?

Clara se lembra de que confiança vem de estar bem com o que a pessoa sente, não de apagar ou distrair os sentimentos de angústia. Ela diz para Charlie:

— Correr no pega-pega foi muito difícil hoje. Ser pego o tempo todo... nossa, que droga! Eu sei, amor. Estou aqui.

Ela faz uma pausa. Charlie se aproxima e chora mais. Depois de um tempo, Clara sente abertura e compartilha:

— Quando eu tinha sua idade, jogar basquete era muito complicado para mim. As outras crianças conseguiam fazer cestas e eu nem chegava perto do aro com a bola. Nossa, a aula de Educação Física era muito ruim...

Charlie espera um tempo, então pede para ouvir mais sobre a experiência da mãe, como se a história dela lhe desse permissão para se sentir como ele. Clara sente um pouco de insegurança após essa conversa; parece que não ofereceu nenhuma solução, mas ela também reconhece que pareceu certo e decide confiar nisso.

CAPÍTULO 26

Perfeccionismo

> Freya, de 5 anos, faz uma tarefa de escrita no jardim de infância; ela deve escrever uma história "Como fazer" de quatro frases o melhor que conseguir. A mãe de Freya, Aislyn, observa conforme sua filha escreve uma palavra. Freya diz para si mesma "Não é assim que se escreve!", então apaga, tenta de novo, apaga e tenta de novo.
>
> — Amor, é só escrever como você vê — diz Aislyn para Freya. — É o que a professora disse. Não precisa ser perfeito!
>
> — Eu odeio escrever! — diz Freya. — Não farei isso a menos que você me diga como escrever cada palavra!
>
> Aislyn não sabe como ajudar.

O que acontece com as crianças que precisam que as coisas estejam certas, que não conseguem tolerar o "bom o bastante", que se fecham a menos que as coisas sejam exatamente como imaginaram? Bem, sob o perfeccionismo está sempre um esforço de regulação da emoção. Sob "sou o pior artista do mundo!" está uma criança que pode visualizar a imagem que queria pintar e fica desapontada com o produto final; sob "eu péssima em Matemática" está uma criança que deseja se sentir capaz, mas está confusa; sob "eu desaponto meu time" está uma criança que não consegue acessar todos os momentos em que jogou bem e fica presa na cesta perdida. Em cada caso, esse desapontamento, ou o descompasso entre o que uma criança queria que acontecesse e o que realmente aconteceu, se manifesta como perfeccionismo. E como o perfeccionismo é um sinal do esforço de regulação da emoção, a lógica não ajuda, ou seja, não conseguimos convencer uma criança de que sua arte é ótima, que os conceitos de Matemática são difíceis para todos ou que um lance perdido não define um atleta. O perfeccionismo requer que vejamos os sentimentos grandes e não gerenciados do nosso filho, aqueles que vivem sob a hipérbole e nos pensamentos em preto e branco, para que possamos chegar ao cerne do que acontece e ajudá-lo a desenvolver as habilidades necessárias.

As crianças perfeccionistas também tendem à rigidez; elas têm extremos nos humores e nas reações, então muitas vezes sentem que estão no topo do mundo e no fundo do poço. Seu autoconceito é excepcionalmente frágil, significando que há uma faixa relativamente estreita na qual conseguem se sentir seguras e felizes consigo mesmas; qualquer coisa fora dessa faixa é aparentemente ruim, por isso essas crianças se fecham depois que as coisas não saem como elas querem. O fechamento ("Não farei isso!", "Acabou!" ou "Sou a pior!") não é um sinal de que são teimosas ou mimadas, mas de que não conseguem acessar bons sentimentos sobre si mesmas naquele momento. O objetivo, como pais, é aumentar a faixa, ajudar os perfeccionistas a viverem no "cinza" para que os altos e os baixos de sua autoestima não sejam tão extremos. Queremos ajudar uma criança perfeccionista a se sentir bem o bastante, ao invés de se agarrar à necessidade de ser perfeita.

Parte dessa incapacidade de viver no cinza vem do fato de que as crianças perfeccionistas muitas vezes não conseguem tolerar, ou simplesmente não conseguem entender, a nuança. Para os perfeccionistas, o comportamento é um indicador da identidade porque não conseguem separar os dois. Isso acontece quando os perfeccionistas se sentem bem consigo mesmos e quando se sentem mal. Por exemplo, ler a página de um livro com perfeição (comportamento) significa "sou inteligente" (identidade), já pronunciar mal uma palavra (comportamento) significa "sou idiota" (identidade); tentar amarrar o sapato e ter sucesso na primeira vez (comportamento) significa "sou ótimo" (identidade), já se atrapalhar com o laço (comportamento) significa "sou horrível" (identidade). Para ajudar crianças com tendências perfeccionistas, queremos mostrar a elas como separar o que elas estão fazendo de quem elas são. É isso que lhes dá liberdade para se sentirem bem no cinza, ou seja, se sentirem capazes por dentro depois da primeira tentativa de amarrar o sapato não dar certo ou quando tentam ler. O perfeccionismo rouba a capacidade de uma criança (e do adulto) de se sentir bem no processo de aprender porque dita que a ser bom vem apenas dos resultados bem-sucedidos. Precisamos mostrar às crianças perfeccionistas como elas podem descobrir sua bondade suficiente e seu sucesso externo de valor.

Mais uma observação importante sobre perfeccionismo: os pais devem procurar ajudar as crianças a verem o perfeccionismo delas, não se livrar dele. Assim, muitos pais acham que precisam tornar seus filhos "não perfeccionistas", mas sempre que desligamos uma parte da criança (em especial quando isso é feito com muita severidade), estamos enviando a mensagem de que a parte dela em questão é ruim ou errada. Ao contrário, queremos ajudar nossos filhos a terem uma relação melhor com o perfeccionismo deles, para que possam reconhecê-lo quando surgir, em vez de deixar que ele assuma o controle e dite como eles se sentem e o que fazem. Afinal, há componentes do perfeccionismo (iniciativa, forte disposição mental, convicção) que podem ser realmente bons, e queremos ajudar nossos filhos a dominar esses traços sem entrar em colapso sob a imensa pressão que o perfeccionismo pode adicionar.

Estratégias

Cometa Seus Próprios Erros

As crianças estão sempre observando seus pais, aprendem o que eles valorizam e o que mais importa na família. Se você tem filhos com tendências ao perfeccionismo, fique atento aos erros cometidos, ao esforço e à "vida no cinza" em torno deles. Isso pode ser como: "Ah não! Enviei um e-mail importante para meu chefe com muitos erros de ortografia! Ah, não, não, não! Eu devia ter revisado e não fiz isso!" Então modele um diálogo interno que aborde mensagens mais profundas que seu filho precisa ouvir. Coloque sua mão no coração e diga em voz alta: "Tudo bem mesmo quando eu cometo um erro. Estou seguro. Tenho o bem dentro de mim mesmo quando cometo um erro no lado de fora." Isso ajudará você a modelar a separação do comportamento e da identidade, encontrando bondade quando as coisas são difíceis.

Conte a História do Sentimento Sob o Perfeccionismo

Quando seu filho insiste em algo sendo perfeito e se fecha se as coisas parecem incorretas, pratique ver o sentimento abaixo e "contar a história do sentimento" ou falar do sentimento em voz alta. O objetivo é pegar o foco da criança no perfeccionismo e mudá-lo para os sentimentos dentro do corpo dela; isso desenvolve a autoconsciência da experiência da pessoa, que é a base da regulação. Assim, quando seu filho diz "Sou a única criança que não consegue brincar no trepa-trepa. Não vou mais para o playground, não será divertido", conte a história do sentimento abaixo. Pode ser assim: "Não conseguir brincar no trepa-trepa, nossa, isso parece importante para você" ou "Às vezes algo difícil parece tirar toda a diversão das coisas, hein? É como se nada no *playground* pudesse ser divertido se você não é bom em cada parte". Aqui estamos narrando o esforço subjacente de regulação da emoção; estou mostrando a meu filho que vejo o que acontece com ele.

É uma tentativa de dizer "Tudo bem se você não quer fazer uma coisa, não é nada de mais!" ou "Quem se importa! Você pode se divertir em outra parte do *playground*!" Mas lembre-se, a lógica não desenvolve regulação e regular sentimentos difíceis é o esforço central para as crianças com tendências ao perfeccionismo.

Brinque com Bichinhos de Pelúcia

Usando bichinhos de pelúcia, caminhões ou qualquer coisa com que seu filho gosta de brincar, represente uma cena envolvendo um personagem perfeccionista. Talvez você seja o escavador que chora sobre um buraco sem o formato desejado; talvez seja o urso de pelúcia que consegue subir apenas até a metade de uma árvore. Para começar, represente algo como "Não, não, não, não farei mais isso! Se não consigo fazer com perfeição, não farei nada!" Então, faça uma pausa. Veja como seu filho reage. Se parecer certo, sussurre para a criança:

— Senti isso antes. Por vezes, quando as coisas não seguem como eu quero, parece que tudo é ruim.

Ou modele como enfrentar, talvez pegando o caminhão basculante e indo até o escavador, dizendo:

— Parece muito ruim não ter as coisas como você queria. Eu sei. Estou aqui.

Depois demonstre ainda mais enfrentamento conforme você, como escavador, diz:

— Tudo bem... talvez eu faça mais um buraco. Posso continuar mesmo quando as coisas não são perfeitas...

Introduza a Voz Perfeita

Em um momento calmo, introduza a ideia de você e seu filho tendo uma "Criança Perfeita", uma "Menina Perfeita" ou um "Menino Perfeito" por dentro. Pode ser assim:

— Sabia que eu tenho uma Menina Perfeita em mim? Sim! Ela costuma me dizer as coisas em que tenho que ser perfeita ou então não vale a pena fazê-las! Acho que você tem uma também! Acho que ela aparece quando você está fazendo seu dever de Matemática. De qualquer modo, sem problemas ter uma Voz Perfeita. Muitas pessoas têm! Mas às vezes a Menina Perfeita, para mim, fica muito alta e ela dificulta que eu me concentre. Descobri que conversar com ela pode ajudar muito...

Agora faça uma pausa. Veja como seu filho responde. Em geral, uma criança aceitará isso de imediato e dirá:

— O que você quer dizer?

Continue:

— Bem, a Menina Perfeita não é um problema, a menos que a voz dela fique tão alta a ponto de eu não conseguir ouvir as outras vozes em mim. Então, quando ela está falando alto, eu digo para ela: "Ah, olá, Menina Perfeita. Você de novo! Eu sei, você sempre diz 'Perfeito, perfeito, deve ser perfeito, se não é perfeito eu paro'. Eu ouvi! E mais, vou pedir que você recue. Vou respirar fundo e encontrar minha voz 'Posso fazer coisas difíceis', porque sei que ela existe também. Então posso ouvir uma voz mais calma dizendo que está tudo bem se as coisas são difíceis e posso fazer coisas difíceis."

Você pode achar que não tem como seu filho acompanhar essa situação ao identificar uma voz. Muitas vezes nosso ceticismo sobre intervenções como essas nos impede de tentá-las. Asseguro a você, não é algo que inventei do nada; a abordagem da Voz Perfeita é diretamente inspirada pelos sistemas familiares internos e pela ideia de que temos pluralidade em nossa mente (veja o Capítulo 4 para mais detalhes). Identificar as diferentes "partes" de nós atesta como nossa mente é organizada, e as crianças costumam pegar essa estrutura porque ela ressoa com o que realmente se passa dentro do corpo delas. E mais, o poder da estratégia Voz Perfeita é que você está ensinando ao seu filho a se relacionar com seu perfeccionismo, ao invés de rejeitá-lo;

afinal, rejeitar uma parte de nós é como uma autodepreciação. Quando falamos sobre a Voz Perfeita, uma criança não vê o perfeccionismo como inimigo, mas se sente empoderada para lidar com ele quando surge. Assim que você experimentar, poderá até ir mais longe e ver se a criança deseja descrever a Menina Perfeita (Menino ou Criança) ou até desenhá-la. Muitas crianças se divertem e se beneficiam com isso, pois personificar essa voz as permite se sentir mais com os pés no chão e capazes de entender a si mesmas.

Faça um Giro de 180° no Perfeccionismo

Certo dia, minha filha me ensinou uma palavra que ela aprendeu em espanhol, e eu respondi: "Um a zero!" Ela me olhou confusa e eu expliquei:

— Não saber algo significa que posso aprender, e aprender coisas novas é incrível. Aprendi uma coisa agora, então fiz um ponto!

Nesse jogo, "vencer" não é igual a ser "perfeito" ou já saber algo, mas é o processo de aprendizagem. Há algo em transformar não saber em uma "vitória" que dá às crianças permissão para se esforçarem e aprenderem. Isso é um grande passo para os perfeccionistas. Minha filha ama recorrer a esse jogo quando está aprendendo:

— Mãe, dois pontos para mim, acabei de aprender duas capitais!

Há muitos modos de fazer um giro de 180° no perfeccionismo: crie um jogo de não saber, faça com que o objetivo seja cometer um erro, comemore os erros.

Como Acontece com Freya e Aislyn?

Aislyn se lembra de ajudar Freya a ver o perfeccionismo, não a se livrar dele.

— A ortografia é difícil. Eu sei — diz ela. — Parece que se você não consegue acertar as palavras, não pode seguir em frente, certo? Lembro de me sentir assim também quando tinha 6 anos. Era ruim.

Freya parece um pouco mais calma, mas ela ainda insiste que não escreverá a história, a menos que Aislyn fale como escrever as palavras. Aislyn sabe que é uma correção de curto prazo e apenas reforçará a crença de Freya de que as coisas devem estar "certas" para serem boas o bastante. Ela se lembra de fazer um giro de 180º e diz:

— Freya, sabe o que mais? Você está no jardim de infância e sua professora me disse que deve aprender a escrever, não escrever corretamente. Tenho que ver algo no meu quarto, mas quando eu voltar, verei sua escrita. Não escreva NENHUMA palavra certa. NENHUMA! Se você escrever uma certa, enviarei um e-mail para sua professora dizendo que você não está sendo uma boa aluna. Tudo bem?

Ela realmente passa essa ideia e sai, prevendo que Freya continuará a chorar ou reclamar. Para sua surpresa, há um silêncio. Quando Aislyn retorna, Freya fez duas frases. Aislyn vê sete palavras escritas incorretamente e três corretas.

— Freya — diz ela —, não sei o que fazer com você. Desse JEITO muitas palavras estão escritas corretamente. É sério, seu papel é aprender! E com essas palavras, você não aprendeu nada!

Freya e Aislyn riem e, por dentro, Aislyn sabe que foi um grande momento.

CAPÍTULO 27

Ansiedade de Separação

> Wesley, de 3 anos, vai para a pré-escola pela primeira vez. Ele está empolgado, sobretudo depois de anos vendo os irmãos mais velhos indo para a escola de manhã. O pai de Wesley, Jeff, sabe que algumas crianças têm dificuldade com a separação, mas não diz nada porque não quer colocar ideias na cabeça do filho. E mais, quando chega o momento de dizer tchau, Wesley gruda. Ele se recusa a soltar a perna de Jeff e grita:
>
> — Não, não, não, papai! Fica! Fica!
>
> Jeff não tem certeza sobre o que fazer e como chegaram a esse ponto.

A *separação é difícil. Não há nada de errado com um filho que chora* ao se separar, se agarra quando a mãe vai para o trabalho ou demora para sair de casa em antecipação de ir para a escola. Lembre-se, esses comportamentos estão fundamentados no apego. As crianças associam a presença parental com segurança, porque o corpo delas lhes diz: "Contanto que seu pai/mãe esteja por perto, você tem proteção." Nos momentos da separação, as crianças devem tentar encontrar sentimentos de segurança em um ambiente novo, com um novo cuidador ou professor, e isso é um pedido e tanto. Requer que elas mantenham os sentimentos de segurança que vêm da relação entre pais e filhos sem ter essa relação diante delas. Para a separação ser gerenciável, as crianças têm que *internalizar*, significando ter dentro delas os sentimentos que muitas vezes aparecem na presença de um pai/mãe, confiar que estão seguras no mundo mesmo quando o pai/mãe não está por perto. Não é nenhuma surpresa que haja lágrimas e sentimentos difíceis no processo.

Imagino os sentimentos de segurança como uma bola de luz; quando uma criança está perto do pai/mãe, a bola de luz brilha nela, dando-lhe uma sensação de segurança que a permite explorar, brincar e crescer. Quando nossos filhos ficam mais velhos, esperamos que a luz não brilhe neles apenas na presença dos pais, mas que brilhe mesmo quando estão separados de seus pais, ou seja, realmente entrou no corpo da criança e se tornou ela própria.

O conceito de internalização nos ajuda a entender do que as crianças precisam para se separarem com sucesso. Literalmente, elas têm que "absorver" algo de um pai/mãe para que possam manter os bons sentimentos da relação, mesmo quando o pai/mãe diz adeus. O pediatra e psicanalista inglês Donald Winnicott introduziu a ideia de que as crianças criam uma representação mental da relação entre pais e filhos para que possam acessar os sentimentos da relação mesmo quando um pai/mãe está ausente. Objetos de transição ajudam as crianças no processo; um cobertor, um bichinho de pelúcia ou um objeto de casa se torna uma representação física do vínculo entre pais e filhos, lembrando a criança de que os pais ainda existem e estão "lá" mesmo quando não estão diante delas. Sempre recomendo objetos de transição para os pais cujos filhos têm problemas com ansiedade de separação; eles são um modo de ajudar a tornar as transições difíceis mais gerenciáveis. Afinal, para facilitar essa ansiedade, temos que ajudar as crianças a "ficarem conosco" em nossa ausência.

Reações à separação variam muito entre as crianças, até na mesma família. É perfeitamente normal ter um filho que se separa com facilidade e outro que fica angustiado com o simples pensamento

ANSIEDADE DE SEPARAÇÃO

de uma futura separação. Ao prever como seus filhos poderiam responder à separação, é útil considerar o temperamento deles. Por exemplo, um dos meus filhos se arrisca bastante, é ansioso para experimentar coisas novas e calmo, já o outro é lento, cuidadoso e sente profundamente (ou seja, as sensações intensas da criança são ativadas com facilidade e podem durar mais tempo). Mesmo que todos os fatores externos da experiência de separação na pré-escola fossem iguais, meu marido e eu poderíamos prever que a criança que gosta de riscos provavelmente se separaria com mais facilidade, teria menos dias com lágrimas e entraria em uma nova rotina com maior rapidez. O segredo aqui é que não adicionamos julgamentos de valor, ou seja, um dos meus filhos não se separa "melhor" do que o outro, eles simplesmente têm experiências diferentes. Conhecer a singularidade do seu filho é essencial para ajudar a entender como pode ser a separação para a criança e ao definir expectativas para se manter o mais firme possível no momento do adeus com lágrimas.

Por falar em adeus com lágrimas, é importante lembrar que os pais veem apenas um lado do processo de separação, o adeus. Em geral, não chegamos a ver a recuperação ou a atuação que se segue quando nossos filhos param de ficar chateados e regulam sentindo felicidade. De fato, algumas das crianças mais engajadas em uma sala de aula muitas vezes são as que protestam mais na separação. Uma parte vital da separação é a capacidade do pai/mãe de acreditar que seus filhos podem enfrentar. A experiência de uma criança no momento da separação não é uma previsão de sua experiência inteira na escola ou na creche. Entender isso permitirá que os pais projetem um ar de confiança, e isso é muito importante — nossos sentimentos sobre a separação dos filhos têm um impacto enorme na experiência deles; se nossos filhos sentirem que hesitamos, ficamos nervosos ou em dúvida, as reações de separação deles serão mais intensas, porque absorverão nossa ansiedade, ampliando a deles. Nos momentos da separação, basicamente nossos filhos nos perguntam: "Você acha que ficarei bem?" Não há nada mais assustador para uma criança do que se separar do pai/mãe que demonstra medo com a separação; é como se o pai/mãe dissesse: "Você não está seguro aqui. Tchau!" Isso seria terrível para qualquer criança. Então lembre-se de que você, pai/mãe, define o tom. A separação pode ser difícil para todos, mas projetar confiança é o segredo para uma transição suave.

Estratégias

Verifique sua Própria Ansiedade

Observe como você se sente ao se separar do seu filho. Você pode ficar triste ou nervoso, e está tudo bem! Nunca temos que nos livrar dos nossos sentimentos, mas devemos nos manter responsáveis por entender aquilo de que precisamos para que possamos nos mostrar como um líder firme nos momentos de separação. Você pode começar como eu costumo fazer, cumprimentando os sentimentos de desconforto: "Olá, ansiedade, você tem permissão para existir!" Ou "Olá você, sentimentos tristes sobre o crescimento e o afastamento do meu filho por um tempo. Vocês têm permissão para existir. Direi olá para vocês antes de me afastar, então de novo quando estiver em casa. Pedirei que vocês recuem quando eu digo tchau para minha filha para que eu possa mostrar a ela que está segura indo para a escola." Veja o Capítulo 10 para mais estratégias que possam ajudá-lo a aceitar suas emoções.

Fale sobre Separação e Sentimentos

Converse com seu filho sobre uma separação antes que ela aconteça. Para a separação na escola, isso pode significar que uma semana antes do primeiro dia, você explica sobre todos os aspectos da escola: como chegará lá, os nomes dos professores (mostre imagens se puder!), como será a sala de aula e como será ficar lá. Você pode dizer:

— Em alguns dias, você irá para a escola! A escola é um lugar onde você pode brincar e aprender com outras crianças e onde há adultos que se chamam professores, que cuidarão de você enquanto estiver lá. Na escola há blocos... e bonecas... e um tapete em círculo para se sentar enquanto vocês cantam músicas! Algo sobre a escola é que a mamãe deixa você lá no começo e o pega no final. Não fico na sala com você. Pode ser um pouco difícil no início, porque dizer tchau para mim e ficar com adultos novos é algo novo!

Essa mesma estratégia pode ser aplicada com as crianças mais velhas quando vocês se preparam para uma festa do pijama na casa de um amigo ou uma viagem de acampamento da escola com pernoite. Fale antes sobre a separação, mostre imagens de onde seu filho irá e antecipe os sentimentos que podem surgir. Pode ser assim:

— Estou pensando sobre a festa do pijama na casa da Rafaela amanhã de noite. Que incrível, sua primeira festa do pijama! A mãe da Rafaela me enviou algumas fotos do quarto dela para que possamos ver exatamente onde você dormirá... ah, veja, um edredom azul, como o que você tem em casa! E tem uma pequena lâmpada que ela gosta de manter no canto enquanto dorme... Hmm, é diferente. Fico pensando em como será dormir em um lugar novo.

Rotina + Prática

Proponha uma rotina fácil de praticar e repetir, algo curto e fácil. Talvez possa dizer:

— Quando dissermos tchau, eu lhe darei um abraço, direi "Vejo você depois, ora pois!" e "Papai sempre volta!", então eu me viro e saio. Você ficará com seus professores, e se algum sentimento intenso surgir, eles saberão como ajudá-lo. Vamos praticar!

Depois, represente a cena da separação. Fique à vontade para ser a criança primeiro e deixe seu filho ser o adulto, então troque os papéis. A prática tornará a rotina inteira mais familiar e, por fim, levará ao domínio, o que ajuda a separação parecer mais segura.

Objeto de Transição

Bichinhos de pelúcia ou cobertores podem ser úteis para as crianças com dificuldades na separação, porque literalmente viajam com elas entre os ambientes de casa e da escola, agindo como um vínculo entre os dois. Sua criança pode querer ficar com uma foto plastificada da família (fique à vontade para usar uma fita adesiva clara!), e você pode usar isso em sua rotina de separação, lembrando a seu filho que depois de sair, ele pode olhar a foto e dizer repetidas vezes: "Minha família está perto. Minha família está perto." Considere envolver seu filho na escolha do objeto de transição:

— Existe algo que você queira levar para a escola para se lembrar de casa?

Contando a História

Podemos amenizar a ansiedade de separação falando sobre a separação depois que pegamos nosso filho no final do dia ou no momento do encontro. Em especial, se uma criança ficou chateada durante o adeus, conte a história do dia. Em um momento calmo e conectado em casa, compartilhe isso com seu filho que teve dificuldade ao se separar no jardim de infância:

— Dizer tchau pareceu um pouco complicado hoje. Tudo bem. Dizer tchau na escola é muito novo, e tudo bem se sentir triste. Sua professora me disse que você respirou fundo algumas vezes e olhou as fotos da família, então participou da aula na hora do tapete em círculo. A mamãe voltou — como disse que faria! —, e agora estamos juntos em casa.

Ou compartilhe isso quando seu filho volta do acampamento com pernoite:

— Dizer tchau no começo do verão pareceu complicado, eu sei, e tivemos momentos difíceis e lágrimas... então você se acostumou com o acampamento e a saudade ficou cada vez menor com o tempo.

E aqui está você agora, depois do acampamento terminar, com muitas histórias incríveis para compartilhar. Estamos de novo juntos, como dissemos que aconteceria.

Contar a história lembra a uma criança de que o momento da separação era parte de uma história maior, mas não representa a experiência inteira.

Como Acontece com Wesley e Jeff?

Jeff se lembra de que está tudo bem que Wesley tenha sentimentos em relação à separação e se lembra de prepará-lo melhor mais tarde naquela noite. Agora Jeff se agacha para ficar no nível de Wesley e diz:

— Isso parece novo, dizer tchau para o papai. Sei que você terá um ótimo dia na escola, mesmo que dizer tchau pareça difícil.

Ele dá um grande abraço em Wesley e sussurra:

— Sua professora Terry o ajudará quando eu disser tchau. Direi a ela que você ama ouvir a música "Brilha, Brilha, Estrelinha". Ela pode cantar, se você quiser. Darei um abraço em você para lembrá-lo de que voltarei, então direi tchau. Será assim...

Jeff respira fundo, lembra-se de que pode fazer isso e faz como disse: ele abraça Wesley, diz "Papai sempre volta" e então leva Wesley até Terry, que o ajuda a dizer tchau. Mais tarde naquela noite, Jeff conta a Wesley a história do dia e pratica uma rotina de despedida que inclui o bichinho favorito do filho. Eles também representam a rotina de separação com os bonecos Lego favoritos de Wesley. Na manhã seguinte, Wesley parece nervoso, e Jeff fala:

— Algumas crianças choram quando dizem tchau para um pai/mãe. Outras não. Você pode se sentir como quiser. Não importa, papai sabe que está seguro, que irá se divertir, e eu voltarei para pegá-lo no fim do dia.

CAPÍTULO 28

Dormir

> Cora, de 4 anos, sempre teve um bom sono... até há pouco tempo. Nas últimas quatro semanas, ela vem reclamando da hora de dormir, insistindo em dez livros, não em dois, chorando quando os pais saem e acordando às 2h da manhã, pedindo que um dos pais durma na cama com ela. Ben e Matt, os pais de Cora, estão perplexos e exaustos. Eles tentaram quadros de recompensa e castigos e agora consideram o último conselho de um amigo, ou seja, trancar a porta do quarto de Cora, mas não parece certo. Eles não sabem o que fazer.

Não há nada como ser pai/mãe o dia inteiro e, então, o filho reclamar para dormir, adiar a hora de ir para a cama ou acordar no meio da noite quando você está desesperado por um descanso muito necessário. Se você acha a reclamação da hora de dormir difícil de gerenciar, não está sozinho, em especial quando acontece no exato momento em que os pais estão aguardando com impaciência pelos preciosos momentos sem os filhos no dia, quando finalmente podem relaxar, ler ou fazer algo para eles mesmos. É uma ironia cruel que, no final de um longo dia, os pais queiram um tempo longe dos filhos ao mesmo tempo em que os filhos muitas vezes querem continuar conectados aos seus pais.

Ao considerar os problemas de sono do seu filho, é importante se lembrar desta verdade: os esforços para dormir são, no fundo, esforços de separação, porque durante a noite as crianças ficam sozinhas por dez horas ou mais com sensação de segurança o bastante para que seus corpos consigam adormecer. E como os esforços de separação estão na raiz dos problemas do sono, as "soluções" para dormir precisam ser formuladas em torno da compreensão da teoria do apego. Lembre-se, o sistema de apego se baseia na busca da proximidade, porque as crianças se sentem mais seguras quando seus pais estão por perto. A noite pode parecer realmente perigosa para as crianças, ou seja, escuridão, solidão, desaceleração do corpo e aceleração da mente, surgimento de pensamentos assustadores e até preocupações existenciais sobre permanência ("Meus pais realmente estão lá quando não consigo vê-los?").

Dormir também é um momento quando as crianças podem expressar ansiedades e problemas de outras partes de suas vidas. As crianças percebem as mudanças em seu ambiente como *ameaças*, então até mudanças como o início da escola, um aumento nas brigas conjugais, o nascimento de uma nova criança ou se mudar para uma nova casa serem explicadas e um ambiente ser considerado seguro, as crianças procurarão a proximidade dos seus pais. Como resultado, esses momentos críticos costumam levar a interrupções no sono, porque as crianças sentem desconforto no corpo e não conseguem atingir o estado de relaxamento necessário para adormecer. De fato, é uma adaptação as crianças ficarem ao lado dos pais e maximizarem a probabilidade de apego e segurança nos momentos de mudança. E adivinha? O oposto de estar ao lado do pai/mãe é a separação à noite.

Assim... o que podemos fazer? Vejo a mudança do sono como um processo de duas etapas: primeiro, temos que ajudar nossos filhos a se sentirem seguros. Temos que ajudá-los a desenvolver habilidades de enfrentamento *durante o dia*, quando os riscos são menores, antes que a criança se sinta segura o bastante para se separar à noite. Então, e só então, podemos implementar estratégias para criar uma experiência da hora de dormir mais tranquila. Muitas vezes, ficamos míopes em relação ao sono, não vendo a história maior do que acontece com uma criança porque estamos muito sobrecarregados com nossa própria frustração. Embora essa resposta seja bem compreensível, infelizmente, ela pode exacerbar a exata questão que contribuiu para os problemas do sono em primeiro lugar. Quando os pais se tornam frios, punitivos e reativos, as crianças que buscam compreensão e ajuda no sentimento de calma se sentem mais sozinhas e ameaçadas. Assim, a necessidade de nossos filhos pela nossa presença aumenta, nós ficamos mais frustrados... e o ciclo continua.

Não ajuda que tanta orientação sobre o sono venha com uma mentalidade behaviorista, sem ver o esforço *abaixo* do protesto da hora de dormir ou ao acordar às 2h da manhã. Ouvi de muitos pais que foram instruídos por profissionais a ignorar os medos do filho, trancar a porta do quarto ou não fazer nada enquanto o filho grita aterrorizado. Meu coração dói ao ouvir isso, mas ao mesmo tempo, minha interpretação mais generosa me diz que os pais estão desesperados por uma abordagem que fará todos dormirem como precisam para se sentirem restaurados. Entendo isso; passei por muitos estágios difíceis do sono com meus filhos e sei que isso pode nos colocar em uma espiral de total exaustão e falta de esperança. E por isso estou tão empenhada em buscar uma abordagem para dormir que pareça certa, respeite a criança e o pai/mãe, não aumente mais os medos do abandono... e realmente funcione para promover um sono mais independente.

Analisemos o que sabemos sobre apego e separação. As crianças com dificuldades para se separar têm problemas para *internalizar* os aspectos relaxantes de uma relação entre pais e filhos. Elas se sentem seguras na presença dos pais, mas, em geral, ficam aterrorizadas com a ausência deles. A separação começa a parecer mais gerenciável quando fechamos essa lacuna, quando ajudamos uma criança a absorver as partes da relação entre pais e filhos que fornecem segurança para que possam acessar os sentimentos de segurança, garantia e confiança, todos necessários para dormir. Se podemos ajudar a *introduzir a presença do pai/mãe* no ambiente da criança, então podemos acessar a função calmante da relação, mesmo quando o pai/mãe não está bem lá. Esse é o objetivo. Quando você reflete sobre as intervenções para ajudar nos esforços do sono do seu filho, considere se eles ajudam a criança a aprender as habilidades para tolerar sua ausência ou se realmente *adicionam* terror ao seu filho em sua ausência. Além das estratégias descritas aqui, considerar esse binário ajudará a avaliar o que pode ajudar *e* ser bom.

Antes de começar, um aviso: meu objetivo é ajudar a desenvolver sentimentos de segurança no seu filho. Não sei exatamente quando isso se "converterá" em um sono melhor. O que sei é que as mudanças no sono podem levar um tempo, sempre mais do que gostaríamos. No entanto, enquanto o sono ainda é interrompido, é essencial pensar sobre aquilo de que você precisa: talvez alternar com o cônjuge ou o parceiro (se você tem um) o acordar durante a noite, um tempo extra usando celular/TV para seu filho durante o dia para que você possa descansar um pouco ou tirar um dia no trabalho para sua saúde mental e poder cochilar durante o dia. Sei que nenhuma dessas coisas será suficiente. Também sei que o acúmulo de pequenos momentos de autocuidado pode fazer a diferença.

Estratégias

"Onde Estão Todos?"

As crianças não têm garantias da permanência dos pais. Quando elas vão dormir, não sabem se você ainda estará lá. Para ajudar seus filhos a entenderem, converse com eles, durante o dia, sobre onde você passa a noite. Ande com eles pela casa para mostrar. Você pode dizer:

— Quando você vai dormir, papai vai para a cozinha e janta, depois lê no sofá e vai dormir no meu quarto. Quando você está dormindo, estou aqui o tempo todo! Então eu acordo e busco você no seu quarto quando é de manhã!

Em um momento de transição ou mudança, você também pode adicionar:

— Existem muitas mudanças em nossa vida. Veja algo que nunca mudará: quando você vai para a cama, eu ainda estou aqui. Mesmo quando seus olhos estão fechados e até quando você não consegue me ver, eu estou aqui, e estarei quando você acordar.

Examine Sua Rotina de Separação Durante o Dia

Se dormir é difícil para seu filho, comece vendo os padrões de separação durante o dia. É difícil para ele deixar você ir ao banheiro sozinho? A separação na escola é complicada? Seu filho luta para dizer tchau quando você realiza tarefas ou sai sozinho? Antes de lidar com os esforços de separação à noite (ou seja, problemas para dormir!), trabalhe essas dinâmicas durante o dia. Ir para a cama pode ser algo repleto de mais ansiedade, portanto, precisamos desenvolver habilidades de separação quando nosso corpo está menos ativados e mais receptivo à aprendizagem. Proponha uma rotina de separação, pratique dizer tchau (mesmo para ir ao banheiro!) e assegure para a criança que, mesmo quando vocês não estão juntos, ela está segura e você voltará. Para ver mais estratégias de separação durante o dia, verifique o capítulo anterior.

Encenação

Pegue bichinhos de pelúcia, caminhões, bonecas ou qualquer coisa com a qual seu filho gosta de brincar. Use para encenar uma rotina da hora de dormir, examinando os sentimentos que aparecem e as estratégias que ajudam no processo relaxante. Diga para seu filho:

— Vamos ajudar o Patinho a se preparar para a cama!

Depois diga para o Patinho:

— Patinho, sei que dormir não é sua parte favorita do dia. Tudo bem ficar triste na hora de dormir. Lembre-se, mamãe Pata está lá fora do quarto. Você está seguro. E mamãe Pata verá você pela manhã. Tudo bem, vamos nos preparar para a cama.

Então, repasse a rotina da hora de dormir, use a mesma do seu filho ("Vamos ler para o Patinho dois livros, escovar os dentes, depois cantar uma música e dizer boa noite!") e fique à vontade para incluir momentos que tendem a ser difíceis para a criança. Se sua filha sempre pede outro livro, coloque isso na encenação, representando esse esforço, enfatizando com o desejo e mantendo limites. ("Ai, Patinho, você quer outro livro! Eu sei. Você pode me dar esse outro livro, eu o levarei comigo e ele ficará pronto para ser lido de manhã." Ou "Ai, Patinho, você quer outro, eu sei. É difícil ter apenas dois. Não lerei outro agora... só de manhã!")

Introduza Sua Presença

Minha abordagem para os problemas de dormir giram em torno de ajudar seu filho a sentir a função relaxante da sua relação sem sua presença lá o tempo inteiro. Pense em vários modos de introduzir sua presença no quarto e na área da cama do seu filho. Talvez uma foto de família ao lado da área de dormir da criança e uma foto da criança ao lado da sua cama também. Você pode introduzir isso, durante o dia, dizendo:

— Sabe o que eu estive pensando? Às vezes tenho dificuldade para adormecer e penso em você, sentindo sua falta! Adoraria ter uma foto sua ao lado da minha cama. Então posso ver você e me lembrar de que está aqui e estou seguro, e que verei você de manhã! Acho que seria bom que nós dois tivéssemos fotos um do outro. Talvez possamos fazer as molduras e colocá-las em nossas camas.

Sugiro fazer as molduras juntos, nada extravagante. Você pode decorar um pedaço de cartolina e colar a foto nele. Assim sua presença é introduzida no quarto em sua foto, mas também na memória da criança criando a arte com você, uma memória que provavelmente parece segura e conectada, que são os sentimentos que queremos que uma criança acesse à noite.

Outro modo de introduzir sua presença é contar à criança que você fará um bilhete ou um desenho com o nome dela depois de ela adormecer e colocará ao lado da cama. Assim as crianças que acordam no meio da noite verão uma prova da sua presença, e o corpo delas se sentirá mais seguro sabendo que há um momento em que você "estará lá" ao lado dela. Eu estava em um estágio com minha filha em que toda noite ela queria que eu deixasse um bilhete com o nome dela e algo entre cinquenta e cem corações (ela me diria o número toda noite, como um modo de se sentir no controle). Sempre demora um pouco, mas foi o que a ajudou a se sentir segura e dormir sem muitos protestos... valeu muito a pena!

Mantras para Você e Seu Filho

Você agora sabe que eu amo mantras. Eles pegam uma situação que pode parecer grande e assustadora e dão a uma criança algo pequeno e dentro de seu controle para focar. Usei esse mantra por anos com meus filhos: "Mamãe está perto, [*nome da criança*] está seguro(a), minha cama é aconchegante." Você pode introduzir um mantra assim:

— Você sabia que quando eu tinha sua idade minha mãe me falou algo especial para dizer quando eu ia para a cama? Eu dizia para mim mesma repetidas vezes depois que ela saía. Ela falou para eu dizer: "Mamãe está perto, Fernanda está segura, minha cama é aconchegante." Dormir era um pouco complicado para mim, mas me ajudou a melhorar! O seu seria "Mamãe está perto, Gael está seguro, minha cama é aconchegante."

Compartilhe o mantra com uma voz cantada para que o ritmo seja tão relaxante quanto as palavras. Você pode incorporar esse mantra na rotina para que, depois de cantar a música, você diga o mantra três vezes.

logo depois, a criança terá *internalizado* o mantra e conseguirá produzi-lo ela mesma. Um mantra, sobretudo com uma história de gerações, é outro ótimo modo de introduzir sua presença no quarto da criança.

Claro, os mantras também são bons para os adultos e nos ajudam a lidar com nossa frustração e raiva com as lutas na hora de dormir ou processo do sono. Em geral, uso este, que me lembra do possível término: "Isto terminará. Haverá um momento quando meu filho adormece. Posso lidar com isso."

Método da Distância Segura

Esse método opera com base nos princípios da teoria do apego, respeitando que as crianças precisam se sentir próximas dos pais para se sentirem seguras. Comece no quarto da criança, ficando perto, e então, durante muitas noites, aumente a distância até você ficar cada vez mais longe (e finalmente sair do quarto). Explique para a criança:

— Sei que dormir parece complicado. Ficarei no seu quarto enquanto você adormece. Não farei isso sempre, mas por um tempo. Embora eu esteja aqui, não conversarei, porque não é de dia. Estou aqui para você saber que está seguro.

Veja uma distância segura passo a passo:

1. **Fique no quarto do seu filho até ele quase adormecer ou dormir totalmente.** Ainda no quarto, afaste o olhar do seu filho. Assim que você estiver longe, fique à vontade para usar o tempo para algum trabalho e cuidar de questões pessoais. Você está lá por sua presença, não para se envolver. Lembre-se, seu filho não precisará de você no quarto dele para sempre. Assim que reduzimos o medo, podemos aumentar a tolerância da distância da criança. A independência (separação) vem da segurança da dependência (união).

2. **Na primeira noite, fique o mais próximo do seu filho que precisar para parecer seguro.** Você saberá que ele se sente seguro quando estiver calmo. Seu ponto de partida pode ser se sentar na cama e esfregar as costas dele. Fique nessa distância por três noites consecutivas.

3. **Comece a se distanciar.** Seu segundo "local" pode ser se sentar na cama sem tocar seu filho, ou pode se sentar **ao lado** da cama. Algumas noites depois, pode ficar no chão mais perto da porta. Na manhã de uma nova mudança, avise à criança: "Hoje à noite se prepare para algo novo. Não me sentarei na sua cama. Ficarei no seu quarto, sentada na cadeira. Sei que você consegue!"

4. Se seu filho ficar assustado ou desregulado, **cante o mantra da hora de dormir, lentamente e com suavidade, olhando para o chão**. Se a criança ainda estiver com medo, aproxime-se um pouco. É normal "ir e voltar" conforme você descobre uma distância segurança.

5. **Se você notar frustração ou raiva em si mesmo, lembre-se do** seu **mantra da hora de dormir**: "Isso terminará. Haverá um momento quando meu filho adormece. Posso lidar com isso."

6. **Continue o processo de distanciamento** até ficar perto da porta, então no portal, e então, noites depois, fora da porta aberta.

O Botão do Conforto

Veja o que considero o maior enigma do sono para as crianças: como uma criança consegue ter bons sentimentos de um pai/mãe estando no quarto... sem o pai/mãe estar realmente no quarto dela? Isso me levou a criar o que chamo de botão do conforto, que ajuda as crianças a acessarem sua presença relaxante quando você está no sofá ou em sua própria cama. Veja como funciona: pegue um botão de gravação com pelo menos trinta segundos de espaço gravável (você pode comprar botões baratos online). Encontre uma hora em que está sozinho e calmo. Então, com uma voz regulada e relaxada, grave uma mensagem para seu filho sobre a hora de dormir. Pode ser o verso de uma música para dormir, o mantra que seu filho usa, uma mensagem sobre ver você de manhã, qualquer coisa que seu filho acharia relaxante em sua ausência. Integre esse botão na rotina do sono; seu filho pode pressionar o botão uma vez para ouvir a mensagem enquanto você está no quarto, uma vez enquanto você sai, duas vezes quando você está no lado de fora. Ou pode até fazer uma "barganha":

— Vamos trabalhar usando o botão do conforto. Quero que você ouça quatro vezes completas antes de me chamar. Saberei que está usando porque estarei esperando no lado de fora da porta. Se as coisas ainda parecerem ruins, chame, eu entrarei, esfregarei suas costas e direi que você está seguro, e tentaremos de novo.

O botão introduz sua presença e a função relaxante da sua relação de apego no quarto do seu filho, mesmo quando você não está literalmente lá. Agora seu filho pode acessar você, tem a ação de pressionar o botão e ouvir você, ao invés de se sentir sozinho, desprotegido e sem nenhuma ferramenta para se sentir seguro.

Como Acontece com Ben, Matt e Cora?

De manhã, quando Ben e Matt estão descansados e calmos, eles conversam com Cora sobre o que está acontecendo, sob seu protesto para ir dormir. Eles veem o medo dela e percebem que precisam de um plano que ajude a reduzi-lo, não agravá-lo. Eles começam com algumas estratégias de dia; notaram que Cora está mais grudada ultimamente, sobretudo com Ben, então trabalham em rotinas de separação mais gerais. Eles até praticam a separação no quarto dela durante o dia, para que pareça bobo e divertido. Cora ama brincar com as bonecas, então Matt as usa para introduzir temas de protesto do sono e também para praticar um mantra na hora de dormir. Depois disso, Cora fica receptiva para tentar sozinha. Ben compra um botão de gravação e registra a música que eles sempre cantam na hora de dormir e o mantra para dormir. Cora tem um alívio visível quando eles lhe dão o botão, e Ben e Matt veem como ela fica desesperada para "acessá-los" à noite. Os protestos para dormir continuam por algumas noites, depois ficam menos frequentes. Ben e Matt ficam aliviados e com esperança. Eles sentem que têm uma abordagem que faz sentido, parece certa e leva a um progresso perceptível.

CAPÍTULO 29

Crianças que Não Gostam de Falar de Sentimentos (Crianças Muito Sensíveis)

Maura, de 6 anos, brinca ao lado da irmã, Isla, de 4 anos. Ela começa fazendo cócegas nos pés de Isla, então passa a beliscar e empurrar de leve. A mãe de Maura, Angie, fica entre as crianças e diz:

— Maura, não deixarei você bater nela. Você tem permissão para ficar triste, entendo isso, mas não deixarei você bater nela.

Isso é o que basta para Maura começar a gritar:

— Para de dizer isso! Para! Sai de perto de mim!

Angie reage com frustração.

— Por que você sempre surta com tudo? — pergunta ela.

Enquanto isso, Maura continua chutando a mãe e gritando:

— Odeio você! Odeio você, e é sério!

Angie não sabe o que fazer. Do que Maura precisa? O que está acontecendo? Como esse momento vai de diversão a violência em questão de segundos?

A lgumas crianças são mais sensíveis e ativadas mais rapidamente que outras. Suas sensações intensas duram mais. Se esse é o seu caso, se esta descrição o lembra do seu filho, deixe-me esclarecer: você não está imaginando coisas. Seu filho provavelmente faz birra com mais frequência, por mais tempo e maior intensidade do que as outras crianças. E deixe-me esclarecer outra coisa também: não há nada de errado com a criança e nem com você. Escreverei isso de novo porque quero que leia mais uma vez: *não há nada de errado com a criança e nem com você.*

Em geral, não sou fã de rótulos, mas acho que ter uma linguagem para descrever esse tipo de criança ajuda os pais a se comunicarem e encontrarem apoio. Para as crianças com emoções mais intensas, uso o rótulo Crianças Muito Sensíveis (CMS); ele reflete o modo como elas vivenciam o mundo e também explica por que essas crianças costumam se sentir oprimidas e entram com mais facilidade em um estado de "ameaça" ou "lutar ou correr". Sim, as CMSs são complicadas. E sim, os pais das CMSs realmente precisam de estratégias diferentes, fundamentadas em uma compreensão do que são os medos centrais dessas crianças, o que elas procuram em seus momentos mais difíceis e por que as intensificações acontecem com tanta intensidade. As estratégias neste livro que ajudam outras crianças e talvez até ajudam outras em sua própria família, ou seja, estratégias como nomear o sentimento ou dar apoio, realmente podem piorar mais uma situação já explosiva em relação às CMSs. Essas crianças costumam ter problemas para aceitar ajuda, gritam "Para!" quando você conversa com elas e vão de zero a cem em situações que são aparentemente muito pequenas. Portanto, veja outra verdade importante: você não está "fazendo errado"; não está dizendo as palavras incorretas nem usando o tom errado. As CMSs simplesmente não conseguem aceitar o apoio direto que você oferece porque elas se sentem muito consumidas pelas sensações opressoras. Sei como é frustrante, exaustivo e quanta rejeição existe. Sei que neste exato momento você pode estar se lembrando de alguns momentos horríveis com sua CMS, quando disse algo que lamenta ou reagiu de um modo que não acabou sendo bom para você ou seu filho. Respire fundo. Observe sua voz do "pai/mãe ruim" aparecendo. Diga olá para ela, então encontre sua voz de autocompaixão. Ouça essa voz, aquela que diz "Você está aqui, lendo este livro, refletindo, aprendendo e desejando experimentar coisas novas; você é incrível!" Estamos de volta à nossa verdade máxima: você é um bom pai/mãe e tem uma criança boa, e ambos podem ter momentos difíceis.

Uma boa notícia: eu garanto, as CMSs podem aprender a regular suas emoções, encontrar calma e firmeza, relacionar-se bem com outras pessoas. Elas só precisam da ajuda dos pais. Precisam de nosso desejo de aprender novas abordagens e de nossa crença inabalável de que elas também têm o bem dentro de si.

Entender as CMSs requer voltar ao início da evolução. Para essas crianças, vulnerabilidade fica lado a lado com a vergonha. Lembre-se, a vergonha coloca o ser humano em um estado de defesa primitivo, quando somos tomados pela necessidade de nos proteger. E fazemos isso nos fechando, atacando os outros ou afastando as pessoas. Quando uma criança está nesse estado de ameaça, o mundo parece perigoso; até as tentativas dos pais em ajudar parecem uma agressão, sendo por isso que as CMSs nos afastam nos exatos momentos em que precisam de nossa ajuda. Além disso, elas são especialmente vulneráveis ao sentimento "ruim" interno. Elas se preocupam que os sentimentos e as sensações que as oprimem também estejam oprimindo os outros e têm medo de que seus sentimentos afastem as outras pessoas. As CMSs têm medos profundos sobre sua maldade e falta de amabilidade; elas se preocupam com questões como se os pais podem "suportá-las", se eles conseguem "lidar" com elas, se os pais podem ser líderes firmes quando elas próprias se sentem completamente sem firmeza.

Claro, nenhum desses medos é articulado. Não conheço nenhuma CMS que diga para um pai/mãe: "Eu costumo me sentir oprimida com minhas emoções e me preocupo se elas oprimem os outros, por isso entro nesses estados intensos de medo/ataque. Fica comigo e fica firme para eu poder aprender que sou amada e boa, e estarei bem neste mundo." Nenhuma criança pode realmente entender isso (e para ser franca, seria difícil para qualquer adulto articular isso para si mesmo também). Porém... lembre-se dessas palavras; são a verdade central sobre nossas CMSs.

Veja um exemplo de como essas emoções intensas e reações podem acontecer: sua filha muito sensível tem problemas para compartilhar. Ela começa pegando os brinquedos das mãos de um amigo e não devolve. Em uma situação com uma criança não CMS, um pai pode intervir e dizer: "Sei bem, compartilhar é difícil! Estou aqui, deixe-me ajudar com isso." A criança pode aceitar a ajuda do pai/mãe na forma de limites e conforto. Mas com uma CMS, essa oferta de ajuda pode ser vista com uma explosão emocional. No corpo de uma CMS, o estado de vulnerabilidade ("Queria um brinquedo... então eu peguei... eu queria não ter...") ativa sentimentos intensos de vergonha ("Eu não devia ter feito isso, sou má"). Portanto, nesse cenário de compartilhamento, eu não ficaria surpresa se quando o pai/mãe abordasse a criança, ela se comportasse como um animal preso lutando pela sobrevivência, talvez gritando com lágrimas: "Longe de mim!" ou "Não, me dê esse brinquedo. Odeio você!" Nesses momentos, uma CMS está oprimida pelos grandes e assustadores sentimentos que ela tem, contudo, o que acontece no lado de fora parece simplesmente ser insensível e injustificado. Lembre-se: a lógica nunca é nossa amiga quanto a entender as emoções, e isso é mais verdadeiro do que nunca com as CMSs.

Como a intensificação, os socos ou as palavras desagradáveis das CMSs costumam vir depois de momentos que parecem, para os adultos, bem sem importância, e em geral provocam reações de rejeição e invalidação. Os pais podem acabar gritando: "Certo, tudo bem, se você não quer, eu não ajudo, não mesmo!", "Vá para seu quarto e saia quando se acalmar!", "Você é muito dramático!" ou "Você dificulta tudo!" Novamente, se isso parece familiar, você está no lugar certo. Você ainda é um bom pai/mãe, então fique comigo. Um dos medos centrais das CMSs é o de que os sentimentos que as oprimem irão oprimir os outros, que as coisas que parecem muito ruins e difíceis de lidar realmente são ruins e difíceis de lidar. Toda criança, CMS ou não, aprende o que é gerenciável vendo como os adultos de confiança respondem às emoções dela. Quando as CMSs recebem gritos dos pais, palavras duras ou rejeição, os padrões de desregulação só se intensificam.

Agora voltaremos ao exemplo da CMS que pegou um brinquedo do amigo. Digamos que a resposta dela à tentativa do pai/mãe na intervenção seja gritar "Odeio você!" O que essa CMS realmente está dizendo é "Estou oprimida. Peguei o brinquedo porque não consigo querer e não ter, e agora, além disso, todos os meus medos internos de ser má e não amada estão aparecendo. Esse medo coloca meu corpo em um estado de ameaça, e agora devo me proteger a todo custo." Nesse momento, a CMS precisa que o pai/mãe entenda que sim, na superfície, ela está fora de controle e, talvez, até no modo de ataque, mas por baixo, está em um estado de ameaça, medo e opressão. Essa criança precisa da ajuda do pai/mãe, mas não conseguirá aceitar uma ajuda direta enquanto está em um estado de ameaça ou enquanto todos em volta parecem ser inimigos. Os pais das CMSs precisam praticar o "espaço de retenção", ou seja, ficar literalmente presente perto dela e ocupar o espaço, para que a criança veja que seus sentimentos opressores não estão ocupando o mundo em volta, deixando-a sozinha. Os pais das CMSs precisam se comprometer em limitar o dano, não resolver o problema. Eles precisam focar o arco maior da luta da criança, não fixar no que acontece na superfície.

Estratégias

Vá da Culpa à Curiosidade

Quando os pais estão no modo culpa, muitas vezes vacilam entre se culpar pelo comportamento dos filhos ou culpar os filhos. Esses pensamentos podem ser como "Tem algo errado em mim. Estou estragando meu filho para sempre" ou "Tem algo errado com minha filha. Está doida e ficará confusa para sempre". Já a curiosidade é assim: "Fico imaginando o que acontece com meu filho?" ou "Minha filha sente por dentro do modo como reage por fora... nossa, minha filha está muito fora de controle e 'mal'! O que está acontecendo? Do que ela precisa?"

Comece olhando para dentro e observando em qual modo você está quando algo desafiador acontece com sua CMS. Seja gentil com a culpa: "Olá, culpa, vejo que você quer assumir o controle agora! Pedirei que recue para eu poder acessar minha curiosidade. Sei que ela está aqui também." Então comece a fazer perguntas.

Contenção Primeiro

As CMSs têm grandes crises. Elas costumam intensificar rápido, se debatem muito, chutam, jogam objetos e têm total desregulação. Quando as crianças estão nesse estado, precisam de contenção primeiro. Isso requer que um pai/mãe respire fundo e se lembre de que seu papel número um é manter a criança segura. Nesses momentos, isso significa retirar a criança da situação atual, levá-la para um cômodo menor, se sentar com ela e estar presente na tempestade emocional. Agora, para ser clara, sua criança não gostará disso. Ela protestará e implorará:

— Espera, não me carrega! Não, não, não, não! Vou me acalmar!

Ouça: VOCÊ DEVE CARREGÁ-LA. Não porque quer "vencer", não porque a criança é manipuladora, não para "mostrar ao seu filho que é você quem manda". Você deve carregá-la porque a criança precisa ver que você não está dominado pela desregulação dela. Ela deve entender que tem um líder firme que pode cuidar dela nos momentos de estresse. Na superfície, seu filho pode estar pedindo para não ser levado para o quarto, mas por dentro, imagine ele dizendo: "Por favor, seja o líder firme de que preciso. Está claro que não posso tomar boas decisões. Por favor, por favor, por favor, me mostre que meus sentimentos opressores não são contagiosos."

No momento, descreva para seu filho o que está acontecendo:

— Estou pegando você e levando para seu quarto. Você não está com problemas. Sentarei com você. Você é uma criança boa passando por dificuldades.

"Você é uma Criança Boa Passando por Dificuldades"

Talvez mais do que qualquer outra coisa, as CMSs pegam sua *percepção* delas nos momentos difíceis. Elas se sentem tão oprimidas consigo mesmas e aterrorizadas com sua própria maldade que ficam hipervigilantes quanto a qualquer sinal de um pai/mãe que confirme seus medos mais profundos. A estratégia "criança boa passando por dificuldade" é complexa; não há realmente nada a "fazer". Pelo contrário, existe uma versão do seu filho a lembrar. Então, nos momentos difíceis do seu filho, aqueles que fazem você querer se afastar... tente se imaginar como uma criança com dor e medo. Lembrar que temos uma criança boa passando por dificuldades ativa nosso desejo de ajudar, já o modo "criança má fazendo coisas ruins" nos faz querer julgar ou punir. Você pode dizer para a criança "Você é boa, mas passa por dificuldades" durante um momento difícil, ou pode compartilhar essa ideia depois de uma grande birra. Pode dizer:

— Hoje, mais cedo, foi difícil. Eu sei. Você é uma criança boa e passou por dificuldades. Sei disso. Amo você. Sempre amarei.

Você também pode usar isso como um mantra para si mesmo, para ficar calmo quando seu filho tiver problemas. "Tenho uma criança boa passando por dificuldades, tenho uma criança boa passando por dificuldades." Às vezes é a melhor coisa que podemos fazer por nossos filhos, ou seja, vê-los com amor e saber que os ajudaremos em suas lutas.

Esteja Presente e Espere

Se existir apenas uma estratégia de que você se lembre das suas interações com uma CMS, que seja esta: nada é tão poderoso quanto sua presença. Sua presença amorosa e mais calma possível, sem nenhuma palavra ou roteiro especial, sem dúvida alguma é sua "ferramenta" parental mais importante. A presença comunica bondade. É como se, só por estar lá, você dissesse: "Não tenho medo de você, você não é mau. Estou do seu lado, e isso mostra que você é bom e amado." Temos que mostrar para nossos filhos que eles não são "demais" para nós, que eles não nos dominam. O que todas as crianças, e sobretudo as CMSs, precisam mais do que qualquer outra coisa é de nosso corpo físico com elas quando têm dificuldades. Nossa presença comunica melhor do que qualquer palavra: "Você é bom. Você é amado. Você não é demais. Não está sozinho. Amo você, estou aqui com você." São as mensagens que nossas CMSs desejam e também as mensagens que elas têm dificuldades de absorver.

Claro, presença não significa nos permitir receber socos ou ficar em perigo. E não significa que você não pode ter pausas para si mesmo. Por exemplo, se você se senta com seu filho no quarto dele enquanto ele tem uma grande crise, uma "pausa do pai/mãe" pode começar com você dizendo:

— Amo você. Preciso ter espaço para meu corpo e respirar fundo. Vou sair, depois volto.

Isso não poderia ser mais diferente do que gritar:

— Não posso lidar com você quando está assim!

Os principais elementos de fazer uma pausa: explicar sua necessidade de acalmar seu corpo, eliminar a culpa, expressar claramente que você voltará.

Polegar para Cima/Baixo/Lado

As CMSs tendem a odiar falar sobre sentimentos. É demais, muito intenso, muito invasivo. Para elas, os sentimentos ficam muito próximos de sua vulnerabilidade. Como sabemos, a vulnerabilidade delas fica próxima da vergonha, que as leva a se fechar. Então, o que fazemos? Como conversamos sobre os sentimentos — útil ao desenvolver a regulação das emoções! — com crianças que não gostam de falar sobre sentimentos? Que entre o jogo do Polegar para Cima/Baixo/Lado. Na próxima vez em que você tentar conversar com seu filho sobre algo relacionado a sentimentos, diga:

— Quero fazer algo diferente. Fique deitado e nem olhe para mim! Sem contato visual. Direi algumas coisas... se você concorda, polegar para cima. Se é um não, polegar para baixo. Se algo que digo é meio certo, meio errado, polegar para o lado.

Se seu filho quer se esconder embaixo da cama enquanto você faz isso, permita, por favor! Ele está limitando ser visto, o que pode permitir que a criança... seja um pouco mais vista.

Em seguida, diga algo ridículo, algo que você sabe que terá um polegar para baixo. Pode ser:

— Hoje fiquei muito chateada com minha irmã porque ela veio para casa com quinhentas bolas de sorte e eu fiquei só com uma.

Provavelmente você receberá um sorriso forçado ou uma pequena risada, o que é ótimo para aliviar a tensão e tornar o espaço muito mais seguro. Agora você tem uma abertura, talvez para algo assim:

— Hoje fiquei muito chateada com minha irmã... é muito difícil ter uma irmã mais nova, às vezes gostaria que fosse só eu nesta família.

Pausa. Dê um tempo. Se você receber uma resposta ou um polegar para cima, continue; não processe verbalmente. É possível que seja uma enorme mudança para você, então diga apenas "Ouvi isso" ou "Entendi". Você está desenvolvendo lentamente a tolerância do seu filho a sentimentos, vulnerabilidade, conexão.

Como Acontece com Angie e Maura?

Angie se lembra de "Contenção primeiro". Ela vai até Maura e diz:

— Vou pegar você e levá-la para o seu quarto. Você não está com problemas. Eu me sentarei com você lá. Você é uma criança boa passando por dificuldades, e eu a amo.

Maura está gritando "Não, não!", mas Angie se lembra de que está mostrando para sua filha que ela é uma líder firme que não tem medo dela nesse momento. Elas entram no quarto; Angie fecha a porta e se senta, lembrando-se de acalmar seu próprio corpo, a, em vez de tentar mudar o que acontece com o de Maura.

Quando ela se sente um pouco mais calma, Angie fala para Maura que verá Isla e, então, voltará. Antes de sair, Angie diz:

— Amo você. Está tudo bem. Amo você.

Depois de explicar para Isla que Maura passa por dificuldades e precisa dela um pouco, Angie volta para o quarto e espera a tempestade emocional. Fala para si mesma repetidas vezes: "Não há nada errado comigo, nada errado com minha filha, posso lidar com isso." Mais tarde naquela noite, quando as coisas estão calmas, Angie faz o jogo do Polegar para Cima/Baixo/Lado com Maura; ela fica chocada por ser algo de que Maura realmente participa e descobre durante o jogo que uma criança mais velha na escola empurrou Maura no *playground*. Angie sabe que isso não torna certo que Maura tenha sido agressiva com a irmã, e ter esse contexto ajuda Angie a entender melhor o que aconteceu. Ela se lembra de que Maura é uma criança boa passando por dificuldades.

Conclusão

Vimos muita coisa aqui. E embora a informação possa empode*rar, também pode devastar. Afinal, quando absorvemos uma nova aprendizagem, somos confrontados com uma onda de emoção sobre como entendíamos e abordávamos as coisas no passado. Assim que pensamos "Ah, nunca pensei em responder ao meu filho assim; faz sentido e provavelmente seria melhor", também podemos sentir culpa e vergonha que dizem "Sou um pai/mãe horrível" ou "Estraguei meu filho para sempre". Em geral, esses sentimentos e pensamentos são tão intensos que congelamos e nos afastamos do que imaginamos ser a fonte da dor, ou seja, a nova informação. É um círculo vicioso: queremos fazer as coisas de modo diferente → nós nos julgamos pelo modo como lidamos com as questões parentais até esse ponto → somos inundados por sentimentos e pensamentos angustiantes → nós nos afastamos da mudança para escapar dessas experiências internas negativas → continuamos com nossos antigos padrões.

Mas tenho algumas ideias para interromper o ciclo, e elas vêm do meu primeiro princípio: o bem dentro de nós. Veja algo que ainda sei sobre você: você tem o bem dentro de si. Quero dizer isso de novo, porque essas palavras são pequenas — poucas letras! — e ainda têm o grande potencial de possibilitar uma mudança. Você tem o bem dentro de si. Quando você grita com seus filhos, tem o bem dentro de si. Quando promete que chegará do trabalho, colocará seus filhos para dormir e acaba ficando até mais tarde e perde a hora de ir dormir, você tem o bem dentro de si. Quando se atrasa na saída da escola e, ao invés de pedir desculpas, acaba gritando com seu filho por não valorizar tudo o que faz por ele, tem o bem dentro de si. E quando está aqui, bem aqui, lendo este livro, pensando sobre mudar, confrontando sentimentos dolorosos... certamente tem o bem dentro de si. Você faz parte de um movimento de adultos que reivindicam sua bondade, vendo como isso nos permite mudar e ficar melhores.

Lembre-se, temos que nos sentir bem por dentro para mudar. É um paradoxo, eu sei. Temos que ser bons com nós mesmos e aceitar quem somos hoje para termos coragem suficiente para fazer mudanças amanhã. Não podemos mudar a partir da culpa ou da vergonha; isso não funcionará na paternidade ou em qualquer outra área da vida. Acho que todos nós sabemos disso, por intuição... afinal, a maioria de nós tentou mudar a partir da autoculpa por anos! Simplesmente não funciona. Nosso corpo não consegue tolerar se sentir mal por dentro, isto é, sentir-se mal por dentro é sinônimo de se sentir "desconectado" dos outros, e nosso sucesso evolucionário depende de nossa capacidade de nos vincular. Assim que nos sentimos maus, não amados ou sem valor, toda a nossa energia se volta para escapar desse sentimento. Não existe energia disponível para mudar e experimentar coisas novas! Não é de admirar que a mudança seja tão difícil.

O segredo para mudar está em aprender a tolerar a culpa ou a vergonha em nós; ver esses sentimentos como parte do processo de mudança, não um inimigo desse processo. Precisamos ser amigos desses sentimentos, porque são um sinal de que fazemos progresso! Como fazemos isso? O segredo está no meu segundo princípio: duas coisas são verdade. Temos que manter duas verdades aparentemente opostas ao mesmo tempo. Fiz coisas das quais não me orgulho e tenho o bem dentro de mim; sinto culpa pela minha atuação parental no passado e tenho esperança sobre minha atuação parental no futuro; venho fazendo o melhor que posso e quero fazer melhor. Nesse exato momento, pare e pense na declaração "duas coisas são verdade". Anote, diga em voz alta, compartilhe com um amigo de confiança. Fique à vontade para usar um dos meus exemplos e propor os seus.

CONCLUSÃO

Não precisa "estar certo"... não existe o certo. O objetivo é apenas praticar manter duas verdades: uma que reconhece seus sentimentos sobre sua parentalidade até este ponto e outra que reconhece seu desejo de mudar e seguir em frente.

Nossos comportamentos não nos definem. Você não é seu último grito. É uma pessoa, uma boa pessoa, que gritou recentemente. Você não é sua teimosia. É uma pessoa, uma boa pessoa, que pode ser teimosa na tentativa de se proteger. Você não é sua impaciência. É uma pessoa, uma boa pessoa, que pode mostrar impaciência quando tem problemas. Encontrar sua bondade interna não a absolve de assumir a responsabilidade pelo comportamento; pelo contrário, firmar-se em sua bondade interna permite que você assuma a responsabilidade por seu comportamento. Assim que nos firmamos em nossa bondade interna ("Tenho o bem dentro de mim. Tenho o bem dentro de mim. Tenho o bem dentro de mim"), podemos olhar nosso comportamento com mais autorreflexão e honestidade.

Faremos isso juntos. Coloque seus pés no chão, coloque a mão no coração e diga em voz alta comigo: "Sim, fiz muitas coisas que não gostaria de ter feito. Eu me comportei de modos dos quais não me orgulho. Tudo isso são coisas que fiz. Não são o que eu sou. Essa diferença não me salva; essa diferença me deixa preso(a), porque é o único modo de me responsabilizar e fazer mudanças. Sou uma pessoa boa que fez coisas não tão boas. Ainda sou uma boa pessoa. Tenho o bem dentro de mim, sempre tive, eu continuarei tendo." Permita-se absorver essas palavras. Muitos de nós desenvolveram autocrenças suficientes sobre não ser bom o bastante e que dizem a nós mesmos que temos o bem dentro de nós, mesmo quando tentamos algo ou de fato agimos. É algo bem... radical.

Aqui reside o poder deste livro e, de fato, agora você faz parte desse movimento. Este livro não é um guia de paternidade/maternidade, mas um guia para sentir o bem dentro de si, em qualquer área da sua vida. Afinal, resgatar nossa bondade interna é o segredo para mudar por dentro e para uma mudança entre gerações com nossos filhos. Assim que sentimos o bem dentro de nós, começamos a ver o bem dentro de nossos filhos. Isso não nos torna pais permissivos, não mesmo. Isso nos torna pais que se mostram com os pés no chão, líderes firmes, que mantêm limites nos momentos desafiadores, conectando-se simultaneamente com nossos filhos por meio da empatia. Estamos estabelecendo uma ideia nova e revolucionária: você ainda é uma boa pessoa mesmo quando se esforça. Duas coisas são verdade.

Você é uma parte integral de um movimento maior. Espero que reserve um momento para se dar um crédito; a autorreflexão é corajosa e difícil, e trabalhar em si mesmo enquanto educa as crianças é incrivelmente cansativo. Parece difícil... porque é. Lembre-se disso, muitas vezes. E lembre-se disto também: você não está sozinho. Você faz parte de uma comunidade de milhões de pais que estão junto com você, que podem se relacionar e ter empatia por sua jornada, que veem sua bondade e a refletem de volta quando você tenta encontrá-la.

Obrigada por me convidar para sua casa. Foi uma honra conhecer muitos de vocês, ouvir suas histórias, aprender sobre suas dores, lutas e sucessos. Minha experiência na comunidade de pais é uma enorme esperança. Você me mostrou que uma mudança significativa entre gerações não apenas é possível, mas está acontecendo ativamente. Você está fazendo isso. Você é incrível. Mal posso esperar para ver o que continuaremos a criar juntos.

Agradecimentos

Há muitas pessoas que gostaria de agradecer, que tornaram possível este livro por causa de seu encorajamento e apoio.

Antes de tudo, obrigada ao meu marido. Sua crença em mim é o motor que coloca tudo isso em movimento. Afinal, há quanto tempo você me disse para escrever um livro? Finalmente ouvi. E foi você quem notou minha paixão especial por pensar nas crianças e nas famílias e me disse que eu tinha de transformar meu entusiasmo em algo maior. Você viu algo em mim antes de eu mesma, e me sinto muito forte por sua fé em mim. Você é, de verdade, o porto seguro na minha vida. Você tem uma habilidade incrível para focar o presente, em vez de todas as coisas que precisam ser feitas amanhã. Você me ajuda a parar de "girar" — na ansiedade e no que poderia dar errado — e manter meus pés no chão, acessando a gratidão e o otimismo. Amo como você é focado em tudo que pode ser agora, não no que poderia dar errado, como é capaz de ver a imagem maior, como coloca diversão em tudo à sua volta, como sabe tanto sobre muitas coisas, como é sagaz, como sempre me apoia. Casar com você foi a melhor decisão que tomei. Você é o melhor parceiro que eu poderia pedir, e o amo muito.

Obrigada aos meus filhos. Não existe um trabalho mais importante do que ser mãe de vocês. O que me impressiona é como vocês são diferentes, entre si, em relação a mim e ao seu pai. Amo ver cada um sendo uma pessoa própria, encontrando seu caminho, descobrindo o que amam. Adoro jogos de tabuleiro com vocês, fazer arte, fingir ser um bombeiro com vocês. Amo os momentos quando passa da hora de ir dormir e vocês querem que eu me sente na cama, faça uma massagem nas costas, converse sobre as coisas que aconteceram no dia e sobre as quais não quiseram falar até aquele exato momento. Amo ver a sua confiança; cada um sabe quem é, como se sente, do que gosta, como expressar o que deseja. Obrigado por me apoiarem em todas as coisas que estou fazendo com o livro *Eduque Sem Medo*. Sei que não foi fácil me ver trabalhando mais ou me ver preocupada com a escrita, ideias, produção de vídeo... e amo quando conversamos sobre tudo isso juntos, quando vocês me lembram de colocar o telefone de lado ou me mantêm focada no que é mais importante: a família.

Obrigada aos meus pais. Obrigada por seu amor incondicional, que sem dúvidas foi a base para minha crença de que os pensamentos que tenho valem a pena ser "colocados para fora" no mundo. Vocês sempre me fizeram sentir o bem dentro de mim, que sem dúvidas é o melhor presente que um pai/mãe poderia dar a um filho. Obrigada por tudo que vocês fizeram para apoiar essa minha grande mudança de carreira — caronas extras, tarefas extras feitas em meu nome, noites extras pegando meus filhos em festas do pijama. Seu envolvimento na vida dos nossos filhos é muito especial e me permite trabalhar sem o ruído ensurdecedor da culpa materna. Amo tanto vocês e nunca encontrarei palavras para agradecer adequadamente por tudo que me deram!

Obrigada à minha irmã e irmão. Desde o dia em que iniciei uma conta no Instagram, vocês foram meus maiores fãs e promotores, compartilhando comigo suas comunidades, dando feedback, torcendo quando eu experimentava coisas novas. Como sabemos, ter irmãos pode ser difícil; porém, só senti apoio e amor de vocês durante essa jornada maluca. Amo muito os dois. E obrigada por minha cunhada e meu cunhado: tive muita sorte mesmo tendo vocês como parte da família e gosto profundamente de sua amizade. Obrigada aos pais do meu marido também por seu amor infinito, receptividade e apoio. E também incluí na seção a família Jordan. J, obrigada por tudo que você faz, permitindo que nossa vida sigam sem problemas. Você é muito especial para nós, e todos amamos muito você.

Obrigada à cofundadora do Good Inside (que deu origem ao livro *Eduque Sem Medo*), Erica, que é a faz-tudo por aqui, realizando todo o trabalho normalmente invisível que tornou o livro o que ele é hoje. Nossa parceria era para ser. Você é o *yin* do meu *yang*, a ponderação da minha ação, a prudência da minha urgência, as amarras do meu avanço. Admiro, confio, respeito e adoro ter você por perto. Eu não poderia querer outra pessoa do meu lado nessa jornada e não poderia fazer o que faço sem você. E obrigada à incrível equipe do livro *Eduque Sem Medo* por sua paixão, energia, dedicação, abertura, orientação e crença em nossa missão de ajudar a empoderar os pais.

Obrigada à equipe do livro. Amy Hughes, você foi amor à primeira vista. Literalmente sinto como se você me "entendesse", além de entender a ideia do livro, e viu de cara que Good Inside não era apenas uma conta no Instagram, mas realmente um movimento global. Obrigada pelo apoio, pelos textos e pelas ligações extras, por seu planejamento estratégico, por sua amizade. Rachel Bertsche, meu processo de escrita do livro ficou muito mais fácil e tranquilo por sua causa. Você pegava o que eu escrevia, fazia edições e sugestões que transformaram o que era um livro em uma verdadeira história, uma história de bondade, esperança, possibilidade prática. Dizer que foi um prazer trabalhar com você é dizer muito pouco; sinto que você sempre entendia o que eu queria expressar, você me ajudou a juntar tudo. Julie Will, obrigada por acreditar em mim bem antes mesmo de falar, ou seja, quando você começou a me seguir no Instagram e viu que eu tinha um livro dentro de mim. Trabalhar com você foi um sonho. Emma Kupor, obrigada por sua organização e entusiasmo e por ajudar este projeto a chegar ao final. Yelena Nesbit e a equipe de vendas e marketing da Harper, obrigada por acreditarem em mim e me ajudarem a levar este livro para tantas pessoas.

Tenley, Sarah, Carolyn, Kristen e Tiffany: minha dívida com vocês é eterna por inspirarem tanto meu pensamento em relação à paternidade e ao desenvolvimento infantil e por mostrarem o poder de reunir aprendizagem significativa e conexão profunda. Obrigada por sua franqueza, vulnerabilidade, curiosidade, cordialidade, por todas as lágrimas e risadas e, claro, por inventarem o nome "Dra. Becky". Obrigada por me permitirem fazer parte de sua maternidade, jornadas de crescimento pessoal e pelos modos como vocês torceram pelas minhas. Tenho muito amor e respeito por cada uma.

Obrigada aos meus pacientes particulares de longa data. Vocês me ensinaram muito sobre como as crianças jovens são espertas no modo como se adaptam aos sistemas familiares e como os adultos são espertos no modo como conseguem reprogramar, mudar e desenvolver resiliência. Vocês foram meus maiores professores. Obrigada por me permitirem entrar na vida de vocês, por compartilharem suas verdades mais vulneráveis, por confiarem em mim, por sua franqueza quando assumi um novo papel profissional que ninguém esperava. Também quero agradecer aos meus colegas que foram mentores e supervisores. Sou muito grata pelas horas de conversas francas que modelaram meu modo de pensar. E Ron: você foi útil além das palavras ao me permitir conhecer a mim mesma e gerenciar um novo caminho profissional e um mundo em transformação.

Eu não poderia fazer nada sem minha equipe pessoal de suporte: meus melhores amigos. Basicamente adoro que nenhum de vocês saiba nada sobre que estou fazendo nas redes sociais, e isso me manteve sendo apenas a Becky normal para todos vocês. Obrigada pelos textos, por virem até meu lado da cidade para um café extra com horário apertado e por todo o seu apoio.

Por último, mas não menos importante, sem dúvidas, quero agradecer a cada membro da comunidade Good Inside. Falo sério: não haveria movimento sem vocês. Cada um me inspira diariamente com suas histórias, bravura, vulnerabilidade, paixão, confiança. Duas coisas são verdade: já fizemos muito juntos, e esta é só a primeira rodada. Então, preparem-se para o que vem por aí, para todos nós!

Índice

Símbolos
180º, mudança 211

A
abandono 271
abordagem
 "comportamento primeiro" 71
 da Voz Perfeita 258
abuso psicológico 235
aceitar, validar, permitir 108
afirmações empáticas 09
afirmar a independência 192
aflição 74-75
alimentação 225
 sobremesa 228
alívio emocional 183
ameaça
 do abandono 84
 psicológica 54
amor e atenção 06
 extras 138
angústia 62
 regular a 60
ansiedade 61, 64, 89, 107, 154, 201-202
 de separação 266
 minimizar a 226
anticorpos de regulação da emoção 124
apego 164
 seguro 51
aprendizagem 217
autocompaixão XV, 105, 250
autoconfiança XV, 98, 235, 246, 250
autoconsciência 129
autocrítica 08
autocuidado 103-104
 atividades 110
 estratégias 106
autoculpa 13, 25, 55, 95, 148
 espiral de 243
autodefesa 191
autodepreciação 04, 259
autoestima 110
 baixa 43
autopriorização 110

autoproteção violenta 154
autoridade 155
 parental XIV
autorreflexão 29, 50
autorregulação XV, 10, 218
 receita para a 108
avaliação dos desejos 237
AVP 107

B
banco do sentimento 126
 roteiro 127
base segura 44
behaviorismo XIII-XIV
bichinhos de pelúcia 257
birras 145-146, 153
 estratégias 148
bondade 04
 interna 291
botão do conforto 277
brincadeiras 129, 185
 sugestões 130
bullying 169

C
capital
 da escuta 143
 de conexão XVI, 116-117, 129
 depósitos no 117
casa de dois andares, analogia 28
choradeira 181
ciclos 192
circuito 06
 de solução de problemas 133
 do corpo 06
 programar 233
ciúme 169
como falamos 101
comportamento 116
 corrigir um 116
 desafiador 74
 desregulado 28, 122
 problemático 75, 80
compreensão e afeto 06
comunidade de pais 292
conectar 64

conexão 14, 24, 76, 91-92
confiança 210, 245
  projetar 264
conflito 14
conformidade de curto prazo 142
consciência corporal 135
consentimento 237
consertar 112
construtores de conexão 116
conta bancária emocional 116
contenção 155-156, 159-160, 284
controle
  comportamental 74
  extrínseco 76
convencimento 14
cooperação 109, 137, 139
córtex pré-frontal 154
  médio 51
cortisol, hormônio 154
crenças 40
criança
  boa 07
  perfeccionista 254
  ruim 07
crianças muito sensíveis 280
crise 147
  emocional 147
cuidado emocional 33
curiosidade 70

D

decisões firmes 21
demandas emocionais 145-146
dependência e independência 44
desabafo 169
desafios de aprender 63
desamparo 182
desapontamento 60
desejo frustrado 146
desespero 182
desobediência 139
desregulação emocional 158
dinâmica dos irmãos 166
divisão de responsabilidade 225, 228
dor emocional 69
dormir 270
  padrões de separação 273

E

efeito dominó 41
elogio 247-248
emoções negativas 61

empatia 27, 33, 161, 292
empoderar 95
enfrentamento 222
ensaio para uma separação 203
ensaios 203, 221
equação 62
espaço de retenção 283
estratégia
  ansiedade 202
  criança boa passando por dificuldade 285
  Eu já contei sobre quando 131
  Feche Seus Olhos Invasores 142
  Jogo do Abastecido 121
  mentira 193
  Momento Sem Telefone 118, 166
    implementar 119
  Não permitirei isso 157
  vacina emocional 123
  voz perfeita 258
estresse 243
estrutura da situação 241
evidência 78
evitar a punição 13
expectativas 40
experiência
  emocional 32
  não formulada 95
experiência interna 62
explosão emocional 282

F

falta de empoderamento 174
fantasia e realidade 190
felicidade 60-62
final da história 133
  roteiro 134
flexibilidade cognitiva 51
frustração 13, 60, 66, 141, 216, 221
  capacidade de lidar com a 70
  e raiva 03
  tolerar a 215-216

G

gaslighting 235-236
gerações 08
Gottman, método 15
grosseria 116, 176

H

habilidades
  de enfrentamento 75, 94, 270

ÍNDICE

    de regulação 135, 175
        das emoções 148
        para resolver problemas 131
hesitação 201, 208
hipervigilância 167
história 161
honestidade 93
hormônios do estresse 129
humor 141

I

IMG 09, 79, 212
imparcialidade 167
individualidade 75
inibição dos desejos 75
insegurança 54, 72, 95, 250
    parental 224
interações 224
interioridade 248
internalização 262
interpretação generosa 176
intervenção 88, 170
invalidação 32-33, 85
inveja 60, 66
inverter os papéis 143
irmão 164

J

janela 70
jarro de emoções 60
jogo
    do Abastecido 179
        roteiro 122
    polegar para cima/baixo/lado 287
John Bowlby, psicólogo 39
julgamento 85

L

lágrimas 240
    falsas 240
lanches 228
liderança 04
limites 28, 34
    expressar 30
linguagem
    corporal 139
    das partes 45
    do desejo 193
lobo frontal 153-154
lutas
    emocionais 124
    por poder 22-23, 185

M

magnitude
    validar 150
maldade interna 07
manipulação 191, 235
mantras 219, 227, 275
mecanismos de enfrentamento 54, 204
medo 199
    do abandono 86, 164
    roteiro 204
memória do corpo 56
memórias 37
mentalidade
    behaviorista 271
    do crescimento 216-217
    fixa 217
mentira 84, 116, 190
mesa de jantar 226
método
    de modificação do comportamento 73-74
    distância segura 276
modelo interno de funcionamento 40
modo
    duas coisas são verdade 15
    "lutar ou correr" 117
    uma coisa é verdade 15
momentos emocionalmente desgastantes 151
motivação intrínseca 75
movimento maior 292
mudança de perspectiva 193

N

necessidades
    individuais 168
    não atendidas 74, 166, 186
nervo vago 106
neuroplasticidade 51

O

objetivo da comunicação 14
objetos de transição 262, 266
ordem do nascimento 165
orientação imparcial 168
ouvir 138
    estratégia 140

P

padrões intergeracionais 08
pais perfeitos 53
pandemia do coronavírus 99

parentalidade intensa 103
paternidade e alimentação 224
percepções 97
perfeccionismo 253
perguntas de consentimento 237
personalidades secundárias 44
planejamento do futuro 29
pluralidade 13
preparação 212
presença parental 261
programas parentais 52

Q
quebradores de ciclos 53
quebrar um ciclo 112

R
racionalizar 200
racismo 93
raiva 107
rebeldia 174, 177
reconexão 49
regulação 34, 95
   das emoções 27, 75, 174
regular sentimentos difíceis 257
rejeição 107, 131
relação permissiva 04
relações saudáveis 13, 134
remorso 25
reparação 49, 56, 133
reprogramação interna 106
resiliência 04, 17, 29, 60, 61, 62
respiração diafragmática 106
respirações chocolate quente 107, 111
responsividade 44
ressentimento 13
rivalidade entre irmãos 116, 165
rotina 265
ruptura na relação 53

S
sacrificar a identidade 103
saúde mental 243
segurança 60, 91
   emocional 40
sensação de ameaça 07
sentimento opressivo 74
sentimentos
   de disposição e conforto 233
   de rejeição 93
   opressores 285

regular 165
separação 261
sistema
   de alerta interno 107
   de apego 240
   familiar 13, 36, 116
      interno 39, 44-45
situação de codependência 09
situações perigosas 170
soberania do corpo 224, 232
solidariedade 101
sono, problemas 270

T
táticas de controle 75
teimosia 84
tempestade emocional 284
tempo
   de latência 29
   individualizado 72
tendência de negatividade 05
teoria do apego 39-41, 270
timidez 208
tolerância para aprender 217
tomada de decisão 237
tristeza 60, 107

V
vacina emocional 221
   roteiro 125
validação 27, 32, 126, 186
   amorosa 21
   externa 247-248
   interna 247
validar 211
   a magnitude 150-151
valores
   da mentalidade 220
   familiares 220
verdade 93
vergonha 25, 43, 84, 132, 281
   antídoto 91
   das diferenças financeiras 88
   detecção 85
   do corpo 88
   essência da 84
   redução da 86, 133
vínculo 84, 191
viver no cinza 254
voz interior 108
vulnerabilidade 38, 184, 243, 281, 287

Projetos corporativos e edições personalizadas dentro da sua estratégia de negócio. Já pensou nisso?

Coordenação de Eventos
Viviane Paiva
viviane@altabooks.com.br

Contato Comercial
vendas.corporativas@altabooks.com.br

A Alta Books tem criado experiências incríveis no meio corporativo. Com a crescente implementação da educação corporativa nas empresas, o livro entra como uma importante fonte de conhecimento. Com atendimento personalizado, conseguimos identificar as principais necessidades, e criar uma seleção de livros que podem ser utilizados de diversas maneiras, como por exemplo, para fortalecer relacionamento com suas equipes/ seus clientes. Você já utilizou o livro para alguma ação estratégica na sua empresa?

Entre em contato com nosso time para entender melhor as possibilidades de personalização e incentivo ao desenvolvimento pessoal e profissional.

PUBLIQUE
SEU LIVRO

Publique seu livro com a Alta Books.
Para mais informações envie um e-mail
para: autoria@altabooks.com.br

 /altabooks   /alta-books   /altabooks   /altabooks

CONHEÇA OUTROS LIVROS DA **ALTA BOOKS**

Todas as imagens são meramente ilustrativas.